ENCYCLOPÉDIE-RORET.

SAPEUR-POMPIER

PUBLIÉ PAR ORDRE

DU

MINISTRE DE LA GUERRE

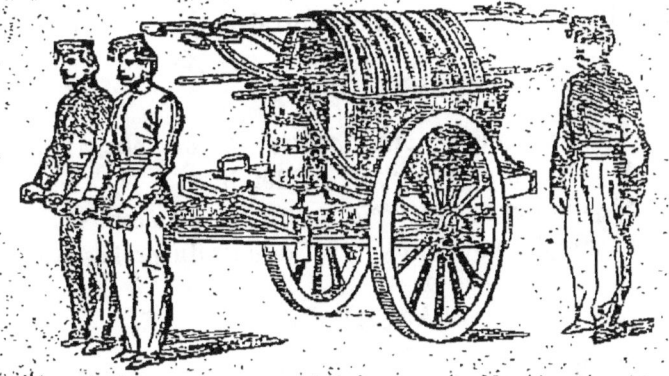

PARIS
LIBRAIRIE ENCYCLOPÉDIQUE DE RORET.
RUE HAUTEFEUILLE, 12.

a, *b*, cils.
2. L'ocyroé tachée, *ocyroe maculata*, p. 99, n° 3.
3. L'alcinoé vermiculée, *alcinoe vermiculata*, p. 88.
4. L'acil palpébral, *acies palpebrans*.
 Vu de face et de profil.

PLANCHE 2.

Fig. 1. La mertensie du Nord, *mertensia scoresbyii*, p. 100.
 2. La cydalise mitre, *cydalisia mitræformis*, p. 138.
 3. L'idya piléole, *idya dentata*, p. 135, n° 9.
 A, vue de profil, et B, vue par l'extrémité supérieure.

PLANCHE 3.

Fig. 1. La bolina élégante, *bolina elegans*, p. 83.
 2. La leucothoé gracieuse, *leucothoea formosa*, p. 85.
 a, détails intérieurs, et B, vue de profil.

PLANCHE 4.

Fig. 1. La chiaie napolitaine, *chiaia neapolitana*, p. 77.
 A, cils, vaisseaux et canal central.

PLANCHE 5.

Fig. 1. La conis à bras courts, *circe anais*, p. 285, esp. 41.
 A, B, vue de profil, *c*, *d*, *e*, détails.
 2. La circée allongée, *circe elongata*, p. 286, esp. 42.
 A, l'acalèphe entier, *b*, *c*, *d*, détails du proboscis.

PLANCHE 6.

Fig. 1. La mésonème casquette, *mesonema pileus*, p. 317, n° 106.
 2. La chrysaore œillée, *chrysaora oculata*, p. 402, n° 213.
 3. La géryonie agaric, *xanthea agaricina*, p. 333, n° 140.
 4. La géryonie morille, *melicerta morchella*, p. 325, n° 125.
 5. La mitre de Rang, *mitra Rangii*, p. 280, n° 30.
 6. La campanelle festonnée, *carybdea campanella*, p. 267, n° 24.

ENCYCLOPÉDIE-RORET

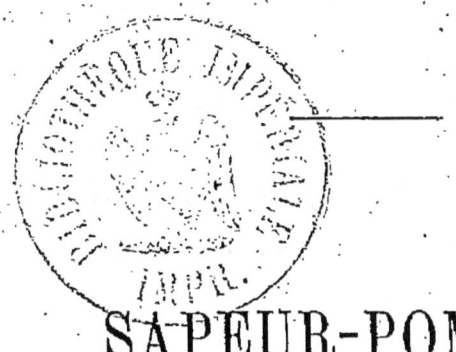

SAPEUR-POMPIER

AVIS

Le mérite des ouvrages de l'ENCYCLOPÉDIE-RORET leur a valu les honneurs de la traduction, de l'imitation et de la contrefaçon. Pour distinguer ce volume, il porte la signature de l'Éditeur, qui se réserve le droit de le faire traduire dans toutes les langues, et de poursuivre, en vertu des lois, décrets et traités internationaux, toutes contrefaçons et toutes traductions faites au mépris de ses droits.

Le dépôt légal de ce Manuel a été fait dans le cours du mois de juin 1868, et toutes les formalités prescrites par les traités ont été remplies dans les divers États avec lesquels la France a conclu des conventions littéraires.

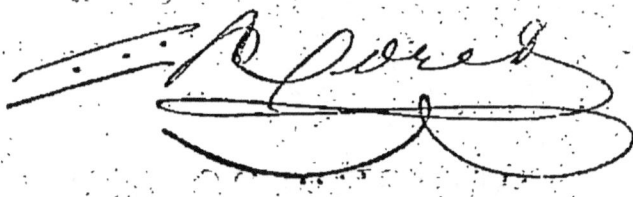

EN VENTE A LA MÊME LIBRAIRIE :

MANUEL ABRÉGÉ DU SAPEUR-POMPIER, composé par le corps des officiers du Régiment de Sapeurs-Pompiers de Paris. *Édition spéciale à l'usage des départements.* 1 volume orné de vignettes.................. 2 fr.

THÉORIE DES SAPEURS-POMPIERS, comprenant la manœuvre de la pompe. 1 volume orné de vignettes. 75 cent.

(Ces deux ouvrages sont extraits du *Manuel complet*, publié par ordre du Ministre de la guerre.)

MANUEL DU SAPEUR-POMPIER, ou théorie sur l'extinction des incendies, par M. PAULIN, ancien commandant des Sapeurs-Pompiers de Paris. 1 volume..... 1 fr. 50.

POISSY. — TYP. BOURET.

MANUELS-RORET

NOUVEAU MANUEL COMPLET
DU
SAPEUR-POMPIER

PUBLIÉ

PAR ORDRE DU MINISTRE DE LA GUERRE

RÉDIGÉ PAR

UNE COMMISSION D'OFFICIERS
DU RÉGIMENT DE SAPEURS-POMPIERS DE LA VILLE
DE PARIS

CINQUIÈME ÉDITION

ENTIÈREMENT REFONDUE

Contenant de nouvelles instructions sur la manœuvre de la Pompe
et la réception du matériel,

ORNÉE DE NOUVELLES VIGNETTES

PARIS
LIBRAIRIE ENCYCLOPÉDIQUE DE RORET
12, RUE HAUTEFEUILLE, 12

1868

Droits de propriété et de traduction réservés

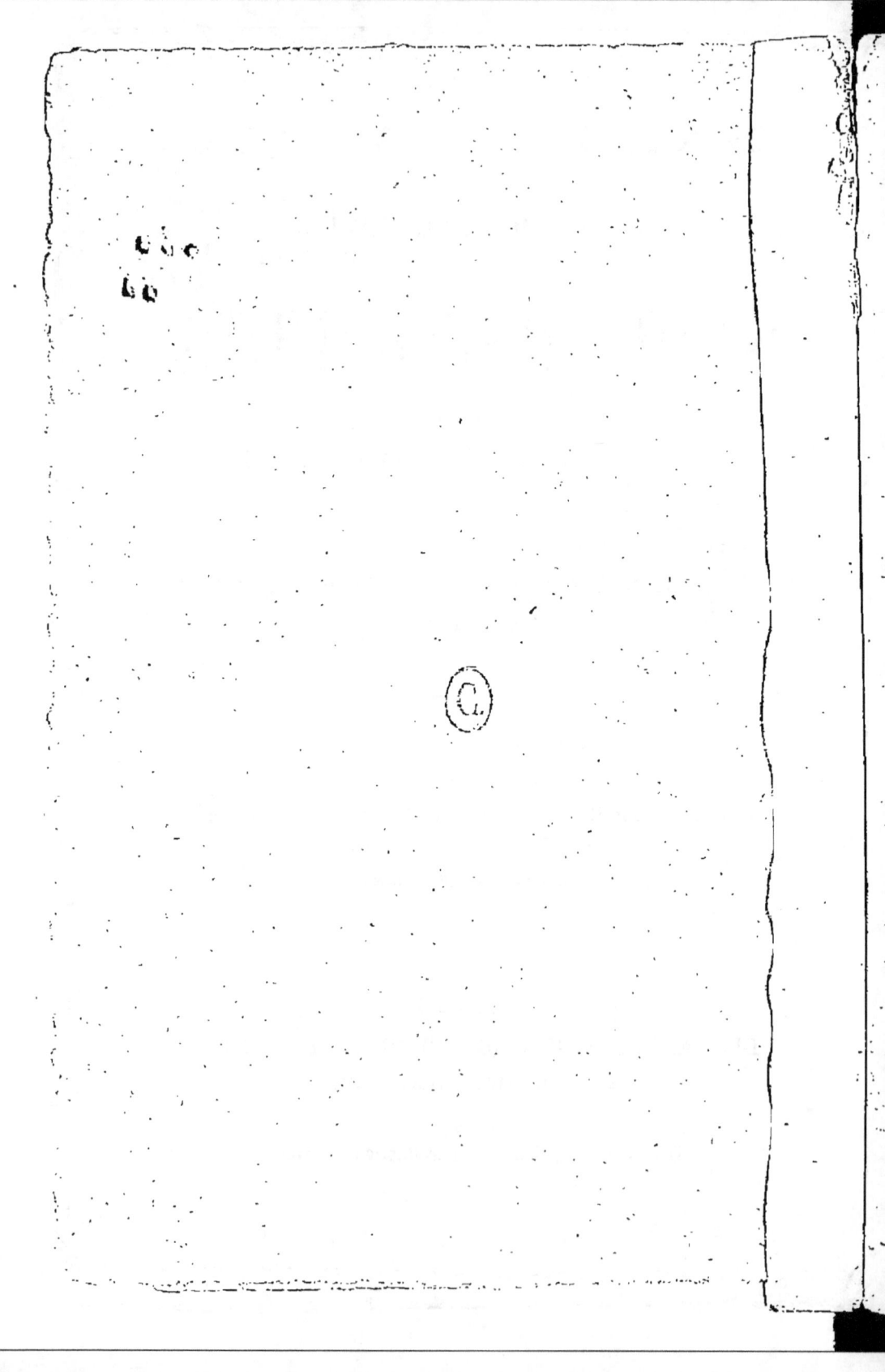

AVANT-PROPOS

De nombreux changements étant survenus dans le matériel destiné à combattre l'Incendie, on a reconnu qu'il était nécessaire de mettre d'accord avec ces changements la nomenclature du matériel, la manœuvre de la pompe et tout ce qui s'y rattache.

En conséquence, diverses commissions furent chargées de réviser tous les documents relatifs à cette matière, de les compléter et les coordonner pour en former un nouveau

Sapeur-pompier.   *a*

AVANT-PROPOS.

Manuel qui fut approuvé par M. le ministre de la Guerre le 16 avril 1851.

Depuis la publication de ce Manuel, des modifications ayant été reconnues nécessaires dans plusieurs de ses parties, on a profité de cette nouvelle édition pour les y introduire et amener la notice historique et la notice chronologique des incendies aux faits les plus récents.

NOTICE HISTORIQUE
DU CORPS
DES SAPEURS-POMPIERS
DE LA VILLE DE PARIS

L'établissement d'un service public de secours contre les incendies ne remonte guère, en France, qu'au commencement du XVIIIe siècle, époque où l'on ait fait fonctionner les premières pompes dans la ville de Paris; les moyens employés avant cette innovation pour arrêter les progrès du feu n'atteignaient leur but que d'une manière très-imparfaite, et les incendies qui, grâce aux ressources actuelles, sont presque toujours maîtrisés facilement, faisaient alors d'épouvantables ravages. Le bois, dans le moyen âge, entrait pour une très-forte proportion dans la construction des édifices; les rues étaient étroites et d'un accès difficile : il n'y avait qu'un petit nombre de fontaines, et les maisons bâties au bord de l'eau, même sur les ponts, par suite, défendaient de toutes parts les abords du fleuve.

Aux diverses causes qui favorisaient le développement des incendies, il faut encore ajouter l'insuffisance du matériel employé dans ces occasions, et qui consistait simplement en perches à crocs, en échelles et en seaux remplis d'eau qu'on se passait de main en main; ces palliatifs n'obtenaient nécessairement que de faibles résultats, et l'on se voyait le plus souvent réduit à faire la part du feu en démolissant les maisons voisines pour préserver le reste de la cité.

Plusieurs ordonnances de police, qui remontent aux années 1371, 1395 et 1400, prescrivaient aux propriétaires de maisons de tenir constamment un muid d'eau près de leurs portes, d'avoir des lanternes et des chandeliers à plaque dans les écuries. On défendit plus tard de brûler de la paille dans les rues, de tirer des pétards, etc. Toutes ces précautions étaient fort sages, assurément, mais, en cherchant à prévenir le fléau, on restait toujours impuissant pour le combattre, et il n'y avait guère d'incendie un peu sérieux qui ne dévorât toute une rue; heureux encore quand on parvenait à en circonscrire les ravages. On peut maintenant se rendre compte de l'épouvante de la population lorsqu'un incendie éclatait subitement au milieu de la nuit. Au tintement du beffroi de l'Hôtel de ville, toutes les paroisses répondaient par le glas sinistre du tocsin, et les gardes de nuit, les clocheteurs des trépassés, comme on les appelait alors, entremêlaient leur refrain habituel :

> Réveillez-vous, gens qui dormez,
> Priez Dieu pour les trépassés,

du cri non moins lugubre : *Au feu! au feu!*

Plusieurs documents qui se rapportent au règne de Louis XIV, témoignent des efforts de l'édilité parisienne pour donner au service des secours contre l'incendie une certaine régularité. Les ouvriers étant les plus propres par leurs habitudes et leurs connaissances spéciales à lutter avec succès contre le fléau, une ordonnance du 16 mars 1670 statua que les maîtres maçons, charpentiers et couvreurs seraient tenus de donner aux commissaires de police des quartiers leurs noms et adresses, et de se rendre à l'appel de ces magistrats, avec tous leurs compagnons, chaque fois qu'un feu serait signalé dans le voisinage. Les heures de travail leur étaient payées sur mandats des commissaires. S'ils négligeaient de se rendre à la convocation qui leur était adressée, ils étaient frappés d'une amende de deux cents livres pour la première fois, et privés des droits de maîtrise en cas de récidive.

Pendant que ces ouvriers travaillaient à arrêter les progrès du feu, les capucins étaient chargés de la garde des objets sauvés, et donnaient aux personnes blessées les soins que réclamait leur état et les consolations spirituelles.

Les propriétaires ou locataires des maisons où le feu se déclarait, devaient à la première réquisition ouvrir leurs portes aux officiers de police, sous peine d'une forte amende.

Pour éviter que l'eau ne vînt à manquer, comme cela était arrivé plusieurs fois, une ordonnance du 4 juillet 1670 prescrivit à tous les propriétaires de maisons où il y avait des puits, de les tenir en bon état, bien garnis de cordes et de poulies, sous peine d'une amende de cinquante livres.

Par ordonnance du prévôt des marchands, en date du 31 juillet 1681, une quantité considérable de seaux et de crocs fut distribuée dans les divers quartiers, dans les faubourgs de Paris, et déposée dans les couvents, chez les échevins et les plus notables bourgeois. Un dépôt central était établi à

a.

l'Hôtel de ville, et des affiches indiquaient aux habitants de chaque quartier la situation des dépôts secondaires.

En 1699, M. Dumourrier-Duperrier frappé de l'utilité des pompes qu'il avait vu employer en Hollande et en Allemagne, obtint de Louis XIV le privilège d'en faire confectionner et de les vendre exclusivement pendant trente années. Ces premières pompes étaient montées sur quatre roues. Le roi en donna douze à la ville de Paris.

Les pompes, dans ces premiers temps, étaient servies par les ouvriers de M. Dumourrier-Duperrier; elles furent employées avec succès dans plusieurs incendies. Un tarif fut établi pour déterminer la somme que les incendiés auraient à payer en raison des secours qu'ils auraient reçus, mais cette mesure offrait des inconvénients qu'on ne tarda pas à reconnaître, et la rétribution dont il s'agit finit par devenir à peu près facultative. C'est du moins ce qu'annonçait l'inscription suivante placée au-dessus de la porte du directeur des pompes, qui, vers la fin de la Régence, demeurait dans la rue Mazarine :

POMPES PUBLIQUES DU ROI, POUR REMÉDIER AUX INCENDIES, SANS QU'ON SOIT TENU DE RIEN PAYER.

Des lettres patentes du roi, en date du 12 janvier 1705, établirent une loterie dont les bénéfices devaient être affectés à l'achat et à l'entretien de vingt pompes à incendie, une pour chaque quartier de Paris.

La ville de Paris possédait donc déjà vingt pompes. M. Dumourrier-Duperrier s'engagea à les entretenir pendant trois ans, à en diriger la manœuvre et à fournir le personnel nécessaire en cas d'incendie, moyennant la somme de quarante mille livres une fois payée.

Le 23 février 1716, M. Dumourrier-Duperrier fut nommé par le roi directeur des pompes; on lui accorda une subvention annuelle de six mille livres pour l'entretien des pompes à incendie et des hommes nécessaires à leur manœuvre. Parmi ceux-ci, les uns recevaient cent livres par an, et les autres cinquante livres seulement. Les pompes devaient être éprouvées chaque mois en présence du lieutenant de police et du prévôt des marchands; mais, comme le directeur avait un privilége, on s'abstenait de les démonter afin de ne pas en faire connaître le mécanisme. Le privilége de M. Duperrier ayant été continué à ses successeurs, ceux-ci, jusqu'à la révolution de 89, entourèrent du même secret les appareils qui faisaient l'objet de leur monopole.

Les gardes employés à la manœuvre des pompes portaient, dans l'origine, un chapeau de feutre couvert d'un tissu en fil de fer, avec visière relevée; plus tard, le fil de fer fut remplacé par une calotte en fer et une plaque de même métal sur le devant du chapeau.

Le 22 août 1719, la subvention payée à M. Duperrier fut portée à quatre-vingt mille livres par an, et la survivance de sa charge fut accordée à son fils Nicolas Duperrier.

Par ordonnance du 17 avril 1722, le nombre des pompes à incendie fut porté à trente, afin de satisfaire aux besoins de la ville entière. Elles furent réparties de la manière suivante : une à l'Archevêché, une chez le premier président, une à la Grande-Porte, deux au couvent de l'Oratoire,

Saint-Honoré, deux à la maison des Capucins de la rue Saint-Honoré, une à l'Opéra, trois au couvent des Petits-Pères, trois à la Trinité, une à l'hôtel de Bourgogne, une à la Marce, une au Saint-Esprit, une chez le lieutenant général de police, trois aux Jésuites de la rue Saint-Antoine, trois aux Carmes de la place Maubert, trois à l'Académie d'équitation de Vaudeuil, et une à la Comédie française. Les deux dernières restaient chez le directeur des pompes pour les rechanges.

M. Dumourrier-Duperrier s'obligea à instruire, pour le service des pompes, soixante hommes, à chacun desquels il donnait une somme annuelle de cent livres et un habit tous les trois ans. Ce premier uniforme était bleu de roi avec des boutons blancs. Les gardes-pompes ne faisaient qu'un service de nuit, à tour de rôle. Un détachement accompagnait le roi dans ses voyages et recevait alors un supplément de solde. Quelques gardes étaient placés à demeure dans les châteaux royaux.

L'ordonnance qui créa ce nouveau service se terminait ainsi : « Pour mettre le sieur Duperrier, directeur desdites pompes, en état de les fournir et de les entretenir avec les soixante hommes et les outils nécessaires détaillés dans sa soumission, il lui sera payé, par les trésoriers de police en exercice, sur les fonds qu'ils ont entre les mains ou qui leur seront remis, la somme de quarante mille livres une fois payée et celle de vingt mille livres par année, etc. »

Après la mort de M. Dumourrier-Duperrier, sa veuve conserva la direction des pompes jusqu'à la majorité de son fils admis en survivance.

En 1747, la compagnie des gardes-pompes ne

se composait encore que de soixante hommes classés ainsi qu'il suit : huit brigadiers, neuf sous-brigadiers, quinze gardes, vingt-deux sous-gardes et six inspecteurs. Il existait alors vingt-cinq dépôts renfermant chacun une pompe et ses agrès.

Il est à remarquer que le corps des gardes-pompes, composé d'éléments civils, était cependant, dès cette époque, assimilé sous certains rapports aux corps purement militaires. Ainsi, en 1750, M. Duperrier fils, commandant du corps, fut nommé chevalier de l'ordre militaire de Saint-Louis. Les gardes-pompes, avons-nous dit, portaient un uniforme; le directeur commandant avait des épaulettes de colonel. Enfin, l'hôtel des Invalides était ouvert aux gardes-pompes blessés dans les incendies. Les dépenses de la compagnie étaient payées par le trésor sur mandats du lieutenant général de police.

Quelques plaintes s'étant élevées contre M. Duperrier, on nomma pour lui succéder, le 15 août 1760, M. Morat, qui s'engagea à payer à son prédécesseur une somme annuelle de cinq mille livres. De grandes améliorations, dans le service des pompes, furent apportées par ce nouveau directeur.

En 1764, l'effectif de la compagnie des gardes-pompes fut porté à quatre-vingts hommes, et l'on créa six corps de garde. L'hôtel du directeur était situé rue de la Jussienne; ce fut là que siégea l'état-major du corps jusqu'à la révolution de 1789.

Le nombre des hommes et celui des corps de garde furent encore augmentés dans les années suivantes. On établit des dépôts de voitures à eau, et les deux régiments des gardes françaises et des gardes suisses furent mis à la disposition du directeur des pompes, en cas d'incendie. Le chapeau fut remplacé par un casque en cuivre, et, au lieu de l'ancien service de nuit, les gardes-pompes montèrent des gardes de vingt-quatre heures. L'uniforme était alors en drap bleu, doublé en serge de même couleur, avec collet de panne noire, épaulettes jaunes et boutons en cuivre. Les gardes-pompes étaient payés par trimestre, et leur habillement était renouvelé tous les trois ans.

En 1770, la compagnie était de cent quarante-six hommes soldés, divisés en chefs de brigade, brigadiers, sous-brigadiers, appointés et gardes, et de quatorze surnuméraires non payés. Il y avait seize corps de garde occupés chacun par trois hommes, en sorte que les tours de garde revenaient tous les trois jours. Les dépôts de voitures à eau étaient au nombre de huit, et l'on ne disposait encore que de trente pompes, comme en 1722. La solde variait suivant les grades, depuis deux cents livres pour les simples gardes jusqu'à cinq cents livres pour les chefs de brigade. M. Morat recevait soixante-dix mille livres par an pour l'entretien du corps.

En 1777, la compagnie avait un lieutenant et un chirurgien-major; on y ajouta plus tard deux sous-lieutenants et trois adjudants. Le personnel et le matériel s'augmentaient d'année en année, et des lettres patentes du 11 novembre 1785 fixaient à deux cent vingt et un hommes l'effectif de la compagnie des gardes-pompes du roi, et à cent seize mille livres la dépense de ce corps.

Plusieurs salles de spectacle ayant été incendiées à des intervalles très-rapprochés, les administrations théâtrales furent assujetties par deux lois des 1er août 1790 et 19 janvier 1791, confirmées plus tard par celle du 1er germinal an VII, à recevoir des gardes-pompes pendant les représentations et à payer leur service. Divers arrêtés spéciaux ont déterminé le montant de cette rétribution.

Cette mesure a été féconde en heureux résultats; les incendies sont devenus beaucoup moins fréquents, et les spectateurs ont été garantis des dangers qui les menaçaient autrefois.

En 1792, les gardes-pompes furent armés de sabres. Voici quelle était la situation de ce corps en 1793, au moment de la révolution : il y avait un commandant, un lieutenant, deux sous-lieutenants, trois adjudants, vingt-sept brigadiers, vingt-sept sous-brigadiers, vingt-huit appointés et cent soixante-quatorze gardes. Total, deux cent soixante-trois hommes. Le matériel se composait de quarante-quatre pompes foulantes, douze aspirantes et quarante-deux tonneaux. Les corps de garde étaient au nombre de vingt-sept, y compris ceux du Louvre et des Tuileries qui avaient chacun cinq hommes au lieu de trois qu'avaient les autres. Le service journalier était de quatre-vingt-cinq hommes, et les gardes revenaient tous les trois jours. Il y avait quinze dépôts de pompes et treize dépôts de tonneaux. Les pompes étaient éprouvées et réparées une fois par an. On ne relevait que tous les huit jours les détachements qui faisaient le service dans les châteaux royaux des environs de Paris. Les théâtres avaient un service de gardes-pompes, ainsi que nous venons de le dire, mais il n'y avait encore de pompes qu'à l'Opéra, aux Italiens, aux Français et à l'Opéra-Comique. Il était défendu aux gardes-pompes d'accepter aucune rémunération des personnes secourues, mais on pourvoyait à leurs besoins pendant les incendies. La discipline était aussi sévère qu'elle pouvait l'être dans un corps non-militaire; les individus coupables d'insubordination ou d'indélicatesse étaient exclus de la compagnie et quelquefois renfermés à Bicêtre.

M. Morat, au commencement de 1793, fut obligé de quitter son commandement qui fut remis, à titre provisoire, à M. Deville, son neveu, ingénieur, et précédemment lieutenant de la compagnie des gardes-pompes. M. Deville dut se retirer presque aussitôt après avoir pris possession de cet emploi; il venait d'être décidé que tous les grades dans la compagnie seraient dorénavant donnés au concours. La première application de cette mesure eut lieu le 20 avril 1793 à l'Hôtel de ville où les candidats subirent un examen, à la suite duquel M. Picard-Ledoux fut élu commandant du corps des gardes-pompes. Un décret organisa le corps peu de temps après. Le nombre des pompes fut porté à soixante, et celui des tonneaux à cinquante-quatre. L'effectif s'éleva à deux cent quatre-vingt-un hommes, y compris le directeur commandant, un commandant en second et le chirurgien-major.

La compagnie fut partagée en trois sections qui se relevaient alternativement et dont chacune était commandée par un inspecteur et un sous-inspecteur. Chaque section comprenait quatre-vingt-dix hommes de troupe, brigadiers, sous-brigadiers, appointés et gardes. Le corps enfin reçut un drapeau et fut appelé à figurer dans les cérémonies publiques. Un décret de la Convention nationale, en date du 9 ventôse an III (27 février 1795), fixa l'effectif du corps des gardes-pompes à trois cent soixante-seize hommes, divisés en trois compagnies, qui eurent chacune à leur tête un capitaine et un lieutenant. Les anciennes dénominations de brigadier et de sous-brigadier furent remplacées par celles de sergent et de caporal. Tous les grades, excepté ceux de commandant en chef et de quartier-maître, réservés au choix de la Convention, furent donnés, moitié à l'ancienneté, moitié à l'élection par les hommes de grade inférieur.

Le corps fut placé sous la surveillance du comité de sûreté générale et soumis, comme les autres corps de troupe, à l'inspection administrative d'un commissaire des guerres. Les punitions étaient infligées par un conseil de discipline. Les veuves des gardes-pompes furent dès lors assimilées à celles des militaires.

Un autre décret du 18 thermidor de la même année (5 août 1795) ordonna que le corps serait caserné sur trois points différents, et que les individus qui en faisaient partie recevraient les vivres comme les militaires de la légion de police. Cette dernière disposition, nécessitée par la disette qui régnait alors, fut exécutée pendant dix-huit mois environ. La mesure du casernement fut ajournée par suite des difficultés qu'on trouva à l'établir et les gardes-pompes continuèrent à loger en ville comme par le passé.

Les bases d'une nouvelle organisation furent jetées par un arrêté des consuls du 17 messidor an IX (6 juillet 1801), portant création d'un corps des gardes-pompiers de la ville de Paris, composé de deux cent quatre-vingt-treize hommes soldés et divisés en trois compagnies. Les deux commandants et les deux ingénieurs qui entraient

Sapeur-pompier.   b

dans la formation de ce corps étaient, ainsi que les trois capitaines, à la nomination du premier consul. Les autres grades étaient conférés par le préfet de la Seine sur la proposition du chef de corps. Les gardes-pompiers furent divisés en deux classes. Chaque compagnie, en outre des hommes soldés, pouvait admettre trente élèves qui étaient nourris et habillés, sans recevoir de solde, et trente surnuméraires qui s'entretenaient à leurs frais. Pour faciliter le recrutement des élèves et des surnuméraires, l'arrêté autorisait tout individu qui, au moment de la conscription, servait au corps des gardes-pompiers depuis deux ans à y continuer son service militaire. L'effectif total était de onze officiers et de quatre cent cinquante-six hommes de troupe, dont six trompettes. Le corps était placé sous la direction du préfet de police et sous la surveillance administrative du préfet de la Seine.

C'est en 1802 que l'état-major des pompiers fut placé dans le local qu'il occupa sur le quai des Orfèvres jusqu'en 1853 et qui a été transféré rue Chanoinesse puis boulevard du Palais, où il se trouve actuellement. L'uniforme, à cette époque, se composait d'un casque en cuivre avec turban en cuir et plumet bleu et rouge; d'un habit en drap bleu de roi, sans épaulettes, avec revers, collet et parements en velours noir et retroussis en serge bleue; d'une culotte bleue avec guêtres longues, qui fut remplacée quelque temps après par un pantalon étroit, avec demi-guêtres, bordées de rouge avec glands idem; d'un baudrier noir verni et d'un sabre briquet.

Lors de l'incendie qui eut lieu, en 1810, chez l'ambassadeur d'Autriche, prince de Shwartzenberg, le nombre et la qualité des victimes parmi lesquelles on avait failli compter l'empereur lui-même, attirèrent de nouveau l'attention publique sur l'organisation des pompiers. Avant que le danger se fût révélé, on avait refusé de laisser entrer les gardes dans l'intérieur de l'hôtel, et, lorsque le feu éclata, la foule qui se précipitait au dehors les empêcha de pénétrer dans les appartements assez à temps pour prévenir les malheurs qui eurent lieu. Ce désastre fit sentir le besoin d'une autorité plus ferme, d'un commandement plus énergique, et l'empereur décida que les gardes-pompiers seraient mis sur un pied complétement militaire. Le commandant du corps, qui était absent de Paris au moment de la catastrophe de l'hôtel Schwartzenberg, reçut l'ordre de cesser ses fonctions, et l'intérim, en attendant la réorganisation, fut confié au commandant en second.

Un décret impérial, du 18 septembre 1811, créa un bataillon de sapeurs-pompiers de quatre compagnies, composé de treize officiers et de cinq cent soixante-trois hommes de troupe, qui furent armés de fusils. Ce bataillon, placé sous les ordres du ministre de l'intérieur et du préfet de police, devait, indépendamment de sa mission spéciale, concourir au service de police et de sûreté publique dans la ville de Paris. Les hommes furent soumis à la discipline et aux lois militaires, et durent être casernés. Tous les sous-officiers, caporaux et soldats en état de faire un bon service furent conservés dans leurs grades, et le nouveau corps acheva de se recruter par des enrôlements volontaires. On employa comme auxiliaires, jusqu'à ce qu'ils eussent accompli le temps de service exigé pour la retraite, les anciens gardes-pompiers trop avancés en âge pour contracter un engagement.

La nouvelle organisation ne produisit pas immédiatement tous les bons résultats qu'on était en droit d'en espérer. Les hommes de l'ancien corps, presque tous mariés et exerçant un état, se pliaient difficilement aux habitudes militaires. Le maniement des armes et surtout le casernement leur étaient antipathiques, et ce ne fut que peu à peu qu'on parvint à les familiariser avec les exigences de leur nouvelle position. On commença par assigner aux sapeurs-pompiers l'ancien bâtiment des Capucines, dans la rue de la Paix, et la deuxième compagnie, dont tous les hommes avaient été choisis à cet effet, y fut casernée en 1813. La troisième compagnie occupa, en 1814, la caserne de la rue Culture-Sainte-Catherine, et la quatrième alla s'installer, en 1815, dans celle de la rue du Vieux-Colombier. La première compagnie ne fut casernée qu'en 1822, et avait partagé pendant dix ans le local de la quatrième. Après l'épidémie de 1832 qui avait cruellement sévi dans ce quartier, une nouvelle caserne, celle du faubourg Saint-Martin, fut affectée à la première compagnie.

Pour n'avoir pas à revenir sur l'occupation successive des différents quartiers, on ajoutera de suite qu'en 1845, une cinquième compagnie ayant été formée, la ville de Paris lui accorda pour casernement l'ancien couvent des Bernardins, dans la rue de Poissy.

L'article 43 du décret du 18 septembre 1811, en mettant les dépenses du corps des sapeurs-pompiers à la charge de la ville de Paris jusqu'à l'établissement d'une compagnie d'assurance contre les incendies, indiquait l'intention d'exonérer de cette subvention, dans un avenir plus ou moins rapproché, le budget de la capitale, et de faire supporter, au moins en partie, par les compagnies d'assurance, une dépense qui devait leur être plus particulièrement profitable; mais diverses considérations se sont opposées à ce qu'il en fût ainsi. La contribution qu'il aurait fallu prélever sur les compagnies aurait nécessairement élevé les primes d'assurances et suscité des obstacles à une institution qu'il importait de populariser dans le pays; le gouvernement, dans sa sagesse, a dû reculer devant cette conséquence. Le conseil municipal de la ville de Paris, qui avait réclamé à plusieurs reprises, et récemment encore, lors de la création d'une cinquième compagnie, l'exécution des dispositions du décret de 1811, semble avoir reconnu lui-même la gravité de la question en cessant d'insister sur ce point.

Le bataillon des sapeurs-pompiers prit rang, d'après le décret dont il s'agit, à la gauche de l'infanterie de ligne, et le commandement en fut confié à M. Delalanne, chef d'escadron de cavalerie. Celui-ci fut remplacé deux ans après, le 1er janvier 1814, par M. de Plazanet, chef de bataillon du génie.

Pour assurer les droits du commandement par une assimilation plus complète avec les autres corps, une ordonnance royale du 7 novembre 1821 statua que les sapeurs-pompiers seraient compris dans l'effectif de l'armée, tout en continuant à être soldés et entretenus par la ville de Paris. On conserva, d'ailleurs, à peu de chose près, les dispositions du décret de 1811; les officiers devaient

b.

être nommés par le roi, et les sous-officiers par le préfet de police; le recrutement avait lieu par des enrôlements volontaires, et au besoin on pouvait tirer des hommes de bonne volonté des autres corps de l'armée. Une seconde ordonnance du 28 août 1822 régla les diverses parties de l'administration du corps, qui fut composé de quatorze officiers et de six cent soixante-deux hommes de troupe. Des changements assez importants eurent lieu dans le personnel, et l'organisation définitive ne fut achevée que le 1er novembre 1822.

A cette époque, il fut remis à la caisse municipale, par le conseil d'administration, une somme de cent trois mille huit cent quatre-vingt-huit francs, provenant des économies faites sur les masses, et une autre somme de cent quatre-vingt-dix-neuf mille huit cent vingt et un francs, montant des retenues sur la solde pour subvenir au payement des retraites. La ville se chargea, moyennant cette remise, de payer la pension à ceux des hommes qui y auraient des droits acquis; les autres devant, à l'avenir, recevoir leur retraite sur les fonds du trésor public.

Le 1er septembre 1824, une ordonnance royale admit les officiers de santé du corps des sapeurs-pompiers à prendre rang parmi ceux de l'armée.

Une autre ordonnance, en date du 9 décembre de la même année, accorda aux officiers du corps des sapeurs-pompiers, l'avantage spécial d'être admis à la retraite du grade supérieur, après dix ans d'activité dans le grade inférieur. Cette disposition a été implicitement abrogée par la loi du 11 avril 1831 sur les pensions militaires.

Le 16 août 1826, une ordonnance royale établit

que les services rendus dans l'ancien bataillon des sapeurs-pompiers seraient comptés pour l'obtention des grades, des décorations et de la retraite.

Plusieurs perfectionnements furent introduits sous la Restauration, dans le service des pompes. Pendant longtemps on s'était servi pour les incendies de seaux en osier garnis intérieurement de toile imperméable, et que des fiacres mis en réquisition sur la voie publique transportaient sur le lieu du sinistre. Ce mode, essentiellement vicieux, fut remplacé par l'usage de seaux en toile qu'on plaça, au nombre de quinze, sur chaque pompe. C'est à la même époque que remonte l'introduction de l'échelle à crochets et du sac de sauvetage, qu'on amène avec la pompe et qui rendent chaque jour de nouveaux services. Le nom de M. Plazanet qui, depuis sa nomination au grade de lieutenant-colonel, en 1821, avait continué de commander le corps des sapeurs-pompiers, se rattache d'une manière honorable à ces améliorations.

Au mois de juillet 1830, des actes d'insubordination, résultat de nos grandes commotions politiques, forcèrent M. Plazanet à résigner son commandement. Il fut remplacé dès le mois d'août par M. Amilet, chef de bataillon du génie, qui mourut le 10 décembre suivant et eut pour successeur M. Paulin, également chef de bataillon du génie. Le corps demeura constitué sur les mêmes bases qu'auparavant; quelques mutations seulement eurent lieu parmi les officiers.

Le 20 janvier 1832, une ordonnance du roi créa un emploi de sous-lieutenant dans chaque compagnie du bataillon. Cette augmentation du cadre, était réclamée depuis longtemps, car les compagnies étant devenues très-nombreuses, le capitaine et le lieutenant placés à la tête de chacune d'elles ne suffisaient plus à tous les besoins du commandement.

Une ordonnance du 11 mai 1833 créa un sous-lieutenant chargé du recrutement et de l'habillement, un sergent-major garde-magasin, une section hors rang composée de quatre hommes, et soixante-quatre nouveaux caporaux, en remplacement d'un pareil nombre de sapeurs. La même ordonnance supprima l'emploi d'adjudant-major et celui du garde-magasin civil qui était attaché au corps.

En février 1836, une ordonnance royale mit à la disposition du commandant des sapeurs-pompiers, pour compléter le recrutement du corps, des jeunes soldats de nouvelle levée.

Le 15 août de la même année, le bataillon reçut, par ordonnance royale, un accroissement de vingt hommes au compte de la liste civile, et le corps, ainsi porté à un effectif de dix-sept officiers et de six cent quarante-trois hommes, dut fournir, dès lors, des secours contre l'incendie dans les châteaux royaux de Versailles, Saint-Cloud, Meudon, Fontainebleau, Compiègne, Neuilly et Eu.

Une délibération du conseil municipal de la ville de Paris avait adopté en principe, dès 1840, la création d'une cinquième compagnie. Une ordonnance du 23 septembre 1841 sanctionna cette mesure en fixant l'effectif du bataillon des sapeurs-pompiers à vingt et un officiers et huit cent huit hommes de troupe. La nouvelle compagnie, d'abord mise en subsistance dans les quatre autres, n'eut un casernement spécial qu'en 1845.

En novembre 1845, M. Paulin, qui avait été nommé lieutenant-colonel le 11 août 1834, fut admis à la retraite.

A cette époque, M. Vivès, capitaine d'artillerie et ingénieur aux sapeurs-pompiers, est appelé au commandement du bataillon; il est remplacé peu de temps après dans son emploi d'ingénieur par M. le capitaine de Lacondamine, appartenant également au corps de l'artillerie. Le commandant Vivès put alors réaliser, avec M. de Lacondamine, les projets qu'il avait faits comme capitaine ingénieur, de ramener le matériel à une parfaite uniformité tant dans son ensemble que dans ses détails. Dès lors tous leurs efforts tendent non-seulement à le mettre dans un parfait état de réparation et d'entretien, mais aussi à y apporter de grandes améliorations. Tout en économisant le budget de la ville, on donne au matériel une unité, une mobilité et une légèreté qui, en diminuant beaucoup la fatigue des hommes, rendent les secours plus prompts et plus efficaces. Toutes les pièces sont au même modèle; l'ancien chariot où les agrès étaient pêle-mêle, est remplacé par un caisson contenant tous les objets de premiers secours et de rechange; le tonneau à mains, mieux disposé, a reçu à l'avant un coffre contenant quarante seaux et quatre flambeaux; toutes les voitures sont sur ressorts; l'appareil à feux de cave est perfectionné.

A la suite des événements de février 1848, on vit se renouveler les actes d'insubordination qui s'étaient manifestés en 1830; M. Vivès, dont l'autorité était méconnue, dut se retirer immédiatement.

Il convient cependant de rappeler ici qu'un

grand nombre de sapeurs, que n'avait pu séduire l'égarement de leurs camarades, rendirent les plus grands services dans ces moments de crise où la capitale des arts et du monde civilisé semblait abandonnée au génie de la destruction. C'est à ces hommes qu'on doit la conservation du Louvre, des Tuileries, du Palais-National et d'autres édifices publics où s'étaient manifestés des commencements d'incendies qu'ils attaquèrent résolument, malgré les menaces d'une multitude exaltée jusqu'au délire; ces braves soldats, dont on eût désiré pouvoir citer tous les noms, soutinrent dignement, dans cette circonstance, l'honneur du corps auquel ils appartenaient.

Quelques jours après la révolution, les sapeurs-pompiers crurent pouvoir procéder à l'élection de leurs chefs et nommèrent commandant M. Anfray, qui était alors capitaine de la première compagnie. Par une seconde élection, M. Terchou lui succéda quarante-huit heures après, et une décision du gouvernement provisoire, en date du 24 mars 1848, confirma cette dernière nomination.

Le 18 juin 1848, une décision ministérielle retira aux sapeurs-pompiers leurs fusils comme arme inutile dans leur service.

Le gouvernement de la République ayant jugé à propos de reconstituer le corps, deux décrets furent rendus par le président de la République, le 27 avril 1850; l'un, prononçant le licenciement du bataillon; l'autre, portant création d'un nouveau corps institué pour le remplacer. Ce corps relève exclusivement du ministre de la guerre pour tout ce qui concerne la discipline, le commandement et l'administration. Les dépenses continuent d'être à la charge de la ville de Paris. Le service contre l'incendie s'exécute sous la direction et d'après les ordres du préfet de police. L'effectif du bataillon, qui reste divisé en cinq compagnies, est fixé à vingt-deux officiers et sept cent quatre-vingt-dix-sept hommes de troupe. L'emploi de capitaine adjudant-major est rétabli dans l'intérêt du service. Diverses modifications apportées à l'uniforme ont pour résultat de le rendre moins dispendieux que par le passé. Le corps des sapeurs-pompiers ne doit se recruter, à l'avenir, que parmi les militaires ayant au moins dix-huit mois de présence sous les drapeaux, et auxquels il restera encore quatre ans de service à faire. De nouvelles règles sont établies pour l'avancement; elles tendent à introduire dans le corps des sapeurs-pompiers une discipline plus sévère et un esprit plus militaire, en les mettant en communication plus fréquente avec les autres corps de l'infanterie. Le nouveau corps reste armé du sabre seulement; il prend rang dans les réunions, après la gendarmerie et la garde républicaine.

La réorganisation, dont on vient d'analyser rapidement les principales dispositions, eut lieu le 1er juin 1850; elle réintégra M. Vivès au commandement du bataillon, en remplacement de M. Terchou, mis en retraite.

Du 11 mai 1850, époque où M. Terchou obtint sa retraite, jusqu'au moment de la réorganisation, M. le capitaine de Lacondamine eut le commandement du bataillon par intérim.

Plusieurs officiers, sous-officiers, caporaux et sapeurs, ayant quitté le corps par suite de cette réorganisation, les vides ont été comblés au moyen d'appels faits dans divers corps de l'armée.

Par décret du 14 février 1851, M. le commandant Vivès a été promu lieutenant-colonel du 1er régiment d'artillerie, et remplacé au commandement du corps par M. de Lacondamine, le 28 février 1851.

Le 10 février 1855, le bataillon est augmenté d'une sixième compagnie. Son nouvel effectif est porté à vingt-cinq officiers, neuf cent sept sous-officiers, caporaux et sapeurs et douze enfants de troupe.

Par un décret du 17 du même mois, une septième compagnie est formée sous le titre de compagnie *expéditionnaire*. Les dépenses, personnel et matériel, sont à la charge du département de la guerre; elle est dirigée sur l'armée d'Orient, le 28 février 1855. A son arrivée à Constantinople, la compagnie expéditionnaire envoie en Crimée un détachement composé de un lieutenant, deux sous-officiers, trois caporaux, quinze sapeurs, un clairon.

Un décret impérial, du 8 septembre 1855, augmente l'effectif de cette compagnie de trente sapeurs; les 14 septembre, 2 novembre, 10 décembre, des détachements composés de trente, cinq et dix-sept sapeurs, sont envoyés pour combler l'effectif et les vacances survenues dans la compagnie expéditionnaire.

Le 1er décembre, un décret impérial augmente l'effectif de cette compagnie et le porte à quatre officiers, dont deux lieutenants, et deux cents sous-officiers, caporaux et sapeurs.

A cet effet, un détachement composé de un lieutenant, dix caporaux et soixante-quatre sapeurs, part le 30 décembre pour aller compléter cet effectif.

Le 5 juillet 1856, la portion de la compagnie qui est en Crimée, s'embarque sur *le Laplace* pour rentrer en France.

Le 12 août, la portion principale de la compagnie s'embarque sur *la Pandore*, à Constantinople, pour rentrer en France.

A son retour à Paris, la septième compagnie est casernée dans les autres compagnies du bataillon; elle reste au compte du département de la guerre.

Le 15 novembre, le général commandant la brigade de réserve et le sous-intendant militaire viennent procéder à l'incorporation de la septième compagnie dans le bataillon qui, par suite du décret impérial de réorganisation, en date du 31 octobre précédent, se trouve composé d'un état-major et de sept compagnies, dont le complet est de vingt-huit officiers, huit cent quatre-vingt-neuf sous-officiers, caporaux, sapeurs et enfants de troupe.

Le 16 novembre, la sixième compagnie est installée dans les bâtiments de l'ancien Gymnase musical, appropriés pour lui servir de caserne.

Le 22 du même mois, le commandant de Lacondamine est nommé lieutenant-colonel, et conserve le commandement du bataillon, en vertu de l'art. 2 du décret du 31 octobre précédent.

Le 19 mai 1858, un décret impérial dispose qu'à l'avenir, l'emploi d'ingénieur du bataillon de sapeurs-pompiers pourra être conféré à un officier du grade de capitaine ou de major. Par suite de ce décret, le capitaine ingénieur Willerme est promu, le 28 mai 1858, au grade de chef d'escadron d'artillerie et maintenu au bataillon de sapeurs-pompiers comme major ingénieur.

Des considérations d'ordre intérieur ayant démontré la nécessité de la création de l'emploi d'un chef armurier, cette création est décrétée le 9 février 1859.

A la fin de l'année 1859, l'annexion des communes suburbaines à la capitale ayant été décidée, il devint nécessaire d'augmenter le corps. Une commission présidée par le préfet de la Seine étudia en conséquence les bases d'une réorganisation qui fut décrétée le 7 décembre 1859.

Ce décret fixait à 1298 le complet du corps, officiers et enfants de troupe compris; le bataillon devait à l'avenir être commandé par un colonel ou un lieutenant-colonel; l'ingénieur était pourvu du grade de major, il lui était adjoint un capitaine choisi dans les armes de l'artillerie ou du génie.

Le cadre d'organisation comprenait un état-major, un petit état-major et dix compagnies.

Le nouvel état-major comportait la création d'un deuxième capitaine adjudant-major et d'un deuxième médecin aide-major.

Les trois compagnies de nouvelle formation furent constituées le 11 mars 1860 et réparties provisoirement dans les casernes existantes.

Une conséquence du décret du 7 décembre 1859 fut de faire passer dans les attributions du bureau de l'infanterie, au ministère de la guerre, la direction du bataillon qui jusqu'alors avait été sous la direction du bureau de la gendarmerie.

A la suite de cette augmentation, ce corps fut chargé du service contre l'incendie dans les communes nouvellement annexées; en conséquence, les trois compagnies de nouvelle création furent casernées : la 8e Cie à Grenelle, la 9e à la Villette et la 10e à Charenton. Enfin la 1re compagnie quitta la rue de la Paix et fut casernée à Passy. La caserne de la rue de la Paix fut démolie.

21 nouveaux postes furent créés dans les communes suburbaines.

Le matériel fut augmenté d'une façon assez notable pour faire face aux nouveaux besoins.

Le 3 septembre 1861, le colonel de Lacondamine, qui avait dans les dix années de son commandement rendu de si grands services au corps, fut admis à la pension de retraite.

Le 22 janvier 1862, le major ingénieur Willerme fut promu au grade de lieutenant-colonel et désigné en cette qualité pour commander le bataillon.

Le décret de nomination du lieutenant-colonel Willerme indiquait que cet officier supérieur, ainsi que le major ingénieur nouvellement nommé, passaient dans l'arme de l'infanterie. Le capitaine ingénieur fut, pour la première fois, choisi dans l'arme de l'infanterie.

Le trésorier civil ayant été admis à la pension de retraite, un décret impérial décide qu'à l'avenir le trésorier sera choisi parmi les officiers d'infanterie pourvus du grade de capitaine (décret du 21 mai 1864).

L'emploi de capitaine instructeur de gymnastique est créé (décret du 16 février 1865).

Le décret du 7 décembre 1859 avait eu pour but de parer aux exigences les plus urgentes du moment. L'expérience ne tarda pas à démontrer l'insuffisance de cette augmentation; en outre, le corps était plus nombreux que l'effectif habituel des bataillons d'infanterie, et il était devenu nécessaire, en le complétant, de lui donner une organisation définitive et semblable à celle des autres corps de l'armée.

Par un décret du 5 décembre 1866, le corps fut augmenté de deux compagnies et constitué en un régiment de deux bataillons, sous la dénomination de régiment des sapeurs-pompiers de Paris.

Le nouveau régiment fait partie intégrante de l'arme de l'infanterie. En conséquence, tous ses officiers comptent dans cette arme et les vacances à tous les emplois doivent être remplies soit par des officiers du corps, soit par des officiers pris dans l'arme de l'infanterie.

L'une des deux nouvelles compagnies fut casernée dans les bâtiments du nouveau Louvre et l'autre répartie dans les casernes existantes.

Par un décret du même jour, le lieutenant-colonel Willerme fut nommé colonel et désigné pour commander le nouveau régiment.

NOTICE CHRONOLOGIQUE

Des principaux incendies qui ont eu lieu dans la ville de Paris.

Le premier incendie dont il soit fait mention dans les annales de Paris est celui qui eut lieu à l'approche de Labiénus, l'un des lieutenants de Jules César.

Les Parisiens, forcés d'abandonner leur ville qui n'était point fortifiée, et ne consultant que leur patriotisme, y mirent eux-mêmes le feu, pour aller ensuite, sous la conduite de leur vieux général Camulogène, livrer aux Romains, près de Meudon, une bataille où ils succombèrent glorieusement.

Quoique les maisons, construites d'abord de bois et de terre glaise, eussent été remplacées sous la domination romaine par des bâtiments plus solides, il n'en est pas moins vrai que du temps des rois chevelus de fréquents incendies dévastèrent leur capitale.

Sous Childebert Ier, le feu prit aux maisons bâties sur le pont qui reliait l'île de la Cité au Grand-Châtelet et gagna de proche en proche une grande partie de la ville. Le poëte Fortunat rappelle que saint Lubin, évêque de Chartres, se trouvait alors à Paris, où le roi l'avait invité à venir passer les fêtes de Pâques. On eut recours aux prières du saint, et, grâce à son intercession, le feu s'arrêta, dit-on, par miracle.

Paris fut encore brûlé presque entièrement sous le règne de Chilpéric Ier, en 585. On lit dans

Grégoire de Tours qu'une femme parcourut les rues pendant trois jours en annonçant ce désastre qui lui avait été révélé dans un songe. Ses avertissements furent méprisés comme ceux de Cassandre, et l'incrédulité des Parisiens ne cessa qu'aux premières lueurs de l'incendie. L'évêque de Tours assure que saint Germain apparut aux prisonniers, qu'il brisa leurs chaînes et leur ouvrit les portes de la prison au moment où ils allaient être la proie des flammes, et que ceux-ci, à peine sortis, se rendirent processionnellement à l'église Saint-Vincent où était le tombeau de leur libérateur.

Les idées superstitieuses n'avaient rien perdu de leur empire sur les Francs en passant des forêts druidiques dans les cités gallo-romaines nouvellement converties au christianisme, et Grégoire de Tours en fournit une nouvelle preuve quand il nous apprend que l'incendie dont il s'agit fut généralement attribué, par les Parisiens, à l'enlèvement d'un talisman qui devait préserver leur ville des ravages du feu. Tout le prodige consistait cependant dans l'imprudence d'un marchand qui s'était approché d'un tonneau d'huile avec une chandelle allumée.

Sous le règne de Dagobert Ier, un embrasement général vint jeter le deuil sur la ville de Paris. On dut aux prières de saint Éloi la conservation de l'église de Saint-Martial.

En 846, du temps de l'abbé Ébroïn, les Normands pillèrent et brûlèrent la célèbre abbaye de Saint-Germain des Prés, plus connue à cette époque sous le nom de Saint-Vincent.

L'an 853, le jour de Pâques, ils dévastèrent de nouveau l'église du monastère, et en partant ils y mirent le feu, qui fut éteint par les religieux échappés à leur fureur.

En 856 et en 857, les Normands étant entrés dans Paris en firent le sac et n'y laissèrent qu'un monceau de cendres. Ce qui était resté debout la première fois fut détruit lors de la seconde invasion. Toutes les églises furent brûlées, excepté celles de Saint-Étienne, nom que portait alors la cathédrale, de Saint-Vincent et de Saint-Denis, qui se rachetèrent en payant de fortes rançons. Aymon, religieux de Saint-Germain des Prés, a peint sous des couleurs effrayantes les ravages exercés par cette troupe de barbares.

En 886, Paris commençait à se relever de ses ruines, lorsque les Normands se présentèrent de nouveau devant ses murs. On sait que la ville fut sauvée par la défense héroïque de ses habitants dirigés par le comte Eudes et par l'évêque Gosselin. Mais tous les faubourgs et les environs eurent à essuyer les fureurs d'un ennemi exaspéré par une résistance qu'il n'était plus habitué à rencontrer. Le feu détruisit de nouveau toutes les parties de la ville qui se trouvaient situées en dehors de l'île et de la cité. L'abbaye de Saint-Germain fut encore brûlée et rasée jusqu'au sol. Pendant la durée du siège, le Petit-Pont ayant été emporté par une crue de la rivière, le Petit-Châtelet, fortin de bois situé à son extrémité, fut enlevé d'assaut par les Normands et incendié aussitôt après. Les assiégeants essayèrent ensuite de brûler le Grand-Pont ou pont au Change, au moyen de trois bateaux chargés de matières combustibles : ils échouèrent dans cette entreprise; mais ils parvinrent à emporter de vive force la grande tour de bois qui défendait la ville de ce côté et sur l'emplacement de laquelle on vit s'élever plus tard le Grand-Châtelet. Cette tour fut livrée aux flammes. La nuit suivante, les Parisiens travaillèrent à un nouveau retranchement, dans lequel, à la pointe du jour, ils soutinrent victorieusement les attaques de leurs ennemis. En vain les femmes normandes ramenèrent-elles les assaillants découragés et prirent-elles part à un nouvel assaut, les Parisiens ne purent être forcés dans leur position, et dès ce moment l'issue du siége cessa d'être douteuse. Il était trop tard néanmoins pour sauver la France de l'invasion des barbares; le pays tremblait depuis longtemps au seul nom de ces hommes du Nord, dont on pouvait suivre les traces à la lueur des incendies et aux trophées sanglants qu'ils laissaient derrière eux. On acheta l'amitié de ceux qu'on n'espérait pas vaincre, et les Normands étaient devenus Français depuis bien des années qu'on psalmodiait encore dans les Églises : *A furore Normannorum libera nos, Domine.*

En 1034, sous le règne de Henri I er, un incendie dont il fut impossible de maîtriser les progrès, étendit ses ravages dans tous les quartiers de la ville.

Les états du royaume ayant refusé de ratifier le traité conclu par le roi Jean, après la funest bataille de Poitiers, le roi d'Angleterre, à la tête de son armée victorieuse, se mit en marche sur Paris. Le lundi de Pâques de l'année 1360, le régent du royaume, qui devait plus tard porter le nom de Charles V, donna l'ordre de brûler les faubourgs de Saint-Germain des Prés, de Notre-Dame des Champs (aujourd'hui Saint-Jacques) et de Saint-Marceau, afin que les Anglais qui arrivaient par la rive gauche de la Seine ne trouvassent pas à s'y loger. Quelques maisons à peine échappèrent à cet incendie commandé pour le salut de l'État. Les Anglais, après avoir passé la semaine de Pâques devant Paris, furent obligés de se retirer.

Le 29 janvier 1393, comme on célébrait les noces d'une des dames de la reine Isabeau de Bavière, et que le roi Charles VI avec toute sa cour assistait au bal qui se donnait à cette occasion, une troupe de masques déguisés en ours et attachés ensemble vint se mêler à la foule des danseurs. Le duc d'Orléans, s'étant approché avec un flambeau pour tâcher de reconnaître le roi, qui faisait partie de cette mascarade, mit le feu à leur peau, qui était composée de filasse collée avec de la poix. La salle fut aussitôt pleine de flammes et devint le théâtre d'une effroyable confusion. On s'écrasait pour sortir en criant de sauver le roi. La duchesse de Berry le couvrit de sa robe et parvint à le préserver du feu. Trois des seigneurs déguisés moururent victimes de cette imprudence. Le duc d'Orléans, en expiation de l'accident dont il avait été la cause involontaire, fit bâtir dans le couvent des Célestins une chapelle où plus tard il fut enterré. Cette catastrophe, dont Charles VI avait failli devenir la victime, contribua à ébranler sa raison et devint pour la France le signal d'une longue suite de malheurs.

En 1524, de nombreux incendies éclatèrent dans les diverses parties de la France et furent attribués par la rumeur publique au connétable de Bourbon, qui servait alors en Italie dans l'armée impériale. Le feu semblait peu à peu se rapprocher de Paris. Le 24 mai, il se déclara à Meaux, dura deux jours et deux nuits, et ne put être maîtrisé qu'après avoir détruit les deux tiers de cette ville. Le parlement de Paris crut devoir immédiatement prendre des mesures extraordinaires; il ordonna qu'un certain nombre d'habitants serait commandé chaque soir par le prévôt des marchands pour faire le guet, qu'on ferait des provisions d'eau dans chaque maison, que les soupiraux des caves seraient bouchés et qu'il y aurait des lanternes allumées aux fenêtres à partir de neuf heures du soir. Enfin une récompense de seize livres parisis fut consignée entre les mains de Jean Croquet, un des échevins, pour être délivrée à celui qui découvrirait les fils de la conspiration qu'on soupçonnait devoir exister. L'événement ne justifia pas les craintes qu'on avait conçues. Quelques prétendus incendiaires furent, à la vérité, justiciés en place de Grève, mais le feu ne se montra nulle part à Paris.

Au mois d'avril 1562, le connétable Anne de Montmorency, accompagné de ses hommes d'armes, alla brûler trois prêches de huguenots. Le premier, qu'on appelait le temple de Jérusalem, était dans le faubourg Saint-Jacques. Le deuxième, nommé le temple des Patriarches, se trouvait sur l'emplacement qui est actuellement occupé par le marché du même nom, dans le faubourg Saint-Marceau. Enfin le troisième, dit Popincourt, était situé en dehors de la porte Saint-Antoine.

Dans la nuit du 5 au 6 mars 1618, un violent incendie éclata au Palais de Justice et fit des ravages considérables. Les boutiques des marchands, qui y étaient en grand nombre, furent toutes consumées. La grande salle fut entièrement détruite, ainsi que la chapelle du Palais, toutes les statues des rois de France et la fameuse table de marbre. La cause de cet incendie est restée inconnue : les uns prétendent qu'un corps enflammé, tombé du ciel, avait mis le feu à la charpente, et d'autres attribuèrent ce sinistre à la malveillance. On répandit le bruit que certains personnages compromis dans l'attentat de Ravaillac avaient voulu brûler le greffe qui renfermait les pièces de son procès. Les progrès de l'incendie furent favorisés par un ouragan épouvantable, et la violence du vent fut telle que des ardoises arrachées du toit du Palais allaient tomber sur l'église Saint-Eustache. Toute la population travailla avec ardeur pour empêcher le feu de gagner les maisons voisines. Le prévôt des marchands donna l'ordre de tirer l'eau de la Seine et des puits en aussi grande quantité que possible, et de la répandre dans les ruisseaux qui coulaient vers la cour du Palais. Il se forma bientôt une espèce de lac en cet endroit, et ce n'est qu'en entretenant cet amas d'eau qu'on préserva les maisons voisines. Le foin mouillé et le fumier furent également employés avec succès dans cette occasion.

Le 27 juin de cette même année 1618, la ville de Paris fut mise en grand émoi par un événement qui pouvait entraîner les suites les plus graves. Des jeunes gens étant allés se divertir dans l'île Saint-Louis, qu'on appelait alors île Notre-Dame et qui ne possédait pas encore de maisons, eurent l'imprudence, vers le soir, de tirer des fusées. Une de ces fusées alla tomber sur un bateau et y mit le feu, qui se communiqua bientôt à six autres bateaux tous chargés de foin. Les câbles ayant été brûlés, ces sept bateaux suivirent le fil de l'eau, menaçant d'embraser sur leur passage les maisons bâties au bord de la rivière et surtout celles qui, à cette époque, surmontaient les ponts. On essaya d'abord de les arrêter, mais comme on ne put y parvenir, on résolut de les éloigner de Paris en les faisant passer sous les ponts. Quatre de ces bateaux, dirigés avec adresse, passèrent en effet sans causer de dommage et allèrent achever de se brûler à Saint-Cloud. Des trois autres, un s'arrêta contre les piles du pont Notre-Dame, et deux contre celles du pont au Change. On réussit, après bien des efforts, à couler sur place les deux du pont au Change, et à dégager le troisième qui alla brûler près de Chaillot. L'alarme avait été vive, et le parlement voulut prendre connaissance de cette affaire. C'est alors qu'il fut défendu de tirer des pétards ou des fusées dans l'intérieur de Paris sous peine de la vie. L'auteur de cet accident, qui avait pris la fuite, fut condamné par contumace à trois ans de bannissement, à une forte amende et à dix mille francs de dommages-intérêts. La sentence fut attachée à une potence dressée sur le port au Foin.

Dans la nuit du 22 au 23 octobre 1621, le feu se déclara subitement dans une des maisons du pont aux Marchands, qui était situé près du pont au Change, fit des progrès rapides et se communiqua bientôt aux maisons de ce dernier pont. L'incendie était tellement violent qu'en moins de trois heures les deux ponts, bâtis l'un et l'autre sur des pieux de bois, tombèrent dans l'eau avec les maisons dont ils étaient chargés. Cet amas de ruines interrompit le cours de la Seine dont les eaux noires et chargées de débris refluèrent jusqu'au pont Saint-Michel. Le feu gagna également d'un côté les maisons de la rue de la Pelleterie, et de

CHRONOLOGIE DES INCENDIES. XXXVII

l'autre celles qui avoisinaient le Grand-Châtelet. Ce désastre laissait sans asile et sans aucune ressource un grand nombre de personnes, mais la charité publique vint à leur secours. Des quêtes furent organisées, et le parlement ordonna aux administrateurs de l'Hôtel-Dieu de loger et de nourrir pendant six mois, dans l'hôpital Saint-Louis, les familles des incendiés. Ce ne fut que vingt ans plus tard qu'on commença à rebâtir le pont au Change.

La Sainte-Chapelle fut brûlée le 26 juillet 1631. Le feu avait pris sur les quatre heures du soir. L'enquête faite par le lieutenant criminel n'amena aucune découverte sur les causes de cet accident.

Le pont de bois des Tuileries, qui existait à la place qu'occupe actuellement le pont Royal, fut brûlé en 1656, ainsi qu'une machine que l'ingénieur Joly avait construite en cet endroit pour élever les eaux de la Seine.

Le 6 février 1661, le feu prit au Louvre dans la galerie des peintures qui fut très-endommagée. Les pertes eussent été plus considérables si l'on n'eût enlevé, quelques jours auparavant, un grand nombre de tableaux pour faire place aux machines d'un ballet qui donnèrent naissance à cet incendie. Le feu avait déjà gagné la grande galerie lorsqu'on parvint à s'en rendre maître. Louis XIV, se conformant à un usage superstitieux établi alors et que l'Église a depuis condamné, fit apporter de Saint-Germain l'Auxerrois le saint sacrement sur le lieu de l'incendie pour en arrêter les progrès. Il alla, accompagné de la reine, le recevoir à la porte du Louvre et le reconduisit ensuite à pied jusqu'à l'église.

Le feu éclata, en 1705, dans la maison d'un arti-

d

ficier qui était contiguë à l'église du Petit-Saint-Antoine; il gagna promptement cette église et les édifices du voisinage, et ne fut arrêté qu'après avoir fait de grands ravages. C'est dans cet incendie qu'on trouve mentionnée, pour la première fois, la présence des pompes de M. Dumourrier-Duperrier; leur action puissante fut décisive en cette occasion et excita l'admiration des Parisiens.

Le 27 avril 1718, une pauvre femme, dont le fils s'était noyé dans la Seine, mit sur l'eau, d'après une superstition fort en vogue à cette époque, une écuelle de bois contenant une chandelle allumée, en l'honneur de saint Antoine de Padoue, dans la confiance que la lumière s'arrêtant dans l'endroit où était le corps de son enfant, elle aurait la consolation de le faire inhumer en terre sainte. Malheureusement, il ne devait pas en être ainsi; l'écuelle alla s'arrêter auprès de quelques bateaux chargés de foin, qui s'embrasèrent et vinrent, entraînés par le courant, mettre le feu aux maisons du Petit-Pont. On eut beaucoup de peine à préserver l'Hôtel-Dieu, et les quartiers de la rive gauche ne durent leur salut qu'à l'épaisseur des murs du Petit-Châtelet. Le Petit-Pont, que ce sinistre avait détruit, fut rebâti plus tard sans maisons.

Les détails qui ont pu offrir quelque intérêt alors qu'il s'agissait de temps qui sont loin de nous, et de mœurs qui ont cessé d'être les nôtres, deviendraient sans objet, appliqués à des événements plus récents et par cela même connus de la plupart des lecteurs. On se bornera donc à une indication sommaire des principaux incendies qui ont éclaté à Paris depuis le commencement du dernier siècle jusqu'à nos jours.

1737. Incendies de l'Hôtel-Dieu et de la Chambre des comptes.

1746. Incendie des maisons du pont au Change.

1752. Incendie de la foire Saint-Germain. Cette foire, connue dès le XIIe siècle, existait sur l'emplacement actuel du marché du même nom. Les religieux de l'abbaye auxquels elle appartenait avaient fait construire en cet endroit trois cent quarante loges réunies dans un même corps de bâtiment. On admirait la charpente de cet édifice percé de neuf rues couvertes, se coupant à angles droits et contenant en outre une chapelle. Tout cela fut détruit par le feu dans la nuit du 16 au 17 mars. Quelque temps après, on reconstruisit des loges moins solides et moins commodes; les rues ne furent plus couvertes, et cette foire qui, depuis des siècles, avait le privilége d'attirer la foule, perdit son animation et fut définitivement fermée en 1786.

1763. Dans la matinée du 6 avril, l'Opéra, qui se trouvait alors dans la partie méridionale de la cour des Fontaines, brûla entièrement. Il fut rebâti sur le même emplacement.

1766. Le feu prit une seconde fois au Palais de Justice.

1772. Une partie de l'Hôtel-Dieu fut brûlée.

1776. Le 10 janvier, un troisième incendie consuma toute la partie du Palais de Justice qui s'étendait depuis la galerie des prisonniers jusqu'à la Sainte-Chapelle. Ce fut seulement quelques années après que l'on construisit la grande façade qui existe aujourd'hui.

1777. Dans la nuit du 27 au 28 septembre, le feu prit aux baraques de la foire Saint-Ovide qui, après s'être tenue depuis 1665 sur la place Vendôme, devant l'église des Capucines, venait d'être transférée sur la place Louis XV. Les pertes furent considérables.

1781. Le 8 juin, le feu se déclara une seconde fois à l'Opéra au moment où le spectacle finissait. La salle devint en un moment la proie des flammes et vingt et une personnes périrent dans cet incendie. L'architecte Lenoir construisit en soixante-quinze jours une nouvelle salle provisoire dont l'ouverture eut lieu le 27 octobre de la même année. Cette salle, qui existe encore aujourd'hui sous le nom de théâtre de la Porte-Saint-Martin, servit à l'Opéra jusqu'au 28 juillet 1794, date de l'inauguration de la salle de la rue Richelieu.

1787. Le 6 juin, un incendie, qui donna des craintes sérieuses, éclata dans le pavillon de Flore aux Tuileries.

Le 10 ventôse an III (28 février 1795), le feu prit à la maison dite l'Enfant-Jésus, rue de Sèvres, qui, à cette époque, servait de magasin. On sauva le corps de bâtiment, mais les combles furent entièrement brûlés.

Le 26 ventôse an III (16 mars 1795), un incendie, occasionné par un obus qui prit feu, se déclara au château de Meudon. Tous les ateliers furent brûlés ainsi qu'une aile du château du côté de l'horloge, dans laquelle était renfermée une grande quantité d'obus et qui servait de magasin à poudre. On put heureusement, grâce au zèle des pompiers qui travaillèrent sans relâche pendant plusieurs jours sous les ordres du commandant Ledoux, transporter les poudres dans un autre lieu et conserver ainsi une grande partie du château.

Le 9 floréal an IV (28 avril 1796), le feu prit dans les bureaux du ministère de la marine; douze postes de pompiers prirent part à son extinction.

Le 22 thermidor an IV (9 août 1796), dans une fête nationale aux Champs-Élysées et pendant le feu d'artifice, une bombe éclata, blessa beaucoup de monde et atteignit onze pompiers dont deux furent tués sur place, les nommés Lefèvre et Mancel.

Le 27 pluviôse an V (15 février 1797), un violent incendie se déclara rue Saint-Roch, dans un magasin de chandelles. La flamme, partant du rez-de-chaussée, se communiqua avec une telle rapidité aux escaliers et à tous les étages supérieurs qu'elle rendit en un instant tous les moyens de sauvetage impossibles. On vit alors les habitants de la maison incendiée se jeter par les fenêtres pour échapper au feu qui les enveloppait de toutes parts.

Le 19 messidor an V (7 juillet 1797), un incendie se déclara dans l'atelier des serruriers des charrois et de l'artillerie établi dans l'église des Célestins, près l'Arsenal. Une partie des bâtiments fut préservée, mais le comble et le clocher de l'église furent entièrement consumés. Dix pompes servirent à l'extinction de cet incendie qui nécessita le concours des citoyens, de la troupe et des pompiers.

Le 11 prairial an VI (30 mai 1798), à la suite d'une représentation du *Festin de Pierre*, le feu se déclara au théâtre du sieur Lazary, connu sous le nom de Variétés amusantes. Malgré le travail et l'activité déployés pour combattre l'incendie, on ne put conserver que la façade donnant sur le boulevard. Tous les officiers de pompiers étaient présents à ce feu. Douze pompes servirent à son extinction. Plusieurs pompiers furent blessés.

d.

Le 25 frimaire an VII (15 décembre 1798), le feu dévora le cirque placé au milieu du jardin de la maison Égalité. Quantité de pompes servirent à l'extinction de cet incendie qui dura cinq jours et qu'on ne put maîtriser, parce que les pompiers, ayant été avertis trop tard, trouvèrent, à leur arrivée, le bâtiment enflammé sur tous les points à la fois.

Le 28 ventôse an VII (18 mars 1799), le Théâtre-Français, qui occupait alors la salle connue de nos jours sous le nom d'Odéon, fut entièrement dévoré par les flammes. C'est à partir de cette époque qu'il alla s'établir au Palais-National, et que tous les théâtres qui n'avaient eu jusqu'alors un service de sapeurs-pompiers que pendant les représentations, furent astreints à payer un service de vingt-quatre heures.

Le 24 brumaire an VIII (15 novembre 1799), le feu éclata dans un bâtiment dépendant du Temple de la Raison, appelé précédemment la chapelle des Allemands, à l'encoignure des rues Garancière et des Aveugles. La violence du feu fut si grande que, par le rayonnement, l'incendie se déclara à une maison de quatre étages, rue des Aveugles, qui faisait face au premier point incendié. Quatre pompiers furent grièvement blessés.

Le 25 vendémiaire an IX (17 octobre 1800), le feu prit au bâtiment de la Halle au Blé. On n'aperçut d'abord qu'une flamme imperceptible à la naissance de la coupole, et ce ne fut qu'après de longues recherches qu'on trouva le véritable foyer de l'incendie qui était dans les courbes de sapin formant la couverture. Ces courbes, recouvertes extérieurement en cuivre et intérieurement en voliges, s'embrasèrent très-rapidement et sans qu'on pût le voir, à cause des deux revêtements; aussi la coupole fut-elle en peu de temps totalement embrasée et s'écroula. On ne put que préserver les marchandises. Huit pompes furent employées pendant vingt-quatre heures à éteindre le feu des débris de la coupole et à empêcher sa propagation aux objets environnants.

Le 8 thermidor an IX (27 juillet 1801), un incendie se déclara d'une manière effrayante dans des ateliers de charronnage attenant aux Bains Chinois, boulevard des Italiens. L'embrasement général de ce bâtiment, ayant treize croisées de façade, toutes vomissant des flammes, présentait un danger imminent pour le bâtiment des bains et les maisons qui l'avoisinaient; néanmoins, une manœuvre précipitée de sept pompes concentra le feu dans son foyer primitif et empêcha le développement de ce sinistre.

Le 14 prairial an XI (3 juin 1803), la foudre mit le feu au dôme de la Salpétrière. Le foyer du feu, longtemps caché, était dans la boule du dôme faite en plomb, et ne se découvrit que lorsqu'elle se fondit par l'action de la chaleur.

Le 1er juillet 1810, un violent incendie éclata rue du Mont-Blanc, chez le prince Schwartzenberg, à un bal où se trouvait toute la cour impériale. La princesse de Schwartzenberg, belle-sœur de l'ambassadeur, y périt avec un grand nombre de personnes, et l'empereur lui-même faillit en être victime. Bien que l'incendie fût la cause première de ce tragique événement, le grand nombre de victimes dépendit bien moins de ce fléau que de l'empressement de la foule à prendre la fuite.

En janvier 1811 eut lieu l'incendie du marché d'Aguesseau.

En 1813, deux grands incendies eurent lieu ; le premier rue de Jouy où un homme fut asphyxié et un autre brûlé ; le second, rue Transnonain où des alcools et des produits chimiques brûlèrent longtemps encore après l'extinction de l'incendie du bâtiment.

Le 2 mai 1815, le feu éclata à la manutention des vivres, rue du Cherche-Midi, dans un hangar rempli de fourrages. Par la bonne direction donnée aux secours, on circonscrivit le feu de manière à préserver tout ce qui l'entourait.

Le 22 avril 1816, le feu prit dans une fabrique de toiles cirées et de taffetas gommés, rue du Faubourg-Saint-Antoine, 34. Ce feu, qui avait beaucoup d'intensité et d'aliment, en raison de la construction et de la grandeur du bâtiment qui présentait quatre-vingts mètres de longueur sur douze d'élévation, fut très-difficile à éteindre et présenta de grands dangers. Six sapeurs-pompiers, sous les ordres du lieutenant Anfray, n'écoutant que leur zèle, entrèrent sous les combles enflammés pour mieux combattre le feu ; mais, au même instant, le faîtage ruiné s'abattit et les ensevelit sous les décombres. Un d'eux, le sapeur Lescœur, fut tué ; trois autres, ainsi que le lieutenant Anfray, furent grièvement blessés.

Le 20 mars 1818, le feu prit pour la seconde fois au théâtre de l'Odéon ; le comble, l'intérieur de la salle et la scène furent entièrement brûlés. On préserva du feu les loges et les escaliers. Diverses autres parties du bâtiment l'eussent été également si le zèle inconsidéré de la foule, qui brisa les portes et les boutiques en bois des galeries, et jeta les meubles par les fenêtres, n'eût détruit en partie le bon résultat du pénible travail des sapeurs-pompiers. Douze sapeurs furent blessés assez grièvement dans ce dangereux incendie, qui nécessita pour son extinction, la manœuvre de vingt et une pompes.

Le 26 juillet 1818, le feu éclata dans une ancienne église servant de serre et dépendant de l'établissement des Sourds-Muets. Ce feu qui, par son intensité, sa contiguité avec l'établissement des Sourds-Muets et son voisinage avec l'église Saint-Jacques, présentait d'immenses dangers, a été maîtrisé de la manière la plus satisfaisante. Le plancher seul, qui divisait l'église en deux parties, fut brûlé. Le comble fut entièrement conservé, et cela est d'autant plus remarquable, qu'on ne pouvait dominer le foyer que par le comble lui-même, qui n'avait aucune issue et n'était accessible que par les chéneaux qui bordaient le toit.

Le 20 septembre 1818, le feu ayant pris à la poste aux chevaux de Nanterre, les sapeurs-pompiers s'y rendirent et parvinrent, au moyen de six pompes, à s'en rendre maîtres, sans avoir pour cela obtenu de grands résultats, attendu les immenses ravages de l'incendie avant leur arrivée.

Le 18 décembre 1818, le feu se déclara dans une salle du Palais de Justice : il fut heureusement maîtrisé et n'eut pas de conséquences graves.

Le 9 mars 1819, un violent incendie eut lieu dans un atelier d'ébénisterie, rue Meslay, 26. Ce feu, très-dangereux à cause de l'immense quantité de combustible qui encombrait et l'atelier incendié et les étages supérieurs fortement menacés, nécessita une activité extraordinaire dans l'attaque, qui fut bien dirigée et à laquelle on dut l'heureuse extinction du feu.

Le 15 octobre 1819, le feu se manifesta dans l'atelier des messageries, rue du Faubourg-Poissonnière, 8, et envahit tout le rez-de-chaussée rempli de bois de construction. On préserva le bâtiment contigu et le bâtiment parallèle menacé à chaque instant par celui dans lequel était le feu qu'activait un vent impétueux. On mit vingt pompes en manœuvre ; neuf caporaux et sapeurs furent blessés dans ce dangereux sauvetage où tout le monde rivalisa de zèle et où l'on vit sept sapeurs-pompiers, malades, oubliant leur position, sortir de l'hospice Saint-Louis, se rendre avec la pompe de cet établissement sur le lieu incendié et faire usage du peu de force qu'ils avaient pour le salut commun.

Le 4 décembre 1819, le feu éclata à la tour Saint-Jacques-la-Boucherie dans l'atelier d'un fondeur de plomb de chasse. Ce feu n'eut pas de suites graves, mais il présenta de grande difficultés dans son extinction, son foyer se trouvant au haut de la tour et l'escalier ne laissant qu'un espace très-petit pour faire les établissements et porter les secours nécessaires.

Le 31 juillet 1820, le feu prit aux magasins de Bercy qui, couverts en chaume, furent en un instant la proie des flammes. Vingt pompes du corps furent mises en manœuvre et on éteignit une partie du feu avec le vin qui coulait à flots des barriques brûlées ou que la chaleur avait fait éclater. Sept sapeurs furent blessés dont trois fort dangereusement.

Le 14 octobre 1820, un violent incendie se manifesta rue Saint-Antoine, 132 et 134, dans les bâtiments de l'administration des hospices civils. Six pompes furent mises en manœuvre et l'on conserva à peu près intact un des deux bâtiments incendiés.

Le 28 décembre 1821, une tannerie, rue des Gobelins, 5, fut incendiée; huit pompes servirent à l'extinction de cet incendie et à protéger la manufacture de tapisserie des Gobelins, qui se trouvait menacée. Deux sapeurs furent blessés.

Le 19 avril 1823, le feu prit à l'hospice de Bicêtre, (bâtiment des aliénés); le comble et le plancher furent entièrement consumés sur une longueur de quarante mètres. Huit pompes servirent à l'extinction de cet incendie.

Le 29 avril 1824, le feu prit au marché Saint-Jacques-la-Boucherie avec une violence telle, que la flamme s'élevait de dix à treize mètres au-dessus des maisons voisines et mit le feu à l'une d'elles. Toutes les boutiques furent brûlées. On eut beaucoup de peine à conserver tout ce qui entourait le marché. Neuf pompes furent mises en manœuvre.

Le 13 juin 1825, le feu se déclara dans des ateliers de menuiserie et de carrosserie, passage Saint-Maur. Onze pompes furent mises en manœuvre. Trois sapeurs-pompiers furent blessés.

Le 23 juillet 1825, le feu se déclara dans un atelier de confection de capsules, plaine d'Ivry, et se communiqua à une grande partie des blés qui couvraient les champs environnants. Des ouvriers de la verrerie de la Gare, arrivés avant les sapeurs-pompiers, voulurent retirer du bâtiment incendié de la poudre qui s'y trouvait entasssée en assez grande quantité; mais, victimes de leur courageuse imprudence, la poudre ayant fait explosion, huit de ces malheureux furent pris sous les décombres et quatre d'entre eux y périrent. Les sapeurs-pompiers, tant pour noyer les poudres qu'on savait exister encore, que dans l'espoir de sauver quelques victimes restées sous les débris, manœuvrèrent pendant six heures à trois mètres de distance du point incendié, malgré la crainte qu'on avait d'une nouvelle explosion, qui heureusement n'eut pas lieu.

Le 15 mai 1826, le feu prit au théâtre du Cirque-Olympique, rue du Faubourg-du-Temple, à la suite de la représentation de l'*Incendie de Salins*. Le théâtre, la salle, les magasins furent entièrement brûlés; ce ne fut que par un pénible travail qu'on parvint à préserver les maisons voisines. Dix-neuf pompes furent mises en manœuvre. Plusieurs sapeurs-pompiers furent blessés.

Le 3 juillet 1827, le feu éclata avec violence au théâtre de l'Ambigu, boulevard du Temple, qui fut en partie consumé. Ce feu menaçait de ses effrayants ravages tous les bâtiments environnants, notamment les chantiers de bois de la rue Basse-du-Temple et le théâtre de la Gaîté qui eut un commencement d'incendie. Tous les efforts tendaient à restreindre le foyer du feu et à empêcher sa propagation. Vingt et une pompes fonctionnèrent sans relâche pendant huit heures. Les sapeurs-pompiers auraient pu courir de graves dangers à cause des éboulements successifs, qui sont l'accompagnement de ces sortes d'incendies, si, par leur habitude des exercices gymnastiques et les soins constants de MM. les officiers, ils n'eussent fait preuve du plus grand sang-froid en agissant toujours avec circonspection. L'un d'eux, le nommé Marest, de garde au théâtre, combattit

CHRONOLOGIE DES INCENDIES. XLIX

l'incendie dès son début, et périt dans les flammes, victime de son dévouement.

Le 31 octobre 1827, le feu se manifesta dans la galerie de Nemours, au Palais-Royal, et se propagea à l'une des croisées des appartements du duc d'Orléans, ainsi qu'au Théâtre-Français. Les sapeurs-pompiers de garde dans ce théâtre le sauvèrent par la bonne direction et la promptitude des secours qu'ils apportèrent à son extinction.

Le 14 décembre 1828, le feu prit dans un magasin du bâtiment des Menus-Plaisirs. Attaqué dès sa naissance, on s'en rendit maître immédiatement; cependant la perte approximative des objets brûlés fut évaluée à trente mille francs.

Le 26 mars 1829, le feu éclata dans le grand carré du passage Boufflers, atteignit l'hôtel de ce nom, les maisons de la rue Grammont, nº 23, 25, 27; celle de la rue Choiseul, nº 10. Les boutiques seules du passage devinrent la proie des flammes; on parvint à conserver les maisons. Quatorze pompes furent mises en manœuvre.

Le 4 janvier 1832, on mit le feu dans l'intérieur de l'une des tours de Notre-Dame. Les sapeurs-pompiers s'en rendirent maîtres en peu de temps et arrêtèrent sept individus auteurs de ce sinistre, qui sonnaient le tocsin pour répandre l'alarme.

Le 18 juin 1832, le feu prit dans un hangar du nº 10 de la rue Beaurepaire, sur une longueur de plus de vingt-sept mètres, et menaça en peu de temps les propriétés avoisinantes de la même rue et les maisons 35, 37 et 39 de la rue des Deux-Portes-Saint-Sauveur. Elles furent cependant toutes conservées. On attribua ce sinistre à la

e

malveillance. Seize pompes furent mises en manœuvre.

Le 30 novembre 1833, un incendie considérable eut lieu rue de Thorigny, n° 10, et aurait pu avoir de funestes conséquences si l'on n'eût ralenti son envahissement dans les rues de Thorigny et Saint-Anastase par une manœuvre de neuf pompes pendant six heures. Deux caporaux et deux sapeurs furent blessés.

Le 15 septembre 1834, le feu se manifesta rue des Lombards, n° 37, dans une cave remplie de vernis et d'essence. Neuf pompes furent mises en manœuvre par les sapeurs-pompiers venant au pas de course du Champ-de-Mars. Onze d'entre eux furent blessés ou atteints par l'asphyxie.

Le 21 février 1835, le feu prit au théâtre de la Gaîté, boulevard du Temple, pendant une répétition. En peu de temps tout le théâtre fut envahi : les murs seuls restèrent debout. Vingt-deux pompes furent mises en manœuvre, tant pour l'extinction que pour protéger les théâtres des Folies et des Funambules très-compromis. On manœuvra pendant six jours dans les décombres. Plusieurs sapeurs furent blessés. Le nommé Beaufils, qui était en faction au poste du cintre, après avoir employé tous les moyens possibles pour combattre l'incendie et n'ayant pu se sauver, fut trouvé mort sous les décombres.

Le 12 décembre 1835, le feu se déclara rue du Pot-de-Fer, n° 14, dans un séchoir de papiers satinés et se propagea d'une manière extraordinaire. Huit bâtiments et leurs dépendances furent atteints par les flammes. Les élèves du séminaire Saint-Sulpice vinrent se joindre aux sapeurs-pompiers pour combattre l'incendie; et l'un d'eux,

M. Gallet, mourut quelques jours après victime de son dévouement. Treize pompes servirent à l'extinction. Plusieurs sapeurs furent blessés.

Le 13 décembre 1836 eut lieu l'incendie du magasin de décors du théâtre des Folies, rue Basse-du-Temple, n° 39. Huit pompes furent mises en manœuvre.

Le 15 janvier 1838, incendie du théâtre des Italiens. Un froid intense de dix degrés ayant fait geler l'eau des colonnes de chute du théâtre, les premiers secours manquèrent et le sinistre fut bientôt général. Dix-huit pompes mises en manœuvre parvinrent à préserver le pourtour, les magasins de costumes, de musique et les maisons du boulevard. Plusieurs sapeurs furent blessés, d'autres n'échappèrent que par miracle à l'asphyxie. M. Severini, directeur du théâtre fut sauvé par un caporal qui, au moyen de l'échelle à crochets, monta jusqu'au troisième étage.

Le 17 juillet 1838, le feu prit au théâtre du Vaudeville, rue de Chartres, et se communiqua de l'atelier des peintres, où il prit naissance, à la coupole, puis à la salle et de là au théâtre qui fut consumé. Douze pompes furent mises en manœuvre. Douze sous-officiers, caporaux et sapeurs furent plus ou moins grièvement blessés.

Le 8 mars 1839, le feu prit au Diorama de M. Daguerre, rues Samson et des Marais; en un instant, il se fit jour par les châssis vitrés et les combles qui s'écroulèrent. Huit pompes furent mises en manœuvre.

Le 30 janvier 1842, un violent incendie se manifesta rue Saint-Maur, dans des ateliers de fonte de fer. Sept pompes furent mises en manœuvre.

Le 30 juillet 1843, eut lieu l'incendie du théâtre

Enfantin, galerie de l'Opéra. Le comble fut brûlé. On conserva la salle et les décors du théâtre. On mit huit pompes en manœuvre.

Le 15 octobre 1843, un violent incendie eut lieu dans des magasins de bois d'ébénisterie, rue de Charenton, n° 45. On mit dix pompes en manœuvre.

Le 18 octobre 1843, incendie d'une filature de coton, rue Censier, n° 11. On mit neuf pompes en manœuvre.

Le 8 décembre 1844, incendie du manége de la rue Cadet. Un travail pénible, occasionné par l'intensité du froid, qui fit geler l'eau dans les corps de pompe, fut ce qui signala cet incendie. Cinq sapeurs-pompiers furent pris sous les décombres d'un mur qui s'écroula : les sapeurs Beck et Fay moururent des suites de leurs blessures, neuf autres furent également blessés. On mit sept pompes en manœuvre.

Le 16 décembre 1844, le feu prit au buffet d'orgue de l'église Saint-Eustache, qu'il consuma. On maîtrisa l'incendie qui s'était déclaré dans les combles et compromettait tout l'édifice, attendu qu'on ne pouvait projeter l'eau à cette hauteur. Plusieurs sapeurs furent légèrement blessés. On mit six pompes en manœuvre.

Le 21 janvier 1845, le feu prit dans un bâtiment rue Rochechouart. On mit quatre pompes en manœuvre.

Le 23 janvier 1848, le feu se déclara avec beaucoup de violence dans un atelier d'ébénisterie, situé rue Amelot, 57, ruelle des Jardinières. Quatres pompes servirent à l'extinction de cet incendie.

Le 24 février 1848, le feu fut mis au Château-d'Eau, place du Palais-Royal. Plusieurs pompes furent mises en manœuvre.

23 juin 1848. Les journées de juin furent, pour les sapeurs-pompiers de Paris, des journées doublement périlleuses.

Non-seulement les incendies se multipliaient par la malveillance, mais aussi par les projectiles que lançait l'artillerie dans ses attaques.

Sur certains points, après avoir secouru et transporté les blessés, il fallut éteindre le feu malgré les mauvais traitements de ceux qui l'y avaient mis. Les barricades empêchant le transport des pompes, on dut le plus souvent se contenter de seaux d'eau comme moyen d'extinction.

Ailleurs il fallut manœuvrer sous une pluie de balles et de projectiles.

Chacun, dans ces tristes circonstances, fit son devoir de citoyen et de pompier.

Le 5 mai 1848, un violent incendie se manifesta dans un atelier, avenue Parmentier, n° 9. On mit neuf pompes en manœuvre.

Le 14 juillet 1849, le feu prit au théâtre du Diorama au deuxième étage du bazar Bonne-Nouvelle. Par suite de la bonne direction donnée aux secours, on le circonscrivit dans son foyer, et on parvint ainsi à préserver le reste du bâtiment. Plusieurs sapeurs-pompiers furent blessés. On mit sept pompes en manœuvre.

Le 25 octobre 1849, le feu prit au bâtiment du gazomètre, rue Richer, n° 6. Quatre pompes servirent à son extinction. Trois sapeurs furent légèrement blessés.

Le 3 août 1850, un incendie éclata dans des ateliers, rue de la Butte-Chaumont, n°s 4 et 6. N'ayant point assez de monde pour alimenter les pompes au moyen de la chaîne, on établit une pompe aspirante près du canal. L'eau, arrivant alors en abondance, permit de se rendre maître du feu. Quatre pompes furent mises en manœuvre pour l'extinction de cet incendie.

Le 11 septembre 1850, un incendie éclata rue des Orfèvres, n° 2, dans une fabrique de toiles vernies. Une chaudière placée dans un atelier, et qui contenait de l'huile en ébullition, se renversa et mit le feu à une grande quantité d'essence que contenait cet atelier. Le feu se communiqua immédiatement au premier étage rempli de toiles vernies et gagna le comble qui, au moment de l'arrivée des sapeurs, était tout en flammes. Six pompes furent mises en manœuvre pour l'extinction de ce feu, qui fut maîtrisé avec talent. Toutes les maisons voisines, construites en pans de bois, furent préservées.

Le 16 octobre 1850, le feu se déclara dans une chambre et au comble d'une maison, rue du Faubourg-Saint-Denis, n° 16. Cinq pompes furent mises en manœuvre et une sixième fut employée comme pompe alimentaire.

Le 29 novembre 1850, vers 7 heures du soir, un incendie des plus dangereux se manifesta rue de la Vieille-Monnaie, n° 17.

Un garçon de boutique étant descendu avec une chandelle dans une cave pour y chercher de l'essence de térébenthine, mit le feu à une tonne qui en était remplie. La tonne fit explosion et mit le feu à des essences, goudrons, résines, soufres, arsenics, etc. La flamme, s'échappant par l'escalier de la cave, envahit aussitôt le rez-de-chaussée, le premier étage et atteignait déjà les maisons situées en face.

On peut se faire une idée des conséquences qu'aurait pu avoir ce sinistre en pensant, que dans la cour de la maison se trouvaient déposées plus de trente tonnes d'essence, que les maisons et les caves voisines étaient remplies de substances semblables, et que dans ce quartier, dont les rues sont fort étroites, la plupart des boutiques sont occupées par des marchands de couleurs, droguistes, papetiers, etc.

Les mesures les plus énergiques furent prises, et, par une attaque précipitée et intelligente, on étouffa pour ainsi dire le feu dans son foyer.

Le 25 mars 1851, le feu prit dans les vastes ateliers de M. Pleyel, fabricant de pianos, rue Rochechouart, n° 24. Malgré la promptitude avec laquelle les sapeurs-pompiers se sont rendus maîtres du feu, malgré leur zèle et leur intelligence, la perte causée par les dégâts est estimée à cent mille francs.

Le 25 mai 1851, vers neuf heures du soir, un grand incendie s'est manifesté rue du Faubourg-Saint-Martin, n° 59, chez M. Jeanniard, entrepositaire de chiffons.

Lorsqu'on est venu réclamer les secours de la caserne de la rue Neuve-Saint-Nicolas, le comble du magasin de chiffons était déjà en feu.

Malgré la confusion causée par les personnes que la crainte d'être incendiées portait à faire un déménagement partiel, et l'envahissement des abords par la population si nombreuse de ce quartier et qu'on ne pouvait maintenir faute de forces suffisantes, le feu put être refoulé dans son foyer, et les maisons environnantes mises hors de danger.

A minuit, l'on était maître du feu.

Toutes les propriétés voisines de l'incendie furent

préservées, quoique les murs en pans de bois, les portes et les fenêtres qui les en séparaient eussent été charbonnés : l'un était un grand magasin de papier verni, l'autre un magasin de voitures, enfin la maison vis-à-vis renfermait une grande quantité de diverses marchandises dont aucune n'a été atteinte.

Le 12 juin 1851, le feu éclata, à 2 heures de l'après-midi dans une fabrique de ouate, rue Basse-Saint-Pierre-Popincourt; en un instant, tout le bâtiment, composé de quatre étages, servant d'ateliers et de magasins fut envahi par les flammes. Cinq pompes furent mises en manœuvre.

Le feu cessa à 5 heures; on dut employer plusieurs jours pour le déblaiement.

Le 28 juillet 1851, à une heure du matin, le feu se manifesta quai Jemmapes, n° 62, dans un ancien manége servant d'ateliers de marbrerie et de remises de décors, d'une superficie de 500 mètres carrés, gagna une fabrique de charbon chimique d'une superficie de 400 mètres et l'écurie des chevaux des Arènes nationales; douze pompes furent mises en manœuvre. Le feu cessa à 7 heures et demie.

Le 12 août 1851, à 11 heures 45 minutes du matin, le feu prit dans l'église des Invalides aux tentures qui décoraient le catafalque et le maître autel pour la cérémonie funèbre de M. le maréchal Sébastiani. 246 drapeaux, y compris le parasol de l'empereur du Maroc, suspendus de chaque côté de l'église, et que les flammes gagnaient, furent retirés aussitôt que possible, mais la majeure partie de ces drapeaux fut entièrement détériorée.

Trois pompes furent mises en manœuvre. Le feu cessa à 2 heures.

Le 22 mars 1852, à 11 heures et demie du soir, le feu se déclara rue Saint-Hippolyte, n° 15, dans une tannerie renfermant machine à vapeur, foulon, etc. Sept pompes furent mises en manœuvre. Le feu cessa à 3 heures et demie.

Le 13 mai 1852, à 11 heures du soir, le feu se manifesta rue du Faubourg-Saint-Antoine, n° 116, dans trois hangars servant à remiser des petites voitures à bras, et dans divers magasins, dont le pourtour était enclavé dans des bâtiments voisins.

Dix pompes furent mises en manœuvre. Deux bourgeois furent tués : l'un se jeta d'une fenêtre sur le pavé, la roue d'un tonneau passa sur le corps de l'autre. Trois chevaux furent brûlés dans une écurie.

Le feu cessa à 2 heures du matin.

Le 11 juillet 1852, à 2 heures et demie du matin, le feu éclata rue de Charonne, n°s 44 et 46, dans une scierie de bois de placage mue par la vapeur, et dans un hangar rempli de bois pour le sciage. Quatre pompes furent mises en manœuvre.

Le feu cessa à 4 heures un quart.

Le 28 du même mois, à minuit un quart, le feu prit au ministère de l'intérieur, dans la chambre de madame la comtesse de Persigny, et dévora instantanément tout le mobilier, les boiseries et le parquet. Une pompe fut mise en manœuvre. Les diamants de madame la comtesse de Persigny furent sauvés.

Le feu cessa à 1 heure.

Le 14 avril 1852, à minuit et demi, le feu prit au palais de l'Élysée dans le cabinet de travail de Mgr le prince Président, et gagna ses appartements particuliers. Grâce à la promptitude des secours, il n'y eut que le cabinet de travail d'incendié.

Le feu cessa à une heure et demie.

Le 6 novembre 1852, à 3 heures du matin, le feu éclata rue Terneaux, n° 2, dans un bâtiment à trois étages, ayant huit croisées de front par étage sur chacune des deux faces et renfermant une fabrique d'ouate et quelques logements. Quatre pompes furent mises en manœuvre. Ce bâtiment fut en partie incendié.

Le 31 décembre 1852, à une heure trois quarts du matin, le feu se manifesta dans un atelier de charronnage, d'environ cent mètres de longueur sur trente-cinq de largeur, à Passy (banlieue). Dix-sept pompes furent mises en manœuvre, dont onze de la banlieue.

On parvint à sauver le bâtiment où se trouvaient la machine à vapeur, les magasins aux fers et au bois, celui servant à remiser les voitures confectionnées, une usine à gaz, un bâtiment servant de bureaux et plusieurs propriétés voisines qui étaient gravement menacées. Le feu cessa à 5 heures et demie.

Le 31 mars 1853, à 3 heures du matin, le feu envahit tout un bâtiment de 200 mètres de longueur sur 25 de largeur, servant de magasin à vingt et un négociants en vins et eaux-de-vie, quai de Bercy, n° 22, cour Subé. Huit pompes du corps et douze de la banlieue furent mises en manœuvre.

A 5 heures du matin, on était maître du feu et tout le voisinage était préservé.

Le 21 avril 1853, à une heure trois quarts du matin, les flammes envahissaient une maison de construction légère, passage des Patriarches, et se communiquait à une baraque en planches servant d'atelier d'ébénisterie et de boutique de cordonnier.

Trois pompes du corps et celle de la boulangerie des hospices furent mises en manœuvre.

Les cadavres d'une femme de quatre-vingt-quatre ans et d'un jeune homme de dix-neuf ans, furent trouvés parmi les décombres.

Le feu cessa à 3 heures.

Le 6 mai 1853, à 3 heures trois quarts du matin, par un vent violent, le feu dévorait une maison d'habitation, allée des Veuves, Champs-Élysées, des hangars et une écurie adjacente, et gagnait d'autres écuries et hangars, ainsi qu'un chantier de bois qui furent préservés en partie. Cinq pompes furent mises en manœuvre. Tous les bestiaux purent être sauvés, excepté un cheval qui fut brûlé dans son écurie.

On se rendit maître de ce feu à 7 heures.

Le 3 août 1853, à 5 heures du soir, le feu se manifesta à Bercy (banlieue), dans un corps de bâtiment de construction légère servant de magasin d'huile et de schiste.

Quatre pompes du corps et douze de la banlieue furent mises en manœuvre, la majeure partie pour garantir les corps de bâtiments qui entouraient celui incendié, et qui contenaient des matières spiritueuses. Le feu cessa à 7 heures un quart.

Le 28 août 1853, à 11 heures 40 minutes du soir, le feu éclata, rue des Terres-Fortes, n° 5, dans trois hangars et un corps de bâtiment contenant des produits chimiques.

Cinq pompes furent mises en manœuvre.

Le feu cessa à minuit un quart.

Le 16 octobre 1853, à 6 heures du matin, le feu envahit les magasins et les ateliers de M. Debain, fabricant de pianos, rue Vivienne, n° 58. Sept pompes furent mises en manœuvre. Les grands magasins des Villes de France, contigus au bâtiment incendié, furent préservés.

Six caporaux et sapeurs furent légèrement blessés. Une personne fut descendue du 4ᵉ étage à l'aide du sac de sauvetage.

Le feu cessa à 9 heures et demie.

Le même jour, à 9 heures et demie du matin, le feu se déclarait dans un atelier de forge, un laboratoire de chimie et un chantier de bois de construction, rue Bichat, nº 51.

Quatre pompes furent mises en manœuvre.

Le feu fut éteint à 11 heures un quart.

Le 20 novembre 1853, à 2 heures trois quarts du matin, le feu éclata rue Beaubourg, dans la partie comprise entre les rues Chapon et Montmorency.

A 7 heures du matin, le feu était concentré dans son foyer, qui comprenait cinq maisons dans lesquelles il existait plusieurs ateliers de menuiserie et des magasins de meubles de toute espèce.

Deux autres maisons furent endommagées. Ce sinistre, un des plus considérables comme maisons d'habitation qu'il y ait eus à Paris, depuis l'organisation militaire des sapeurs-pompiers, fut combattu par 8 officiers, 9 sous-officiers, 25 caporaux et 93 sapeurs.

Dix pompes furent mises en manœuvre. A 7 heures et demie on était maître du feu.

Les cadavres de quatre habitants des maisons incendiées furent retrouvés dans les décombres.

Plusieurs jours furent employés pour le déblaiement.

Le 23 novembre 1853, à une heure du matin, le feu prit naissance dans le comble d'un bâtiment, impasse Saint-Claude, nº 6. La chute des charpentes et des matériaux effondra les planchers des étages supérieurs occupés par des ateliers d'ébénisterie en fauteuils.

Quatre pompes furent mises en manœuvre.

Le feu cessa à 2 heures et demie.

Le 25 décembre 1853, à 8 heures trois quarts du soir, le feu se manifesta dans un magasin de porcelaines et dans le corps du bâtiment, rue Paradis-Poissonnière, n° 43. Quatre pompes furent mises en manœuvre.

Le feu cessa à 11 heures.

Le 7 mars 1854, à 4 heures et demie du matin, le feu se déclara à l'Hôtel de ville, galerie des architectes, dans les bureaux du 4e étage. On put préserver les pièces voisines, renfermant des collections de plans et archives de la Ville.

Trois pompes furent mises en manœuvre.

A 5 heures un quart on était maître du feu.

Le 9 avril 1854, à 8 heures du matin, le feu se déclara dans le comble d'un grand bâtiment des abattoirs Montmartre, divisés en huit compartiments et servant de dépôts de fourrages.

Trois pompes furent mises en manœuvre. Le feu cessa à 10 heures et demie.

Le 31 août 1854, à 10 heures du soir, le feu se manifesta dans tout le bâtiment d'une chapelle du culte évangélique, située rue de Provence n° 54, et envahit un magasin de boiseries.

Cinq pompes furent mises en manœuvre.

Le feu cessa à 2 heures du matin.

Le 12 octobre 1854, à minuit et demi, le feu s'est déclaré rue de Buffon, n° 29, dans une fabrique à peigner la laine, et dont les métiers étaient mus par une force motrice.

Huit pompes ont été mises en manœuvre. On fut maître du feu à 3 heures.

f

Le 27 octobre 1854, à une heure du matin, le feu éclata dans une filature de laine formant l'angle des rues Albouy et des Vinaigriers, et se composant d'un premier bâtiment de cinq étages, d'un second de quatre étages en retour d'équerre, et d'un troisième de sept étages formant parallèle. Ce dernier, qui renfermait des métiers pour une valeur d'environ un million, fut presque entièrement préservé. Dans les autres, la perte fut d'environ cent mille francs.

Cinq pompes furent mises en manœuvre.

Le feu cessa à 5 heures et demie.

Le 25 avril 1855, à 1 heure après midi, le feu se déclara dans le comble du bâtiment de la Halle aux draps, marché des Innocents. Les flammes, poussées par un vent d'ouest très-violent, dans la direction de la rue de la Poterie, menaçaient d'envahir les maisons de cette rue.

Le comble de ce bâtiment, qui avait 118 mètres de longueur sur 17 de largeur, fut détruit en très peu de temps.

Neuf pompes furent mises en manœuvre.

A 3 heures on était maître du feu.

Le 5 juillet 1855, à 3 heures du matin, le feu se manifesta rue Ménilmontant, n° 93, dans divers ateliers, servant à la fabrication de pianos, d'objets de bronze, de passementerie. Ces deux derniers furent préservés.

On mit six pompes en manœuvre.

Le feu cessa à 5 heures un quart.

Le 29 août 1855, à 10 heures et demie du soir, le feu éclata violemment, rue de la Perle, n° 9, dans toute l'étendue d'un bâtiment ayant seize croisées de face, servant de magasins et d'ateliers pour la fabrication d'instruments de physique et de daguerréotypes, et contenant en outre, dans tous les étages, des matières très-combustibles.

Cinq pompes furent mises en manœuvre.

Le feu cessa à cinq heures et demie du matin.

Le 18 novembre 1855, à 7 heures du soir, le feu prit dans un des corps de bâtiment de la manutention des vivres militaires, situé quai de Billy.

Tout le corps de ce bâtiment fut détruit, ainsi que les marchandises en grains, farines et biscuits qu'il renfermait.

Dix pompes furent mises en manœuvres. A 10 heures, on était maître du feu.

Les déblais durèrent 13 jours.

Le 5 février 1857, à 7 heures et demie du matin, le feu prit dans les bureaux de l'état civil de la mairie du 6e arrondissement, rue de Vendôme.

Deux pompes suffirent pour arrêter cet incendie.

Plusieurs registres et dossiers furent brûlés.

Le feu cessa à 8 heures et demie.

Le 12 mars 1857, à 6 heures du matin, le feu éclata rue Basfroid, n° 19, dans un bâtiment divisé en douze travées, dont chacune servait d'atelier à différents corps d'états employant la force motrice transmise par une machine à vapeur.

Cinq pompes furent mises en manœuvre. Le feu cessa à 8 heures et demie.

Le 8 avril 1857, à 3 heures un quart du soir, un grand incendie se manifesta cour du Cheval-Blanc, faubourg Saint-Antoine, dans des magasins de meubles, des hangars servant d'ateliers de layetier emballeur et de magasins de planches, et dans des greniers à fourrages, formant ensemble trois corps de bâtiments en retour d'équerre. On put conserver le plus important.

Cinq pompes furent mises en manœuvre.

Le feu cessa à 7 heures.

Le 8 juin 1857, à 3 heures et demie du matin, le feu se déclara dans un grand magasin à fourrages, rue de la Fayette n° 59.

Six pompes furent mises en manœuvre.

Tous les bâtiments voisins, très-menacés, furent préservés. Le feu cessa à 5 heures et demie.

Le 12 juin 1857, à minuit et demi, le feu se manifesta rue Traversière-Saint-Antoine, n° 55, dans un bâtiment et des hangars servant de magasin de différents bois des îles. Cinq pompes furent mises en manœuvre. Le feu cessa à 4 heures du matin.

Le 17 du même mois, à 11 heures du soir, le feu éclata rue de Reuilly, n° 23, dans de vastes bâtiments servant à la fabrication de couleurs en pâte et de laines moulues pour le veloutage du papier. Cinq pompes furent mises en manœuvre. Le feu cessa à 1 heure et demie.

Le 27 août 1857, à 1 heure du matin, le feu envahit les n°s 8, 10 et 12 de l'avenue Percier, occupés par des ateliers de carrosserie, une brasserie et un café. Huit pompes furent mises en manœuvre. Un vaste magasin construit en légers pans de bois, renfermant environ 400 voitures de luxe, et séparé seulement des maisons incendiées par une petite ruelle put être préservé. Le feu cessa à 3 heures et demie.

Le 14 septembre 1857, à 6 heures du matin, le feu éclata dans le bâtiment de l'administration du journal *le Moniteur Universel*, quai Voltaire, n° 13.

Sept pompes furent mises en manœuvre. La caisse et les registres furent sauvés. Le feu cessa à 9 heures un quart.

Plusieurs jours furent employés pour le déblaiement.

Le 16 du même mois, vers 2 heures du matin, le feu éclata boulevard Poissonnière, n° 14, dans le restaurant du sieur Viot, et envahit presque tout le bâtiment.

Six pompes furent mises en manœuvre.
Le feu cessa à 6 heures.

Le 30 novembre 1857, à 9 heures du soir, le feu se manifesta gare d'Ivry, n° 58, dans un hangar où étaient placés quatre barils d'huile, et gagna presque immédiatement un grand magasin de charbon de bois.

Cinq pompes du corps et six de plusieurs communes de la banlieue furent mises en manœuvre. On préserva un deuxième magasin de charbon, des écuries et des greniers. A 11 heures et demie on était maître du feu.

Le 16 janvier 1858, à 1 heure du matin, le feu éclata dans une partie des combles du passage Jouffroy. Sept pompes furent mises en manœuvre. A 2 heures et demie, on était maître du feu.

Le 3 février 1858, à 7 heures trois quarts du matin, le feu prit dans plusieurs bureaux du ministère des finances.

Trois pompes furent mises en manœuvre, ainsi que plusieurs colonnes en charge de l'administration. Le feu cessa à 9 heures et demie.

Le 6 juin 1858, vers 8 heures du soir, le feu envahit violemment les magasins de nouveautés du Grand-Condé, occupant trois corps de bâtiment sous les n°s 87 de la rue de Seine, 83 et 85 de la rue de l'École-de-Médecine.

f.

Neuf pompes furent mises en manœuvre. Les flammes s'échappant à la fois par toutes les croisées des quatre étages, léchaient toutes les devantures de boutiques, les persiennes et les croisées des maisons vis-à-vis, néanmoins on parvint, malgré un vent assez fort, à concentrer le feu dans son foyer et à préserver toutes les habitations autres que celles occupées par le Grand-Condé. Le 7, à 3 heures du matin, on était maître du feu. Plusieurs jours furent employés pour le déblaiement.

Le 9 août 1858, vers 6 heures du soir, un incendie considérable éclata dans une scierie mécanique située rue d'Allemagne à la petite Villette, et se communiqua en fort peu de temps à des chantiers de bois de construction, de charbon de bois et de charbon de terre, occupant une superficie d'environ 6,000 mètres et voisins du canal. Ce feu, activé par un vent très-violent et par les nombreuses matières combustibles qui l'alimentaient, prit un immense développement et menaçait d'envahir les maisons bordant le quai de la Loire, ainsi que les bateaux stationnant en grand nombre sur le canal. Néanmoins, après huit heures d'une manœuvre incessante, et bien qu'on ait eu à lutter contre de grandes difficultés et une chaleur presque suffocante, on parvint à circonscrire l'incendie et à préserver, non-seulement les maisons bordant le canal sur le quai de la Loire, mais encore toute une ligne de piles de bois d'une profondeur de 8 à 10 mètres qui se trouvaient en avant d'elles.

Trente pompes, dont 7 du corps et 23 fournies par la Villette et les communes environnantes, furent mises en manœuvre.

Cet incendie, auquel assistaient S. A. le prince

Napoléon, M. le maréchal Magnan, M. le général commandant la place de Paris, et M. le préfet de police, causa, outre des pertes matérielles considérables, de nombreuses et graves blessures.

Le 5 mai 1859, des magasins à fourrages de Bercy prennent feu, l'incendie ne tarde pas à prendre des proportions énormes, la violence du vent, l'intensité de la chaleur et la grande étendue des parties embrasées rendent l'extinction très-pénible. Enfin, après 4 heures de manœuvre, on parvient à sauver ce qui reste des magasins; mais la perte est très-considérable, les fourrages sont perdus et une grande partie des bâtiments est détruite.

Le 28 octobre de la même année, le feu se déclare dans le comble qui recouvre le plafond de la coupole de la salle des séances du Sénat, au palais du Luxembourg; après être resté longtemps invisible, il éclate tout à coup. La hauteur de la coupole rend l'attaque difficile, après trois heures de manœuvre le feu est concentré dans son foyer; mais plusieurs sapeurs et employés du Sénat sont gravement blessés, et la salle du Sénat, ainsi que les objets d'art qu'elle renfermait sont brûlés ou perdus. Le ministre de la guerre et le président du Sénat assistaient à cet incendie.

Le 5 août 1860, un grand feu se déclare à Bercy, dans un magasin d'alcools (quai de Bercy, n° 39). Dix-huit pompes ont été mises en manœuvre pour une extinction toujours très-difficile, et pendant trois jours, on dut laisser des détachements pour compléter l'extinction et empêcher le feu de gagner les caves et celliers préservés.

Le 6 décembre, une fabrique de ouate, établie passage Saint-Sébastien, n° 2, est incendiée presqu'entièrement, huit pompes sont mises en manœuvre pendant fort longtemps; le bâtiment en s'écroulant blesse gravement un caporal et plusieurs ouvriers.

Le 22 mai 1861, une opération de sauvetage d'ouvriers terrassiers enfouis dans les décombres d'un égout en construction, est conduite assez habilement pour sauver la vie au seul survivant de cet accident.

Le 20 juillet, un peu après minuit, le feu se déclare dans le magasin de décors de l'Opéra, situé rue Richer, la grande quantité de matières inflammables, les dimensions énormes des locaux transmettent rapidement le feu à toutes les maisons voisines. Dix pompes sont mises en manœuvre pendant quatre heures. Les maisons voisines sont préservées, mais le magasin et son contenu sont détruits. Le maréchal Magnan, le général Soumain et le préfet de police assistaient à cet incendie, qui a causé une vive émotion dans Paris.

Le 23 juillet de la même année, un feu dans une cave de la rue Monsieur-le-Prince, occasionne un accident, dont un caporal, le nommé Balthazar, a été la victime; une boîte de phosphore ayant éclaté, ce malheureux fut couvert des débris et expira quelques jours après, au milieu des souffrances les plus atroces.

Le 15 avril 1863, la manufacture de caoutchouc des sieurs Rattier et Cie, située rue de la Chaumière, est entièrement détruite par le feu avant qu'aucun secours ait pu en arrêter la destruction.

Le 29 avril, le grand café du *Géant* est envahi par les flammes. Six pompes sont mises en manœuvre. Les habitations voisines furent préservées, mais une femme de l'établissement surprise dans son sommeil ne put s'échapper et fut brûlée.

Le 20 mai, le feu s'étant déclaré dans les dessous du Théâtre-Français, avait déjà pris une certaine extension. Le théâtre ne fut sauvé que par le courage et le sang-froid du sapeur de faction.

Le 3 septembre, un immense incendie se déclare dans des chantiers de bois, situés rue Moreau. Onze pompes sont mises en manœuvre. Plusieurs sapeurs ont été blessés.

Le 7 octobre, une maison, située rue Albouy, est envahie par les flammes. Seize pompes furent mises en manœuvre. Ce feu présentait de très-grandes difficultés d'extinction et a été suivi de nombreux accidents; le sapeur Brun a été tué, ainsi que deux autres personnes. Plusieurs autres personnes ont été blessées plus ou moins grièvement.

Le 5 janvier 1864, l'incendie de l'établissement de bains, situé dans le canal longeant le quai Bourdon, nécessite l'emploi de deux pompes.

Le 7 janvier, une grande fabrique de parfumerie, située rue de Flandre, est envahie par les flammes. Les industries voisines sont préservées; mais la perte est évaluée à un million.

Le 2 février, une partie de la fabrique de poterie, située rue de Rennes, est détruite par les flammes. Un officier du corps est blessé en coopérant à l'extinction.

L'emploi du pétrole dans l'éclairage occasionne de fréquents accidents, dont quelques sapeurs sont les victimes. Le 21 juillet, trois sapeurs sont grièvement blessés dans le passage du Saumon.

Le 28 janvier 1865, un capitaine, quatre sous-officiers et un caporal sont grièvement brûlés à la suite d'une explosion d'essences volatiles, placées dans une cave du boulevard des Buttes-Chaumont.

Le 28 mai, un grand incendie se déclare dans des magasins de bois situés quai de la Gare. Vingt-cinq pompes sont employées à l'extinction qui a demandé 7 heures de travail incessant.

Le 26 septembre, un incendie de produits chimiques se déclare rue du Marché-des-Blancs-Manteaux, et détermine des explosions dont plusieurs travailleurs sont les victimes. Quatre d'entre eux moururent dans la nuit.

Le 16 décembre 1865, l'usine du sieur Cail, située quai de Billy, est en partie détruite par le feu. Quinze pompes ont été mises en manœuvre. On parvient à sauver quelques ateliers et la maison d'habitation.

Le 28 mai 1866, l'atelier du sieur Aubin, artificier, est détruit par une explosion au moment du travail des ouvriers. Le nombre des victimes est très-considérable. Les sapeurs parviennent à empêcher le feu de gagner la salle des artifices confectionnés, qui était très-voisine de la première.

Le conseil municipal, par une délibération en date du 22 juin 1866, vote des félicitations aux sapeurs-pompiers employés à l'extinction de cet incendie.

Le 24 juin, un incendie immense par son étendue, se déclare quai d'Austerlitz, 9. Le feu qui avait pris chez un marchand grainetier s'était communiqué à des magasins de futailles vides et avait pris bien vite une extension considérable. Quatorze pompes ont été mises en manœuvre; la combustibilité, le peu de résistance des matériaux étaient tels qu'on n'a pu que protéger les maisons du voisinage.

Le 1ᵉʳ décembre, le feu se déclare rue du Faubourg Saint-Antoine, n° 56, chez un fabricant de meubles; les bâtiments voisins, construits peu solidement sont atteints dès le début, et les flammes empêchent quelques personnes de se sauver. Les sapeurs-pompiers durent s'occuper des sauvetages, qui furent très-heureusement accomplis. Douze pompes ont été mises en manœuvre.

Le 3 décembre, en faisant l'allumage du petit théâtre des Nouveautés, l'employé mit le feu à un rideau de gaze, et quelques minutes après la scène et la salle étaient en feu; des dispositions rapides et habiles préservèrent le bâtiment.

Le 6 décembre, le feu se déclare rue de Bercy-Saint-Antoine, 65, chez un marchand grainetier, et est rapidement combattu; mais dans le début de l'attaque, le caporal Guillot, en faisant sa reconnaissance, est précipité du haut d'un toit qui s'écroule sous lui et meurt quelques instants après.

Le 28 janvier 1867, un incendie éclate rue de la Ferronnerie, 13, dans un magasin de corderie; les sapeurs-pompiers sauvent par les fenêtres, cinq personnes cernées par les flammes dans les étages supérieurs. Trois pompes sont mises en manœuvre.

Dans la nuit du 8 au 9 juin, deux grands incendies éclatent simultanément avenue de la Roquette, 20, dans une scierie mécanique, et rue du Faubourg-Saint-Denis, n° 202, dans des ateliers de menuiserie. Six pompes sont mises en manœuvre au premier de ces feux et neuf au second.

TABLEAU CHRONOLOGIQUE

Présentant le nombre des feux de cheminée et des incendies qui se sont manifestés chaque année dans la ville de Paris depuis l'année 1800 jusqu'à 1867 inclusivement.

DÉSIGNATION des années	NOMBRE ANNUEL			DÉSIGNATION des années	NOMBRE ANNUEL		
	des feux de cheminée	des incendies	Total		des feux de cheminée	des incendies	Total
1800	434	91	525	1834	1080	186	1266
1801	371	43	414	1835	1095	213	1308
1802	636	89	725	1836	1110	184	1294
1803	677	100	777	1837	1050	145	1195
1804	314	89	403	1838	1115	249	1364
1805	453	78	531	1839	1128	244	1372
1806	366	73	439	1840	1012	271	1283
1807	372	73	445	1841	1060	203	1263
1808	406	84	490	1842	1145	252	1397
1809	358	78	436	1843	1150	225	1375
1810	404	83	487	1844	1108	296	1404
1811	274	66	340	1845	1170	198	1368
1812	392	100	492	1846	1163	152	1315
1813	391	94	485	1847	1180	108	1288
1814	427	28	455	1848	1146	134	1284
1815	470	66	536	1849	1230	301	1531
1816	475	73	548	1850	1521	300	1821
1817	494	68	462	1851	1392	262	1654
1818	544	85	629	1852	1224	279	1503
1819	524	66	590	1853	1076	298	1374
1820	634	120	754	1854	782	284	1066
1821	531	118	649	1855	1017	317	1334
1822	641	130	771	1856	599	207	806
1823	661	127	788	1857	919	298	1217
1824	692	127	819	1858	1093	423	1516
1825	892	182	1074	1859	903	333	1236
1826	852	191	1043	1860	1166	445	1611
1827	771	147	918	1861	1762	638	2400
1828	742	149	891	1862	1398	543	1941
1829	950	177	1127	1863	1327	572	1899
1830	980	85	1065	1864	1512	768	2280
1831	1005	222	1227	1865	1534	708	2242
1832	860	751	1611	1866	1098	547	1645
1833	990	143	1133	1867	1130	690	1820

NOUVEAU MANUEL COMPLET

DU

SAPEUR-POMPIER

TITRE IER

Nomenclature du matériel d'incendie

POMPE FOULANTE. (*Fig. 1 et 2.*)

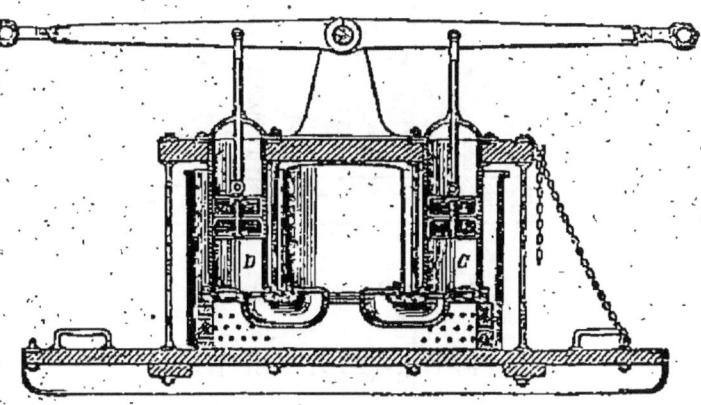

Fig. 1. Pompe foulante.

L'avant est la partie de la pompe la plus rapprochée de la flèche lorsqu'elle est sur son chariot; la droite ou la gauche d'une pompe, sont la droite ou la gauche des hommes chargés de la conduire en avant.

TITRE I

Les parties principales de la pompe sont :
Le Patin,
La Bâche,
La Plate-forme,
Le Corps de pompe,
L'Entablement,
Le Balancier,
Les Pistons.

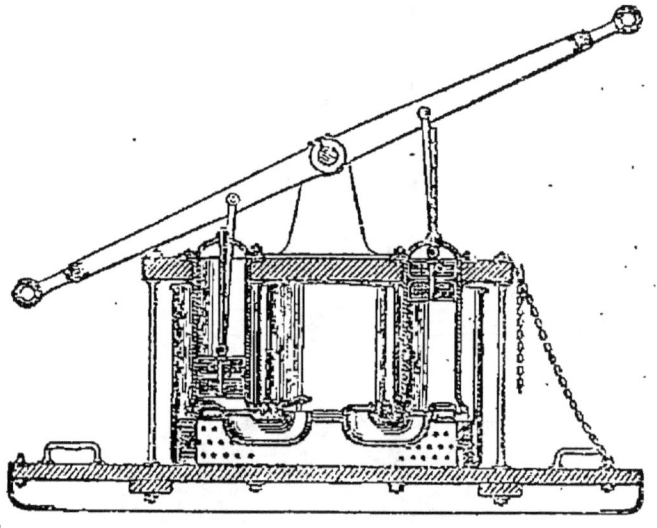

Fig. 2. Pompe foulante.

PATIN. (*Fig.* 3 et 4.)

Bois. 2 Semelles A ; 2 Entretoises C ; 1 Tablier E.
Fer. 4 Garnitures de bouts de semelles B ; 4 Bandes de renfort D ; 8 Colonnes F ; 2 Plates-bandes de bouts de patin I ; 1 Pivot de barre d'arrêt K ; 1 Piton de chaîne de l'avant ; 2 Pitons de chaînes de l'arrière ; 4 Poignées G ; 3 Chaînes H ; celle de l'avant a 1^m 50 de long, celles de l'arrière 1^m 40 c. ;

17 Écrous à six pans (16 pour les colonnes 1 pour le piton de l'avant).

Fig. 3. Patin.

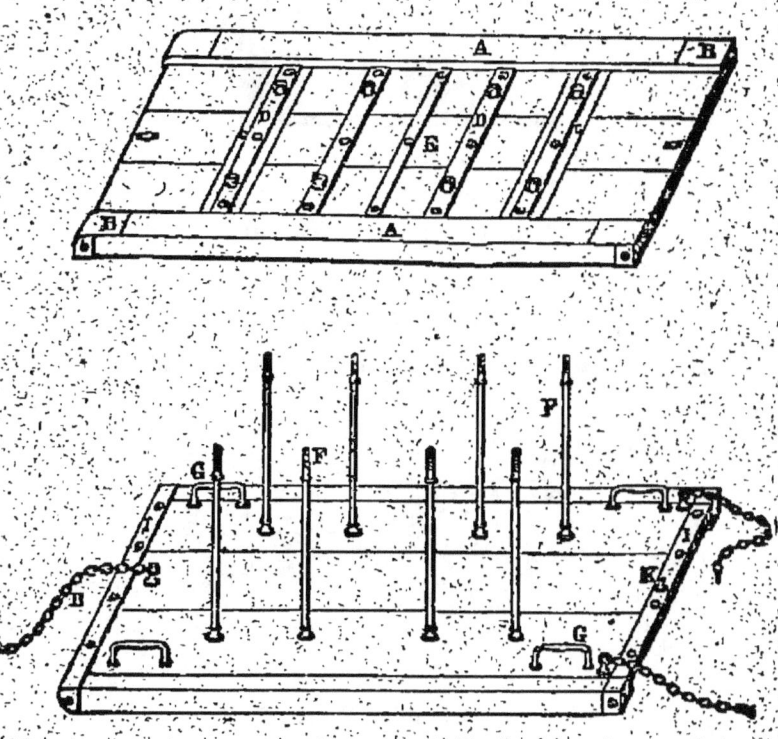

Fig. 4. Patin.

BACHE. (*Fig. 5.*)

Cuivre rouge : 1 Paroi A ; un trou percé sur le côté gauche donne passage à la sortie ; 1 Fond C ; réuni à la paroi par des clous rivés, il est percé de 4 trous pour les 4 colonnes du milieu.

Fer. 1 Cordon B, autour duquel est enroulé le bord supérieur de la paroi.

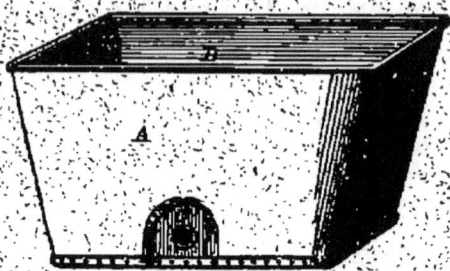

Fig. 5. Bâche.

PLATE-FORME. (*Fig.* 6.)

Bois. 2 Grands côtés A, percés de trous pour donner passage à l'eau; 2 Petits côtés; 2 Renforts B. Celui de gauche est entaillé pour recevoir la sortie.

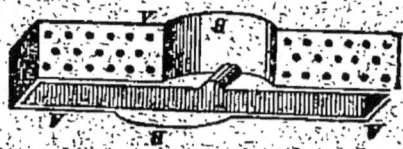

Fig. 6. Plate-forme.

CORPS DE POMPE. (*Fig.* 7.)

Cuivre laiton. 1 Culasse A; 2 Conduits latéraux D; 4 Montants C; 4 Clapets B rodés sur leurs sièges et fixés aux mentonnets par des goupilles en bronze; 1 Sortie E; 1 Tuyau de sortie G, fixé à la sortie par deux boulons en bronze; 1 Couronne de récipient K; 2 Cylindres H, fixés chacun sur la culasse par 4 boulons en bronze.

Bronze. 18 boulons à vis F (16 pour la couronne du récipient et les cylindres et 2 pour le tuyau de sortie).

NOMENCLATURE DU MATÉRIEL

Cuivre rouge. 1 Récipient I, fixé sur la culasse au moyen de la couronne par huit boulons en bronze.

Cuir. 1 Joint de couronne ; 2 Joints de cylindres ; 1 Joint de sortie.

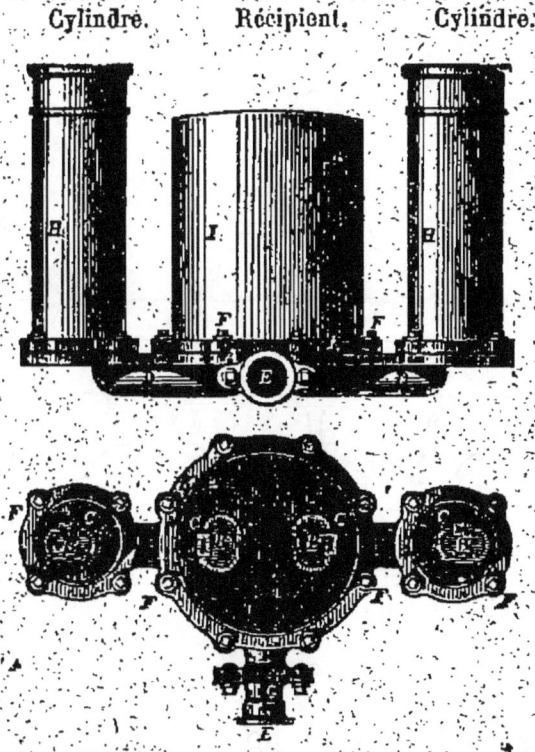

Fig. 7. Culasse.

ENTABLEMENT. (*Fig.* 8.)

Bois. 1 Entablement d'un seul bloc en noyer, orme, frêne ou chêne ; il est percé de 2 grands trous circulaires pour le passage des cylindres, et de 8 petits pour les colonnes.

Fer. 1 Support de balancier B (en fonte) maintenu par 2 vis à bois sur l'entablement où il est fixé d'une manière solide par les 4 colonnes du milieu; 1 Boulon arbre du balancier C avec son écrou; 2 Emboîtures aux extrémités de l'entablement fixées par 6 vis à bois; 2 Butoirs D, rivés sur les emboîtures; 2 Plaques de bout d'entablement, fixées par 3 vis à bois; 3 Crochets

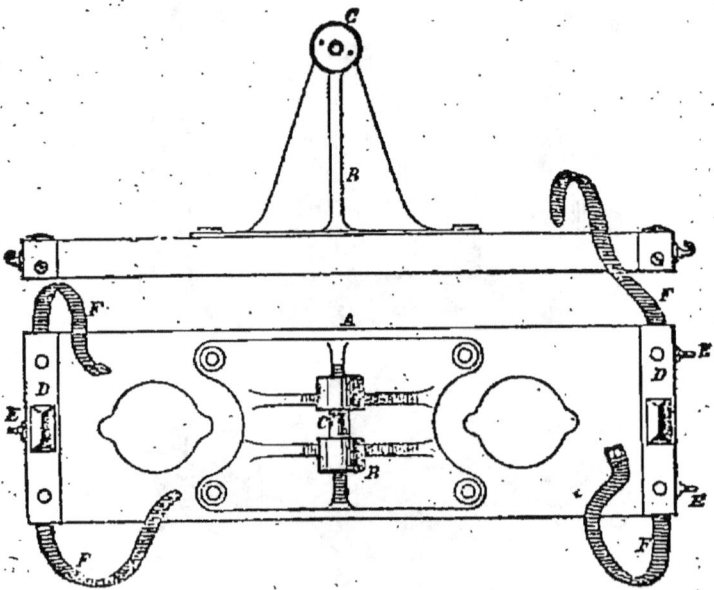

Fig. 8. Entablement.

porte-chaînes E, rivés sur les plaques de bout d'entablement (1 sur celle de l'avant, 2 sur celle de l'arrière.); 4 Brides de courroies d'entablement.
Cuir. 4 Courroies F.

BALANCIER. (*Fig. 9.*)

Fer. 1 Corps A, percé de 3 trous (1 au centre pour le boulon arbre et 1 de chaque côté pour les boulons de chapes); 2 T; 4 Branches B; 2 Douilles C.

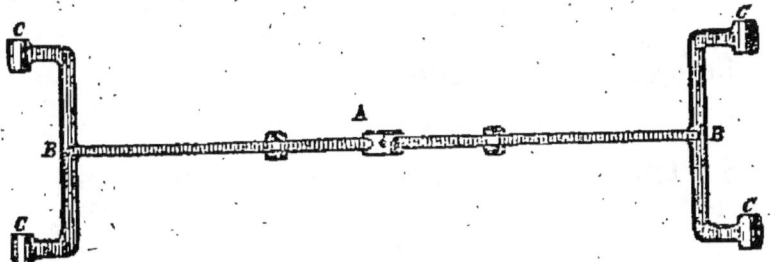

Fg. 9. Balancier.

PISTONS. (*Fig.* 10.)

Fer. 1 Chape A; 2 Boulons de chapes F.

Laiton. 2 Plaques E, dont l'inférieure est vissée sur la tige; 1 Guide C fixé sur les cylindres par 2 boulons en bronze.

Bronze. 1 Tige B; 2 Boulons de guide.

Cuir. 2 Godets D, en cuir de bœuf (embouti), placés dos à dos; 8 Rondelles garnissant l'intérieur des godets (4 par godet).

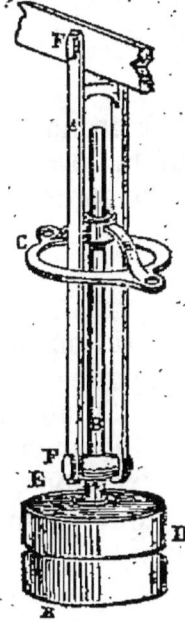

Fig. 10. Piston.

TITRE I

POMPE ASPIRANTE.

Les parties principales sont les mêmes que celles de la pompe foulante, elle a en plus :
Un système d'aspiration.

PATIN.

En tout semblable à celui de la pompe foulante.

BACHE.

Semblable à celle de la pompe foulante, sauf un deuxième trou qui est percé sur le côté droit de la paroi pour laisser passer la pièce à 2 vis d'aspiration.

PLATE-FORME.

Les grands côtés ne sont pas percés de trous. Le renfort du côté droit est augmenté et entaillé pour mieux soutenir la branche d'aspiration.

CORPS DE POMPE.

A part la soudure sous la culasse de la courbe d'aspiration, le corps de pompe est exactement le même que celui de la pompe foulante.

Entablement,
Balancier,
Pistons,

en tout semblables à ceux de la pompe foulante.

SYSTÈME D'ASPIRATION.

Cuivre rouge. 1 Courbe d'aspiration A (*fig.* 11), soudée sous la culasse et communiquant avec les ouvertures des clapets des cylindres; 1 branche à 2 ouvertures B partant du milieu de la courbe d'aspiration et aboutissant au côté droit de la bâche.

Laiton. 1 pas de vis sur l'ouverture de la branche d'aspiration dans la bâche; une pièce à 2 vis D (*fig.* 13), sur l'ouverture extérieure de la même branche; 1 tête d'arrosoir C (*fig.* 12); 1 chapeau couvert E (*fig.* 11).

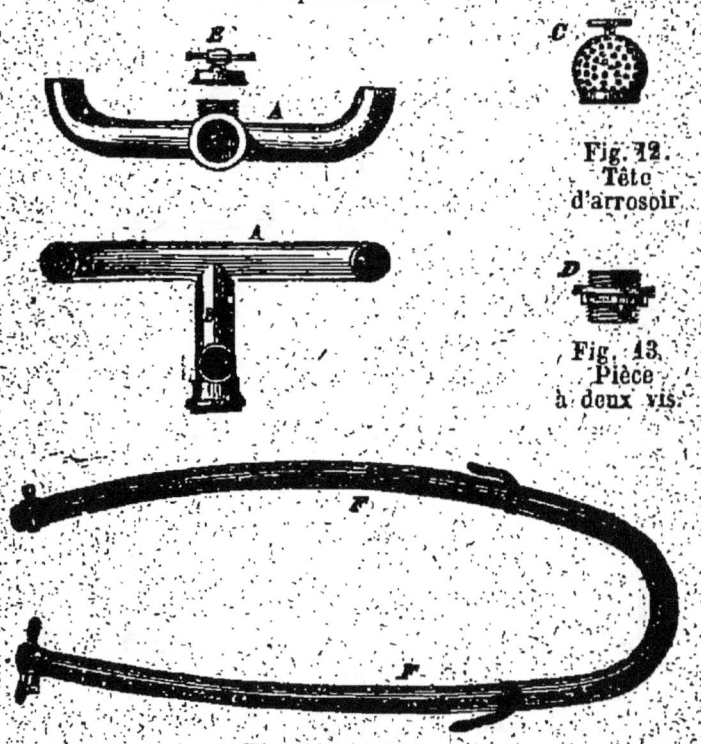

Fig. 11. Courbe d'aspiration.

Fig. 12. Tête d'arrosoir.

Fig. 13. Pièce à deux vis.

Fig. 14. Aspiral.

Cuir. 1 Tuyau aspiral (*fig.* 14).

Ce tuyau, formé d'une double enveloppe en cuir de bœuf, est soutenu à l'intérieur par une hélice métallique; une des extrémités est garnie d'un pas de vis, l'autre d'une boîte de raccord en cuivre.

TITRE I

CHARIOT DE POMPE.

Ses parties principales sont :
> Le Corps du chariot,
> La Barre d'arrêt,
> Le Coffret,
> La Flèche,
> Les Ressorts,
> L'Essieu,
> Les Roues.

CORPS DU CHARIOT. (*Fig.* 15.)

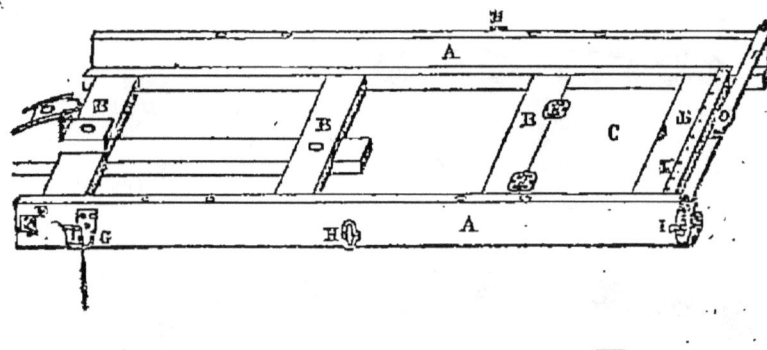

Fig. 15. Chariot.

Fig. 16.
Garnitures de bouts de flasques.

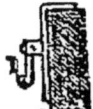

Fig. 17.
Tourniquet.

Bois. 2 Flasques A; 5 Entretoises B.
Fer. 2 Garnitures de bouts de flasques (*fig.* 16); 1 Double équerre avec son piton garnissant l'extrémité du flasque gauche; 1 Tourniquet I (*fig.* 17); 1 Patte à anneau fixée sur le flasque droit; 1 Bande

de frottement fixée sur l'entretoise de l'arrière;
2 Doubles équerres (1 sur l'entretoise de l'avant,
1 sur celle de l'arrière); 1 Crochet porte-hache G,
avec sa chevillette et sa chaînette fixées sur le flasque gauche; 1 Talon arrêtoir F, fixé en avant du
crochet porte-hache; 1 Anneau porte-hache H.

BARRE D'ARRÊT.

La Barre,
L'Œil,
Le Moraillon.

COFFRET.

Bois. 4 Côtés, 1 Couvercle, 1 Fond, 1 Petit compartiment.

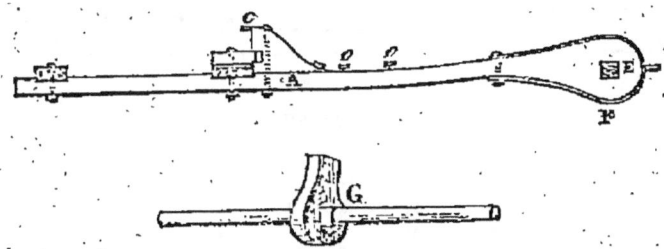

Fig. 18. Flèche.

Fig. 19. Traverse de flèche.

FLÈCHE. (*Fig.* 18 et 19.)

Bois. 1 Corps A; 1 Tête F; 1 Queue; 1 Traverse E; 1 Heurtoir B.

Fer. 1 Coiffe de tête de flèche avec son piton ;
4 Boulons à écrou (1 pour la coiffe, 1 pour la
queue de flèche et 2 pour le heurtoir); 2 Crampons; 1 Équerre de heurtoir; 1 vis à tête carrée
fixant la naissance du heurtoir sur le corps de la
flèche.

TITRE I

RESSORTS. (*Fig.* 20.)

Détail d'un ressort :
Acier. 4 Lames.
Fer. 2 Brides de ressorts avec leurs écrous 1 Main de l'avant C; 1 Main de l'arrière C; 3 Bou-

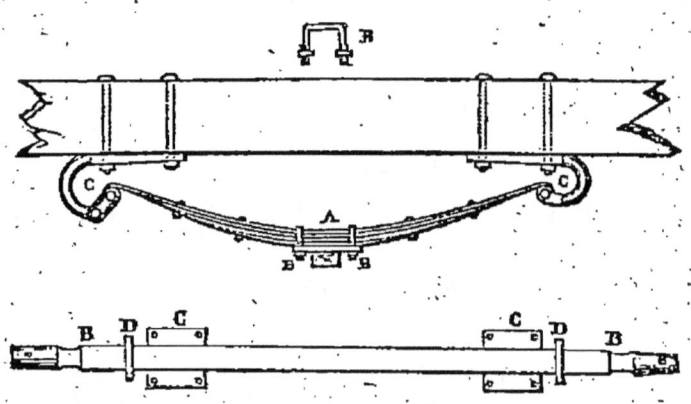

Fig. 20. Ressorts.

Fig. 21. Essieu.

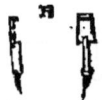

Fig. 21 *bis*. Esses.

lons à écrous fixant les ressorts aux mains; 4 Boulons à écrous fixant les mains aux flasques.

ESSIEU. (*Fig.* 21.)

Fer. 1 Corps; 2 Fusées B; 2 Œils; 2 Rondelles d'épaulement D; 2 Patins C; 2 Esses d'essieu H (*fig.* 21 *bis*).
Cuir. 2 Lanières pour esses d'essieu.

NOMENCLATURE DU MATÉRIEL

ROUES. (*Fig.* 22 et 23.)

Détail d'une roue :

Bois. 1 Moyeu A ; 14 Rais D ; 7 Jantes E ; 7 Goujons.

Fer. 1 Cercle F fixé par 14 boulons à écrous ; 2 Frettes G (*fig.* 24), fixés aux bouts des moyeux ;

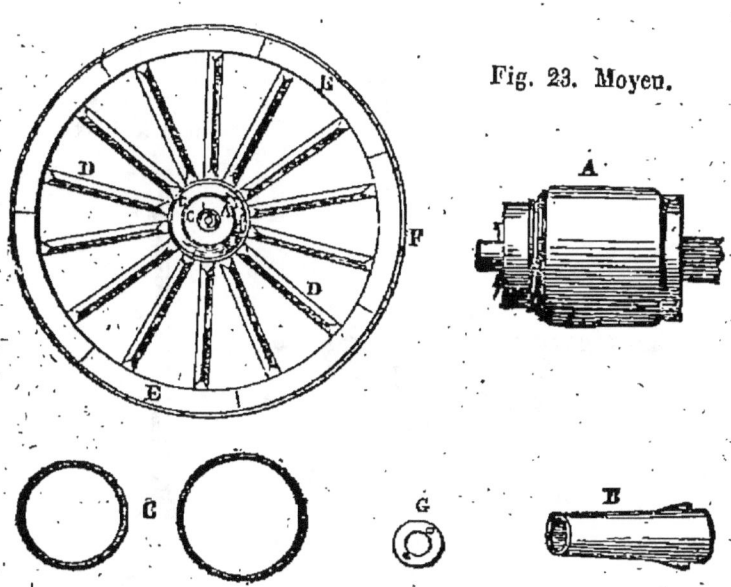

Fig. 22. Roues.

Fig. 23. Moyeu.

Fig. 24 Frettes. Fig. 25. Rondelle. Fig. 26. Boîte de roues.

2 Rondelles G (*fig.* 25), encastrées dans les extrémités des moyeux ; 1 Boîte de roue en fonte (*fig.* 26).

ACCESSOIRES DE LA POMPE.

1 Pièce à 2 vis D (*fig.* 27).
2 Demi-garnitures de chacune 16 mètres de longueur E (*fig.* 28).

Une demi-garniture se compose de bandes de cuir réunies par des clous et des rivets en fer

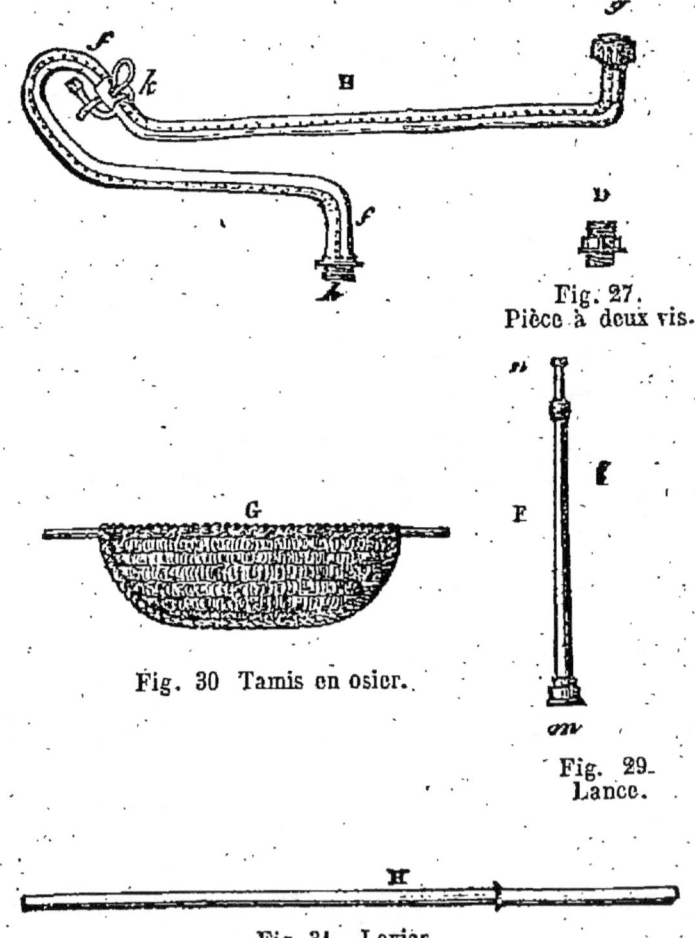

Fig. 28. Demi-garniture.

Fig. 27. Pièce à deux vis.

Fig. 30 Tamis en osier.

Fig. 29. Lance.

Fig. 31. Levier.

étamé ou en cuivre; une des extrémités porte la boîte H; l'autre le Pas de vis G du raccord, 1 Collet K avec courroie et boucle est fixé vers le milieu.

NOMENCLATURE DU MATÉRIEL

1 Lance en cuivre F, avec orifice et boîte de raccord M (*fig.* 29).
2 Tamis en osier G (*fig.* 30).
2 Leviers H (*fig.* 31).

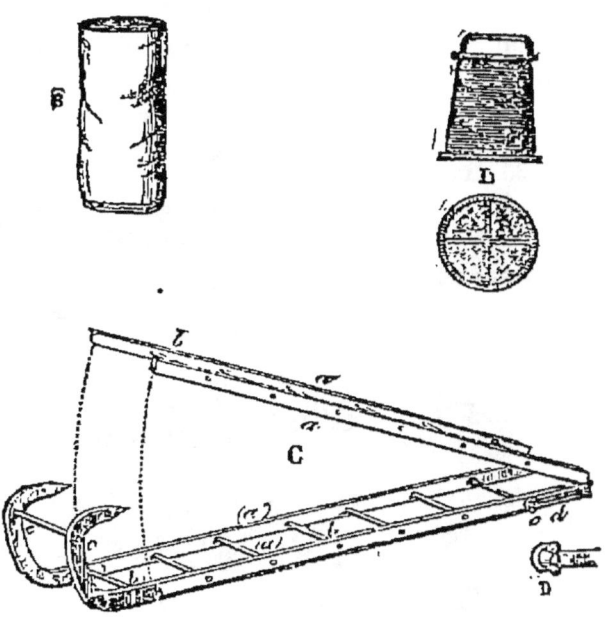

Fig. 32. Sac en cuir.

Fig. 33. Seaux.

Fig. 34. Échelle à crochets.

15 Seaux en toile à voile L (*fig.* 33), contenus dans un sac en cuir S (*fig.* 32).
1 Echelle à crochets C (*fig.* 34.)
Bois. 2 Montants *a* brisés en frêne, cintrés pour former crochets à la partie supérieure; 10 Echelons *b*.
Fer. 4 Echelons dont 3 en fer creux; 1 Entretoise pour l'assemblage des courbes *c*; un Boulon

mobile et son écrou *d*; 2 Bandes de renfort cintrées; 2 Sabots à pointe aciérée; 2 Plates-bandes. 2 Charnières.

1 Hache A (*fig.* 35.)
Bois. 1 Manche.
Fer. 1 Fer de hache; on y distingue :

1 Œil, 1 Pic et 1 Tranchant; 2 Clavettes à tête triangulaire; 2 Goupilles rivées.

1 Cordage à feux de cheminées B (*fig.* 36), avec bilboquet.

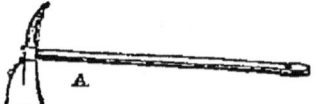

Fig. 35. Hache.

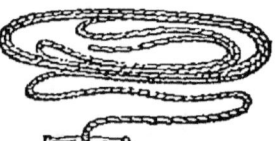

Fig. 36.
Cordage à feux de cheminées.

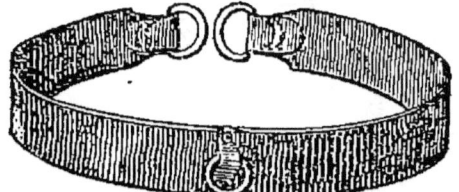

Fig. 37. Ceinture de sauvetage.

1 Ceinture de sauvetage (*fig.* 37).
1 Garniture de coffret comprenant :
1 Clef de borne-fontaine B, à carré et croissant (*fig.* 38).
1 Tricoise C (*fig.* 39).
1 Clef à oreilles H (*fig.* 40).
2 Clefs à pannetons A (*fig.* 41).
Ces 4 clefs sont réunies au moyen d'une chaînette.
1 Pièce à réduction pour les bouches d'arrosement E (*fig.* 42).

1 Commande avec bilboquet et porte-mousqueton (*fig.* 43).

1 Boulon à écrou de rechange pour échelle à crochets.

Fig. 38. Fig. 39. Fig. 40.
Clef de borne-fontaine. Tricoise. Clef à oreilles.

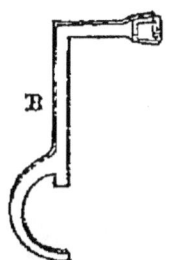 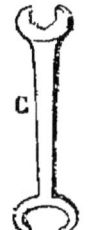 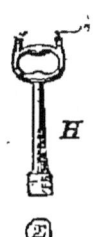

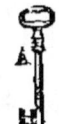 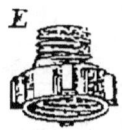 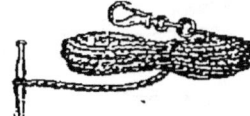

Fig. 41. Fig. 42. Fig. 43.
Clef Pièces à réduction Commande.
à panneton pour les
poteaux d'arrosement.

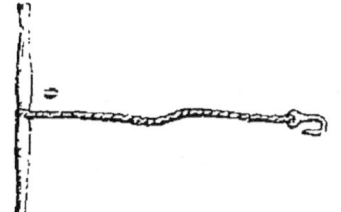 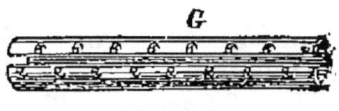

Fig. 43 *bis*. Palonnier. Fig. 43, *ter*. Manchon.

1 Palonnier avec son trait et son crochet O (*fig.* 43 *bis*).

1 Manchon en cuir avec mâchoires en fer et à ligature G (*fig.* 43 *ter*).

TITRE I

TONNEAU. (*Fig.* 44).

Ses parties principales sont :
La Tonne,
Le Coffre,
Le Cadre porte-tonne,
La Flèche,
Les Ressorts,
L'Essieu,
Les Roues.

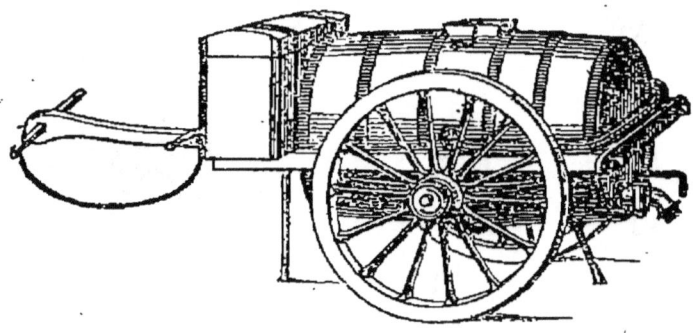

Fig. 44. Tonneau.

TONNE.

Bois. Les Douves; 2 Fonds; 1 Gueule de tampon; 1 Tampon.

Fer. 8 Cercles; 1 Chaînette de tampon; 1 Branche de robinet.

Cuivre. 1 Robinet avec plaque et contre-plaque; 3 Boulons de robinet en bronze.

Cuir. 1 Joint de robinet.

COFFRE.

Bois. 4 Côtés; 1 Fond; 1 Couvercle.
Fer. 3 Equerres de coffret avec boulons à écrous;

les deux équerres extrêmes sont à doubles charnières et à moraillon; 2 Tourniquets; 4 Equerres d'angles de coffre; 4 Equerres d'angles de couvercle; 1 Dessus de couvercle en zinc fixé sur le bois par des petits clous.

Cuir. 1 Quadruple courroie à boucle porte-flambeaux.

CADRE PORTE-TONNE.

Bois. 2 Brancards cintrés; 1 Entretoise cintrée à l'avant; 1 Traverse à l'arrière.

Fer. 1 Plate-bande de l'avant avec ses 3 boulons à écrous; 1 Tringle courbée maintenant l'écartement des brancards et de la flèche; 2 Supports de tonne; 1 Jambe de force fixée par 2 rivets sur le support de tonne de l'arrière; 2 Brides de dessus de tonne; 2 Crampons de courroies de tuyau de dégorgement.

Cuir. 2 Garnitures de supports de tonne; 2 Courroies à boucle de tuyau de dégorgement.

FLÈCHE.

Bois. 1 Corps; 1 Tête; 1 Queue; 1 Servante.
Fer. 1 Coiffe de tête de flèche avec son boulon à écrou et son piton; 1 Chaînette porte-servante; 1 Douille de servante avec son piton à patte; 1 Boulon de queue de flèche.

RESSORTS.

Détail d'un ressort:
Acier. 6 Lames.
Fer. 2 Brides; 2 Mains et 7 Boulons comme aux ressorts du chariot de pompe.

ESSIEU.

Fer. 1 Corps cintré. (Les autres détails semblables à ceux de l'essieu du chariot de pompe.)

ROUES.

En tout semblables à celles du chariot de pompe.

ACCESSOIRES DU TONNEAU.

1 Tuyau de dégorgement avec boîte de raccord.
40 Seaux placés dans le coffre.
4 Flambeaux,   *id.*
1 Palonnier avec son trait et son crochet.

CHARIOT A INCENDIE. (*Fig.* 45.)

Ses parties principales sont :
    La Caisse,
    La Flèche,
    Les Ressorts,
    L'Essieu,
    Les Roues.

CAISSE.

Bois. 2 Flasques; 4 Entretoises; 1 Fond; 2 Grands côtés; 2 Petits côtés; 4 Compartiments pour demi-garnitures; 1 Logement pour grappin; 1 Logement pour pince; 2 Taquets supportant le sac de sauvetage; 1 Couvercle avec traverse de renfort au milieu; cette traverse est percée d'un trou porte-lance.

Fer. 2 Doubles équerres à charnières, garnissant les grands côtés et le couvercle vers les extrémités; 1 Double équerre à charnière avec moraillon et tourniquet, garnissant le milieu de la caisse et du couvercle; 8 Équerres d'angles de la caisse et du couvercle; 2 Crochets de supports d'échelle pliante; 1 Jambe de force avec ses deux boulons à écrous et son renfort; 2 Chaînettes porte-leviers; 1 Chaîne avec ses deux pitons maintenant l'ouverture du couvercle; 3 Anneaux porte-haches et pioches; 4 Crochets porte-haches; 2 Brides porte-pioches; 1 Plaque d'inventaire en tôle.

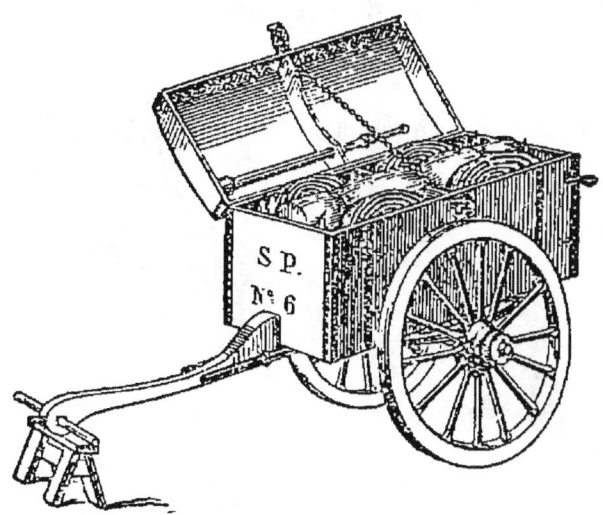

Fig. 45. Chariot à incendie.

Zinc. 1 Feuille en zinc garnissant le dessus du couvercle.

Cuir. 1 Courroie porte-lance.

Toile. 1 Sacoche pour boulons d'échelle pliante.

FLÈCHE.

Bois. Comme la flèche du chariot de pompe.

Fer. 1 Coiffe de tête de flèche avec son piton;

3 boulons à écrous (1 pour la coiffe, 2 pour la queue); 1 Vis à tête carrée; 2 Anneaux porte-léviers.

RESSORTS, ESSIEU ET ROUES.

En tout semblables à ceux détaillés au chariot de pompe.

ACCESSOIRES DU CHARIOT A INCENDIE.

1 Sac de sauvetage qui se compose de :
Bois. 1 Traverse d'ouverture, 2 Bilboquets.

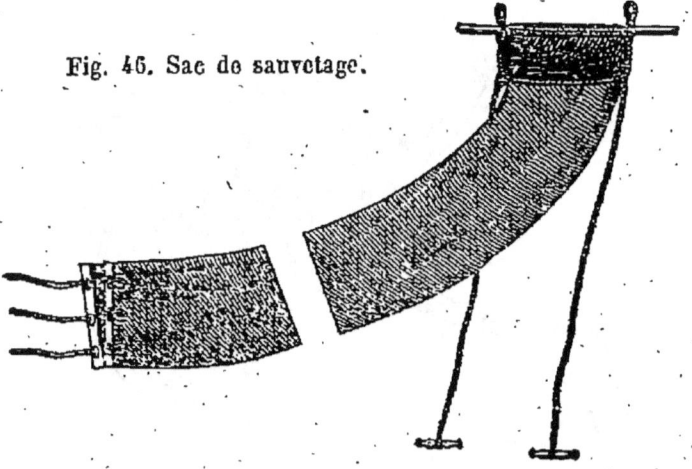

Fig. 46. Sac de sauvetage.

Chanvre. 1 Corps de sac en fort treillis, avec ses deux cordages de tension; 1 Cadre d'ouverture supérieure; 1 Coulisse d'ouverture inférieure; 3 Poignées de tension.
  2 Leviers,
  2 Pelles,
  2 Pioches,
  2 Fourches,
  4 Haches,

1 Grappin avec son grelin de 20 mètres de longueur,
1 Pince,
1 Clef de barrage,
4 Demi-garnitures,
1 Palonnier avec son trait et son crochet.
1 Echelle droite pliante (*fig.* 47), qui se compose de :
Bois. 2 Montants à double brisure, 22 Echelons.

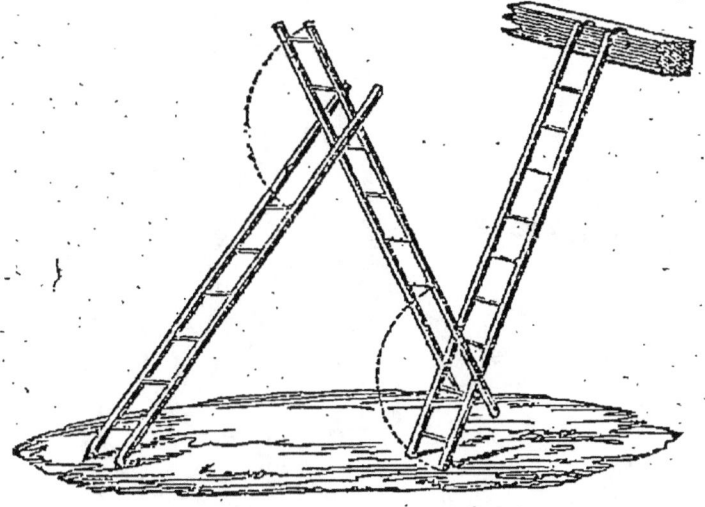

Fig. 47. Echelle pliante.

Fer. 4 Boulons fixes ; 4 Boulons mobiles avec leurs écrous ; 2 Sabots de pied ; 2 Crochets de tête ;

APPAREIL A FEUX DE CAVES. (*Fig.* 48.)

Ses parties principales sont :
   La Blouse,
   La Garniture à hélice.

TITRE I

BLOUSE.

Cuir. 1 Corps de blouse A ; 1 Capuchon ; 2 Manches ; 1 Ceinture ; 2 Bracelets.
Fer. 1 Anneau de ceinture ; 4 Boucles.
Verre. 1 Masque bombé.

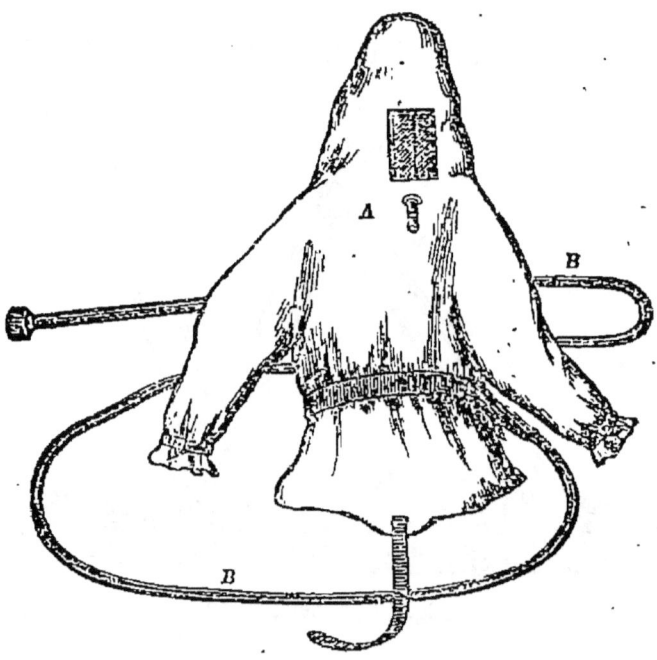

Fig. 48. Appareil à feux de caves.

Cuivre. 1 Sifflet à soupape avec embouchure en bois.

GARNITURE A HÉLICE.

Cuir. 1 Tuyau à double enveloppe B ; 1 Collet de tirage.

Cuivre. 2 Boîtes de raccords (1 du diamètre ordinaire se monte sur la pompe, 1 plus petite se monte sur la blouse).

La blouse et la garniture sont contenues dans une caisse à couvercle, fermée par 2 tourniquets à morailloos, et garnie de 2 bretelles de charge et d'un coussin rembourré.

MATÉRIEL POUR LES FEUX DE CHEMINÉES.

1 Cordage.
1 Ceinture de sauvetage.
1 Hache.
1 Toile en treillis avec poignée en cuir fixée autre.

RACCORDS.

Le raccord en cuivre qui sert à réunir les demi-garnitures se compose d'une douille à pas de vis, d'une douille à épaulement et d'une boîte taraudée, ou écrou denté à l'extérieur, maintenue par sa bague de fond contre l'épaulement, mais de manière à tourner librement autour de la douille. Chaque douille, étant solidement fixée aux bouts d'une demi-garniture, le joint se fait par la pression de l'extrémité du pas de vis de l'une contre la rondelle en cuir que porte l'épaulement de l'autre. Pour qu'il n'y ait pas de fuite, il suffit que les surfaces de jonction soient bien mises en contact en vissant la boîte qui sert à les rapprocher. On reconnaît qu'un raccord est convenablement monté, lorsque la douille de la demi-garniture ne joue plus dans la boîte.

Cette opération doit autant que possible se faire à la main, en n'ayant qu'exceptionnellement recours à la tricoise.

Ce qui vient d'être expliqué s'applique au montage de la boîte d'une demi-garniture ou d'un aspiral sur les pièces à deux vis de sortie, ou d'aspiration d'une pompe, soit aspirante, soit foulante.

Les lances, chapeaux couverts, têtes d'arrosoirs, etc., qui n'ont pas de boîte mobile, sont taraudés à l'intérieur pour former écrou et le joint se fait comme dans les autres raccords, par la pression de l'extrémité du pas de vis, sur lequel on les monte contre une rondelle de cuir fixée au fond de l'écrou que portent ces pièces.

En général, tous les raccords, écrous, lances, pièces à deux vis, chapeaux couverts, boulons, etc., se montent ou se serrent en tournant de gauche à droite, et ils se démontent et se desserrent à tournant dans le sens opposé.

Il faut ordinairement deux sapeurs pour monter un raccord de demi-garniture. Tandis que l'un des deux maintient, à hauteur de ceinture, le pas de vis de la première demi-garniture, l'autre soulève avec la main gauche l'extrémité de la seconde qui porte la boîte, présente, avec la main droite, cette boîte bien carrément devant le pas de vis, tâtonne en tournant de gauche à droite jusqu'à ce qu'il sente le premier filet mordre, et il achève ensuite de monter en tournant toujours la boîte de gauche à droite.

Pendant cette opération chacun conserve les boyaux à sa droite.

Un seul homme peut aussi monter ce raccord; à cet effet, si le pas de vis sur lequel il doit monter n'est pas fixe, il se place à cheval sur les boyaux, face au pas de vis qu'il maintient de la main gauche, il présente la boîte avec la main droite et opère comme il vient d'être expliqué.

Les raccords d'aspiration se montent d'après les mêmes principes, seulement à cause du poids de l'aspiral, il est utile qu'un homme se place en arrière de celui qui tient la boîte pour soutenir l'aspiral pendant le montage.

Si on éprouve une trop grande difficulté à tourner une boîte avec la main, ce qui arrive surtout avec les raccords d'aspiraux, on peut faire usage de la tricoise, mais seulement lorsque l'on est bien certain que les filets de vis sont convenablement engagés et qu'on ne risque pas de les forcer.

Pour serrer, au moyen de la tricoise, un raccord de demi-garniture ou d'aspiral, on embrasse avec les crochets la boîte du raccord, en saisissant par-dessous avec le crochet de gauche la dent la plus éloignée à gauche; on rabat ensuite le manche de gauche à droite pour entraîner la boîte dans ce sens; puis on dégage la tricoise et l'on recommence l'opération jusqu'à ce que le joint soit parfait.

On serre de la même manière les pièces à 2 vis et tous les raccords à dents.

A défaut de tricoise, on peut encore se servir d'un maillet, ou d'un corps dur quelconque, mais de préférence en bois pour frapper sur les dents et faire tourner les boîtes dans le sens voulu.

Les lances se montent comme les demi-garnitures par deux hommes ou par un seul. Dans le premier cas, l'un maintient le pas de vis pendant que l'autre présente sa lance des deux mains et la monte, en la tournant de gauche à droite.

Dans le second cas, l'homme maintient le pas de vis de la main gauche, la lance de la main droite et il la monte en observant toujours les mêmes précautions.

Pour serrer le raccord d'une lance, le sapeur se

donne un point d'appui, en posant le pied gauche sur la demi-garniture, près du raccord, ensuite il serre sa lance à fond en la tournant à deux mains de gauche à droite.

RENSEIGNEMENTS DIVERS.

Poids des diverses parties du matériel

Pompe foulante.

1 Pompe foulante, sans agrès ni chariot............	229kil. »	
2 Demi-garnitures de 16 mèt.	45 »	
2 Leviers................	4 300	
1 Lance avec orifice........	2 200	298k700
1 Cordage de 30 mètres......	7 500	
2 Tamis de bâche en osier...	3 »	
15 Seaux en toile avec enveloppe en cuir............	7 700	
1 Chariot sans roue ni garniture.................	95 550	
1 Garniture de coffret........	5 950	
1 Hache.................	3 »	186 »
2 Roues.................	69 »	
1 Echelle à crochets.........	12 500	

Poids total de la pompe foulante armée de ses agrès et montée sur son chariot. 484 700

Pompe aspirante.

	Kilogr.	
Pompe aspirante sans agrès............	237	»
1 Aspiral de 6 mètres......	34	500
Poids total de la pompe aspirante armée et montée sur son chariot...........	529	850

Tonneau.

Cadre porte-tonne avec ses ressorts, l'essieu et les boulons...................	96 200	⎫	
1 Tonne vide cerclée en fer....	78 500	⎬	266 400
1 Coffre vide................	22 700		
2 Roues ferrées...............	69 »	⎭	

Garniture	40 Seaux en toile.	16 200	⎫	
	4 Flambeaux.....	5 800	⎬	30 200
	1 Tuyau de dégorg.	8 200	⎭	

Poids du tonneau vide et armé.........	296	600
Contenance du tonneau, 375 litres pesant	375	»
Poids total du tonneau prêt à aller au feu.	671	600

Chariot à incendie.

Garniture.	1 Sac de sauvetage..	27 500	⎫	
	2 Pelles...........	4 »		
	1 Grappin et sa commande.........	2 »	⎬	42 300
	1 Pince...........	8 800	⎭	

A reporter.....	42 300

3.

		Kilogr.
	Report....	42 300

Garniture
- 4 Demi-garnitures. 89 »
- 1 Echelle droite pliante......... 28 »
- 1 Palonnier....... 1 500
- 2 Pioches......... 8 »
- 2 Fourches....... 4 »
- 1 Clef de barrage. 5 200
- 1 Clef de tampon. » 300
- 4 Boulons d'échelle » 700
- 4 Haches......... 12 500
- 2 Leviers......... 5 700
- 1 Lance.......... 2 200

157 100

/ 199 400

Poids total du chariot prêt à aller au feu. 410 »

Appareil à feux de caves.

1 Caisse avec ses courroies............ 7 200
1 Blouse.............................. 4 »
1 Garniture à hélice.................. 11 300

Poids total de l'appareil à feux de caves. 22 500

Matériel à feux de cheminées.

1 Toile à feux de cheminées, avec poignée................... 1 500
1 Cordage de 30 mètres.................. 7 500
1 Ceinture de sauvetage................. » 800
1 Hache................................. 3 »

Poids total du matériel à feux de chemin. 12 800

On se sert aussi quelquefois du cordage de 40 mèt. dont le poids est de.... 12 500

Dimensions principales des voitures du matériel d'incendie.

Pompe à incendie sur son chariot.

Longueur de l'essieu.................... 1m 38
Hauteur à l'arrière, la flèche étant à terre.. 2 05
Longueur de l'extrémité de la flèche, à l'arrière... 2 65

Tonneaux à incendie.

Longueur de l'essieu.................... 1m 46
Longueur de l'extrémité de la flèche à l'arrière... 2 86

Chariot à incendie.

Longueur de l'essieu.................... 1m 38
— du chariot..................... 2 78
— du chariot avec l'échelle........ 4 20
Hauteur du chariot garni de l'échelle...... 2 80

JEU DE LA POMPE A INCENDIE

Les pompes à incendie sont de l'espèce dites aspirantes et foulantes; mais nous appellerons pompe foulante celle qui s'alimente au moyen de l'eau qu'on verse dans sa bâche, et pompe aspirante celle qui, par l'intermédiaire du tuyau aspiral, s'alimente directement dans un réservoir.

L'explication des lois sur lesquelles est basé le jeu des pompes exigerait des développements trop considérables pour le cadre de ce Manuel; ce qu'il est indispensable de bien faire comprendre aux jeunes sapeurs, ce sont surtout certains phénomènes ayant rapport à l'air atmosphérique, phénomènes dont l'importance peut être rendue sensible par une ou deux expériences qu'il est facile de faire avec la pompe aspirante. Ainsi, en bouchant, pendant une manœuvre à sec, l'extrémité de l'aspiral avec une peau mince ou une feuille de papier, on démontrera la pression que l'air exerce du dehors au dedans et qui entraînerait l'eau dans laquelle l'aspiral serait plongé. On pourra encore mieux parler aux sens, en éprouvant sur soi-même ces effets de pression extérieure lorsqu'on interceptera exactement avec la main l'orifice d'aspiration.

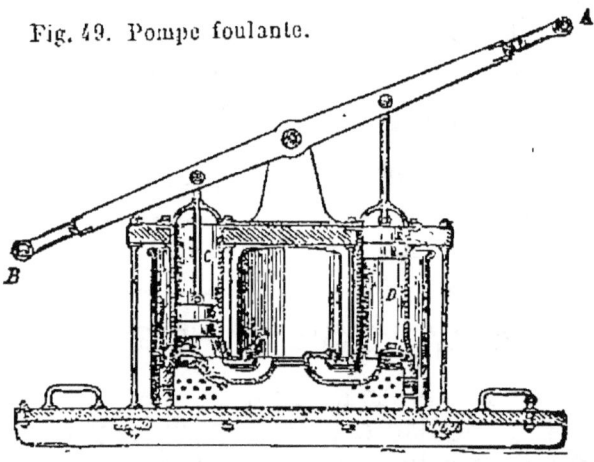

Fig. 49. Pompe foulante.

Le jeu de la pompe foulante étant plus simple que celui de la pompe aspirante, on commencera par sa description en ne considérant même que le travail d'un seul piston parce que les effets des deux pistons sont alternativement les mêmes.

Au commencement de la manœuvre, la bâche est remplie d'eau, le piston est au bas de sa course et l'air qui remplit le récipient, le conduit latéral et la partie comprise entre le bas du piston et la culasse est à la pression ordinaire.

Si le piston s'élève, l'air qui auparavant n'occupait que l'espace compris entre le bas du piston et la culasse remplira une capacité plus grande, il ne pourra plus résister à la pression atmosphérique, ni empêcher l'eau pressée par cet air extérieur de soulever le clapet de la culasse et de pénétrer dans le cylindre en suivant le piston.

Quand le piston est arrivé au haut de sa course, le cylindre sera rempli d'eau; le clapet de la culasse retombera par suite de son propre poids, et le récipient contiendra, comme auparavant, de l'air à la pression ordinaire.

Si on fait redescendre le piston, l'eau pressée par lui tendra à s'échapper, elle soulèvera le clapet du récipient, pénètrera dans son intérieur, et si rien ne s'y oppose, elle s'écoulera librement par le tuyau de sortie, sans que son niveau s'élève dans le récipient.

Nous voyons donc que chaque fois que le piston s'élève, l'eau pénètre dans le cylindre et que cette même eau est refoulée dans le récipient lorsque le piston redescend.

Nous avons dit que l'eau s'écoulera librement par le tuyau de sortie si rien ne s'y oppose; il n'en est pas ainsi dans la pratique, car l'eau d'une pompe à incendie est assujettie à passer par le petit orifice de la lance. Son écoulement sera retardé par le frottement des tuyaux plus ou moins longs qu'elle est obligée de traverser; il en résultera que le niveau de l'eau montera dans le récipient et que l'air qu'il contenait ne remplira plus qu'une capacité plus petite.

Cet air formera donc ainsi une sorte de matelas élastique dont la pression sur l'eau sera constante tant que durera la manœuvre, et régularisera l'émission de l'eau.

La théorie de la pompe aspirante est à peu près la même que celle qui précède. Au commencement de la manœuvre, le système d'aspiration contient de l'air à la pression ordinaire; quand le piston s'élève, une partie de cet air soulève le clapet de la culasse, pénètre dans le cylindre à la suite du piston, et quand le piston est au haut de sa course, le clapet se referme par son propre poids, par conséquent le système d'aspiration contient dans le même volume une quantité d'air moindre que celle qu'il avait.

Si le piston descend, l'air qui vient d'être introduit dans le cylindre sera repoussé dans le récipient et de là à l'extérieur et, en continuant la manœuvre, l'air que contenait le système d'aspiration diminuera de plus en plus et l'eau y pénètrera successivement; il arrivera un moment où cette eau arrivera jusqu'au cylindre et à ce moment le jeu de la pompe aspirante devient identique à celui de la pompe foulante.

L'effet de la pression atmosphérique n'est pas illimité, on ne pourrait élever l'eau à une hauteur indéfinie; l'expérience a fait voir que cette hauteur ne pourrait dépasser $10^m 33^c$, mais il faudrait, pour atteindre cette hauteur, des instruments d'une précision que n'ont pas les pompes à incendie. Aussi ne devra-t-on jamais tenter d'aspirer l'eau à des hauteurs qui dépassent 7 à 8 mètres.

Cette hauteur se mesure entre la face inférieure du piston au point le plus élevé de sa course et le niveau de l'eau que l'on veut aspirer.

ORDRE DANS LEQUEL ON DOIT MONTER UNE POMPE A INCENDIE.

POMPE FOULANTE.

Le patin étant à terre on montera les diverses pièces de la pompe dans l'ordre suivant [1].

La bâche, la sortie devant être à gauche.

Les 8 colonnes et leurs écrous, en ayant soin de garnir d'une rondelle en cuir l'embase inférieure des quatre colonnes placées dans la bâche.

La plate-forme.

Le corps de pompe, le tuyau de sortie vis-à-vis le trou percé à gauche dans la bâche.

La pièce à 2 vis, en ayant soin de garnir l'épaulement d'une rondelle en cuir, afin d'empêcher les fuites.

L'entablement, sur lequel est fixé le support du balancier.

Les écrous des colonnes.

Le balancier sur lequel sont montés :

Les deux pistons, leurs tiges, leurs écrous;

Les deux chappes, leurs boulons, leurs écrous;

Les deux guides et leurs boulons.

Le montage des pistons se fait de la manière suivante :

Remplir de rondelles en cuir les 2 godets;

Poser la plaque en métal sur les rondelles;

Les placer l'un contre l'autre en les séparant par

---

[1]. L'avant du patin n'a qu'une chaîne, l'arrière en a deux.

une rondelle en métal pour empêcher leur affaiblissement;

Introduire la tige en cuivre dans les trous des plaques et serrer au moyen de la clef à charnière.

Le balancier étant monté, il se placera de la manière suivante :

Deux hommes se faisant face saisissent le balancier à chaque extrémité par les branches du T et le placent près du T sur leur épaule droite, se courbent, et avec leurs mains devenues libres, engagent les pistons dans le cylindre.

Après cette opération on place :

Le boulon arbre et son écrou.

Une clef à charnière est indispensable pour le montage d'une pompe à incendie.

POMPE ASPIRANTE.

Le montage d'une pompe aspirante se fera de la même manière que celui de la pompe foulant en ayant soin de placer, toutefois, la *pomme d'arrosoir, le chapeau couvert;*

La pièce d'aspiration à 2 vis, au moment où précédemment on plaçait la pièce à 2 vis de la sortie.

DÉMONTAGE DES POMPES A INCENDIE.

Le démontage d'une pompe à incendie, aspirante ou foulante, se fera en suivant l'ordre inverse suivi pour le montage.

On devra avoir bien soin dans cette opération de placer le balancier de manière qu'aucun des pistons ne touche à terre.

DISPOSITIONS DE L'ARMEMENT D'UNE POMPE SUR SON CHARIOT.

Les 2 tamis sont posés sur le balancier, les 2 demi-garnitures montées sur la pompe et pliées en long et en travers par-dessus ces tamis; la lance vissée sur la deuxième demi-garniture; les 2 leviers placés le long de l'entablement et reposant sur la bâche; le cordage placé dans la bâche du côté gauche; la hache placée sur le flasque gauche, son manche introduit dans l'anneau porte-hache, le tranchant vers la terre, la douille reposant sur le crochet-porte-hache et maintenue par une chevillette, l'échelle à crochets pliée et placée sous le chariot, de manière que les crochets reposent à l'arrière, sur le tablier, et qu'elle soit soutenue, à l'endroit de la brisure, par la chaîne de l'avant enroulée sur l'échelon; quinze seaux à incendie sont renfermés dans un sac de cuir, sur le devant du patin.

ÉPREUVE ET RÉCEPTION DU MATÉRIEL À INCENDIE.

Pour s'assurer de la bonne confection d'une pompe à incendie, on devra, avant toute chose, faire manœuvrer à l'eau afin de se rendre compte du débit et de la distance de projection verticale et horizontale.

La pompe ayant été manœuvrée à l'eau, sera complétement vidée et éprouvée à l'air, et pour cela, on visse un manomètre à air à la sortie de la pompe et on manœuvre lentement et avec précaution; une bonne pompe à incendie doit pouvoir comprimer l'air intérieur à 4 ou 5 atmosphères. Ce résultat est indiqué par l'aiguille qui après un certain temps de manœuvre doit indiquer les chiffres 4 ou 5 du cadran et s'y maintenir un certain temps après la cessation de la manœuvre; si au contraire l'aiguille revenait rapidement à son point de départ on devrait en conclure qu'il existe une fuite; on resserrerait alors les boulons de la couronne et ceux de la sortie, et si cette opération n'empêchait pas la fuite, la pompe devrait être rejetée.

Pour faire l'épreuve des demi-garnitures on les visse à la sortie de la pompe, et à la sortie des tuyaux on place un manomètre à eau puis on manœuvre lentement. Le manomètre doit pouvoir indiquer de 8 à 10 atmosphères, on les éprouve également en vissant un chapeau couvert à la demi-garniture et en manœuvrant; il arrive un moment où l'eau suinte au travers des pores du cuir, à ce moment le tuyau a dû atteindre la rigidité du bois et l'on doit pouvoir marcher sur le tuyau, sans qu'il subisse la moindre déformation.

La pompe ayant été éprouvée à l'eau et à l'air sera démontée, et on l'examinera successivement dans chacune des parties :

Bois. Toutes les parties en bois du matériel seront examinées avant d'être peintes, elles doivent être en bois de 1re qualité, ne contenir ni aubier, ni nœuds aux pièces qui doivent être exposées à la fatigue.

Fer. Toutes les parties en fer seront en fer forgé, à l'exception du support de balancier qui est en fonte, les soudures des branches du T seront spécialement examinées, il est possible à une oreille un peu exercée de reconnaître en frappant de petits coups de marteau sur cette partie, que la soudure est bonne ou mauvaise; il suffit pour cela de s'assurer si le son produit est le même en frappant tout le long du balancier suspendu par une extrémité.

L'essieu sera soumis à une épreuve analogue; on s'assurera autant que possible, que toutes les ferrures ont bien les dimensions voulues.

Cuivre. Toutes les parties en cuivre laiton seront sans crevasses ni soufflures.

Les cylindres seront bien alésés intérieurement et devront avoir le même diamètre dans toute leur longueur et avoir l'épaisseur exigée. — On s'assure de cette qualité au moyen d'un compas d'épaisseur que tout fabricant doit avoir.

Les clapets doivent parfaitement coïncider avec leur siége, on s'en assure habituellement, en mettant entre les deux surfaces une bande de papier fort mince et en voyant si en la retirant on éprouve partout une résistance égale.

Les trous des boulons de la couronne, ceux du rebord du récipient et ceux de la culasse doivent être bien taraudés, être également espacés et se correspondre exactement.

Les mentonnets doivent être solides ainsi que la goupille.

Tous les pas de vis seront repérés et doivent être exactement les mêmes.

Les boulons seront sans aucune soufflure ni bavure.

La paroi intérieure de l'orifice de la lance se raccordera exactement avec celle du corps de la lance.

Le récipient et le corps de la lance sont en cuivre rouge, les soudures sont en cuivre et à agrafes. — On devra examiner ces soudures avec soin.

La bâche ne devra avoir aucune fuite, contenir 220 litres et peser de 21 à 22 kilog.

Cuir. Les cuirs doivent être bien tannés et bien nourris, autant que possible d'égale épaisseur.

Les demi-garnitures, l'aspiral, les tuyaux de dégorgement sont en cuir de bœuf de 1re qualité; ces cuirs doivent être de couleur orange, on devra rejeter les cuirs noirs.

Le tuyau à hélice, doit être en cuir de vache d'une épaisseur bien égale.

L'enveloppe de seaux est en veau noirci, aussi fort que possible.

La blouse de l'appareil à feux de caves en veau cuit, cette peau doit être bien souple et ne pas présenter de rayures.

La ceinture est en cuir de bœuf ou vache, ayant reçu la préparation que reçoivent les cuirs employés dans la sellerie.

NETTOYAGE ET ENTRETIEN DU MATÉRIEL.

Les pompes doivent être éprouvées, démontées et nettoyées à fond après chaque manœuvre à l'eau, et régulièrement une fois tous les six mois, si pendant ce temps elles n'ont pas servi.

Dans l'intervalle d'une épreuve à l'autre, il suffira de nettoyer superficiellement; des démontages plus fréquents seraient plutôt nuisibles qu'utiles.

La pompe ayant été démontée, toutes ses parties peintes, métalliques ou autres, seront lavées à l'eau puis essuyées à sec.

Le corps de pompe et les pièces métalliques non peintes seront frottées avec des brosses trempées dans l'essence de térébenthine afin d'enlever les dépôts de cambouis et de vert-de-gris. Après avoir essuyé l'essence, on graissera légèrement toutes ces pièces avec de bonne huile de pied de bœuf; les cylindres et parties en cuivre seront encore une fois essuyés, pour éviter autant que possible la formation du vert-de-gris, mais on laissera l'huile sur les parties en fer assujetties à des frottements, telles que les boulons du balancier et des pistons, qui sans cette précaution pourraient se rouiller.

Les pistons seront légèrement grattés pour débarrasser les godets du vert-de-gris, puis on les graissera avec l'huile de pied de bœuf de manière à en bien imprégner le cuir, mais avant de les replacer, on aura encore soin d'essuyer la surface qui doit rester en contact avec le cylindre. — Si l'on avait remarqué, en faisant l'épreuve de la pompe, que les pistons ne remplissaient pas exactement le cylindre et qu'ils laissaient jaillir l'eau, on y remédierait en écartant un peu les bords des godets et en resserrant les plaques.

Si cette opération ne suffisait pas, on pourrait introduire entre le bord du godet supérieur et la plaque une petite bandelette de cuir mince; mais on devra se garder d'en faire autant pour le godet inférieur parceque indépendamment de la difficulté que l'on éprouverait pour le rentrer dans le cylindre, la bandelette serait susceptible de se détacher ou de s'engager dans les clapets.

Les demi-garnitures seront lavées puis suspendues verticalement dans une cheminée spéciale; lorsqu'elles seront sèches et bien égouttées, elles seront grattées et essuyées et enfin remontées sur les pompes ou bien roulées pour être rentrées en magasin. Une fois par an seulement, les demi-garnitures seront graissées, ainsi que les autres objets en cuir du matériel *aspiraux, appareils à feux de caves, etc.* Ce graissage se fera de préférence pendant les grandes chaleurs et en plein soleil. — On emploiera pour cette opération du saindoux ordinaire non salé, mélangé de goudron dans la proportion de 30 grammes de goudron, pour un kilogramme de saindoux.

Après avoir servi dans un incendie, les seaux en toile seront lavés à grande eau, puis suspendus sens dessus dessous au moyen de crochets en S passés dans le croisillon du fond.

Une fois secs, il pourront être repliés et mis en paquets.

En général le matériel devra être remisé dans un lieu sec et bien aéré, pouvant être chauffé modérément pendant les grands froids, pour éviter la congélation de l'eau dans les tonneaux et le durcissement des cuirs. — Une trop grande chaleur est aussi nuisible que l'humidité à la conservation du matériel. — Sous l'influence de la chaleur, les cuirs se dessèchent et se raccornissent; l'humidité les moisit et finit par les faire pourrir.

TITRE II

Manœuvre des pompes foulantes et aspirantes; des échelles à crochets, pliantes et à coulisses; de l'appareil à feux de caves; sauvetages; manœuvres extraordinaires.

RÈGLES GÉNÉRALES ET DIVISION DE CETTE ÉCOLE

1. Cette école, qui a pour objet l'instruction pratique des sapeurs-pompiers, est la même dans toutes les compagnies, elle y est dirigée par l'officier de semaine, sous la surveillance du capitaine qui ne permet sous aucun prétexte, qu'on s'en écarte, afin que l'instruction soit uniforme dans tout le régiment.

2. Les officiers, sous-officiers et caporaux doivent tous la connaître et être en état de l'enseigner.

3. Lorsque les sapeurs, nouvellement arrivés au corps sont jugés assez instruits pour pouvoir faire le service dans les postes, ils sont présentés par le capitaine au commandant du corps, qui les examine et s'assure qu'ils connaissent bien toutes les parties de la manœuvre de la pompe et les détails de leur service dans tous les postes.

4. L'école de la pompe est divisée en six leçons.

La première, comprend les mouvements de la pompe sur son chariot;

La deuxième, la manière de mettre la pompe à

terre, de la mouvoir lorsqu'elle y est et la recharger;

La troisième, l'établissement et la manœuvre de la pompe;

La quatrième, les principes pour mettre la pompe en état d'être rechargée;

La cinquième, l'exercice, l'établissement et le chargement précipité;

La sixième, l'exercice des échelles à crochets pliantes et à coulisses, de l'appareil à feux de caves, du sac, de la ceinture et des différents nœuds de sauvetage.

5. Chaque leçon est divisée ainsi qu'il suit :

PREMIÈRE LEÇON.

1er ARTICLE. A vos postes — levez la flèche.

2e ARTICLE. Conversions de pied ferme — à droite — à gauche — demi-tour à droite — demi-tour à gauche.

3e ARTICLE. Marches diverses.

4e ARTICLE. Changements de direction à droite — à gauche — en avant — en arrière — et mettre la flèche à terre.

DEUXIÈME LEÇON.

1er ARTICLE. En manœuvre — déchaîner — lever la flèche — mettre la pompe à terre et ôter le chariot.

2e ARTICLE. Conversions de pied ferme — à droite — à gauche — demi-tour à droite — demi-tour à gauche.

3e ARTICLE. Marcher en avant et en arrière — changer de direction.

4e ARTICLE. Charger — lever la pompe — amener le chariot — poser la pompe — abattre la flèche — mettre la flèche à terre — enchaîner.

TROISIÈME LEÇON.

1er ARTICLE. En reconnaissance — mettre la pompe à terre.

2ᵉ Article. Démarrer — ôter la lance — développer et fixer l'établissement.
3ᵉ Article. Changer la pompe de place.

QUATRIÈME LEÇON.

1ᵉʳ Article. Démonter — vider les demi-garnitures — abattre sur l'arrière — laver — mettre à terre et vider la pompe.
2ᵉ Article. Remonter — armer la pompe et amarrer.
3ᵉ Article. Plier les demi-garnitures en écheveau.

CINQUIÈME LEÇON.

1ᵉʳ Article. Exercice précipité.
2ᵉ Article. Établissement précipité.
3ᵉ Article. Chargement précipité.
4ᵉ Article. Manœuvre de plusieurs pompes réunies.

SIXIÈME LEÇON.

1ᵉʳ Article. Manœuvre des échelles à crochets, pliantes et à coulisses.
2ᵉ Article. Manœuvre de l'appareil à feux de caves.
3ᵉ Article. Manœuvre du sac, de la ceinture et des différents nœuds de sauvetage.

6. Chaque leçon est suivie d'observations qui ont pour objet de démontrer l'utilité des principes qu'on y aura prescrits. Les instructeurs doivent s'attacher à les connaître et à en faire l'application lorsqu'ils instruisent les sapeurs.

7. Le ton du commandement est toujours animé et d'une étendue de voix proportionnée au nombre de pompes servant à la manœuvre.

8. Il y aura deux sortes de commandements, les commandements d'avertissement et ceux d'exécution.

9. Les commandements d'avertissement qui sont indiqués par des lettres italiques, doivent être prononcés distinctement dans le haut de la voix et en allongeant un peu la dernière syllabe.

10. Les commandements d'exécution qui sont indiqués par des majuscules, sont prononcés d'un ton ferme.

11. Les instructeurs doivent expliquer toujours ce qu'ils enseignent en peu de paroles claires et précises.

Ils s'attacheront à accoutumer le sapeur de recrue à prendre lui-même la position et ne le toucheront pour la rectifier, que lorsque son défaut d'intelligence les y obligera.

12. Pendant la manœuvre, les sapeurs qui sont dans les rangs sont interrogés par les instructeurs sur la nomenclature et les diverses parties des leçons auxquelles ils ont été exercés.

PREMIÈRE LEÇON.

ARTICLE Ier.

13. La pompe étant sur son chariot *en avant du peloton* placé sur deux rangs, l'instructeur commande :

    1º *Garde à vous*.
    2º PELOTON.

14. Au premier commandement les hommes fixent leur attention.

15. Au deuxième, ils prennent la position du soldat sans armes.

16. L'instructeur désigne trois sapeurs sous la dénomination de :

    Un chef,
    Un premier servant,

MANŒUVRE DE LA POMPE. — 1re LEÇON   47

Un deuxième servant,
et commande ensuite :

A VOS POSTES. (*Fig.* 49.)

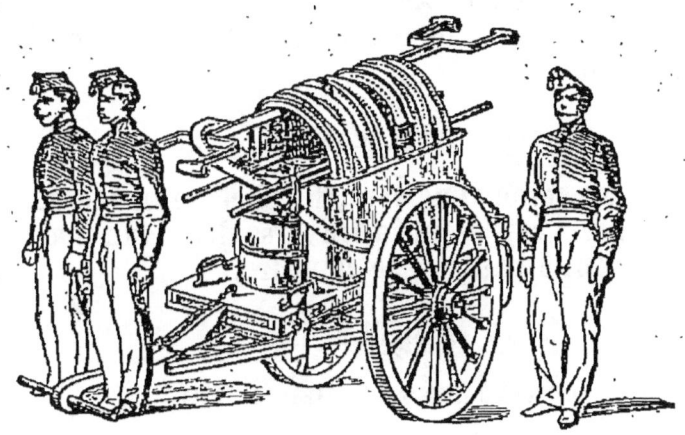

Fig. 49.

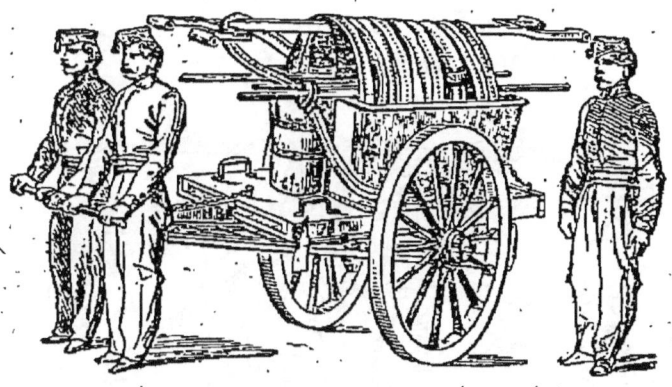

Fig. 50.

117. A ce commandement, les trois hommes désignés se portent vivement à la pompe ; le chef se place à 33 centimètres en arrière du chariot, dans

48   TITRE II

la direction de la roue gauche, le premier servant à la gauche de la flèche et le second à la droite, les pieds à 6 centimètres en dedans de la traverse, et prennent la position du soldat sans armes, tous trois faisant face en avant.

18. Ce mouvement étant exécuté, l'instructeur commande :

LEVEZ LA FLÈCHE. (*Fig.* 50.)

19. A ce commandement, le chef ne bouge pas, les servants saisissent la traverse des deux mains et la lèvent à hauteur de ceinture.

ARTICLE II.

CONVERSIONS DE PIED FERME.

20. Pour tourner à droite, l'instructeur commande :

1° *Tournez à droite.*
2° MARCHE. (*Fig.* 51.)

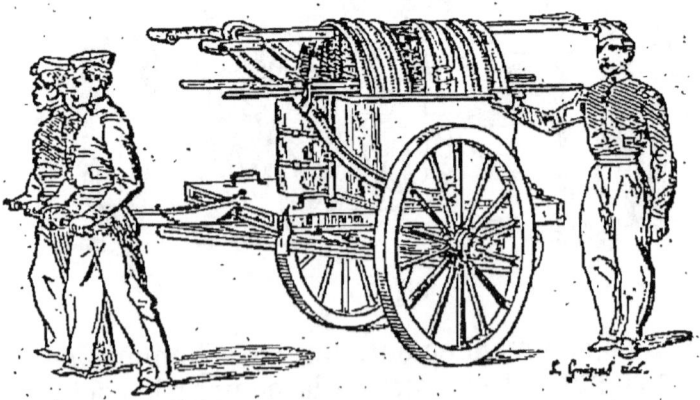

Fig. 51.

MANŒUVRE DE LA POMPE. — 1re LEÇON   49

21. Au premier commandement, le chef saisit le cordon de la bâche avec la main droite.

22. Au deuxième commandement, les servants font décrire un quart de cercle à la pompe, en partant du pied droit; le chef suit le mouvement.

23. La conversion étant achevée, tous trois reprennent leur première position.

24. Pour tourner à gauche l'instructeur commande :

1º *Tournez à gauche.*

2º MARCHE. (*Fig.* 52.)

25. Au premier commandement, le chef saisit le cordon de la bâche de la main droite.

26. Au deuxième commandement, les servants

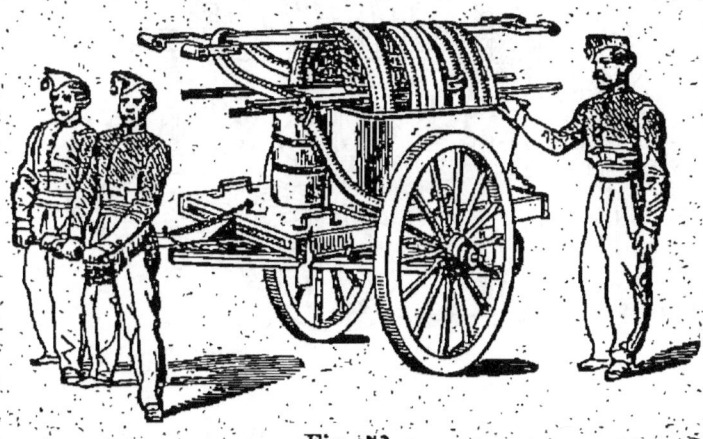

Fig. 52.

font décrire un quart de cercle à la pompe, en partant du pied gauche; le chef suit le mouvement.

27. La conversion étant achevée, tous trois reprennent leur première position.

28. Pour les demi-tours à droite (ou à gauche) l'instructeur commande :

50 TITRE II

1º *Demi-tour à droite (ou à gauche).*
2º MARCHE.

29. Au premier et au deuxième commandement, le chef et les servants exécutent tout ce qui est prescrit pour tourner à droite ou à gauche, en observant que l'on doit décrire un demi-cercle au lieu d'un quart.

30. Pour faire exécuter les mêmes manœuvres dans la position de la marche en arrière, l'instructeur commande :

EN ARRIÈRE. (*Fig.* 53.)

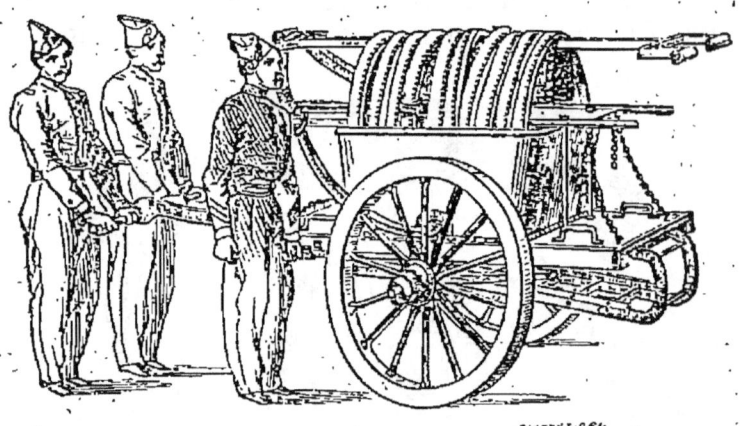

Fig. 53.

31. A ce commandement, le chef se porte entre la traverse et le chariot, dans la direction et à 33 centimètres de la roue gauche. Les servants passent du dedans au dehors de la traverse en la maintenant à hauteur de ceinture, le premier de la main droite, le second de la main gauche, les pieds à 6 centimètres de l'aplomb de la traverse ; tous trois faisant face en arrière.

MANŒUVRE DE LA POMPE. — 1re LEÇON 51

32. Pour tourner à droite, l'instructeur commande :

1º *Tournez à droite.*
2º MARCHE. (*Fig.* 54.)

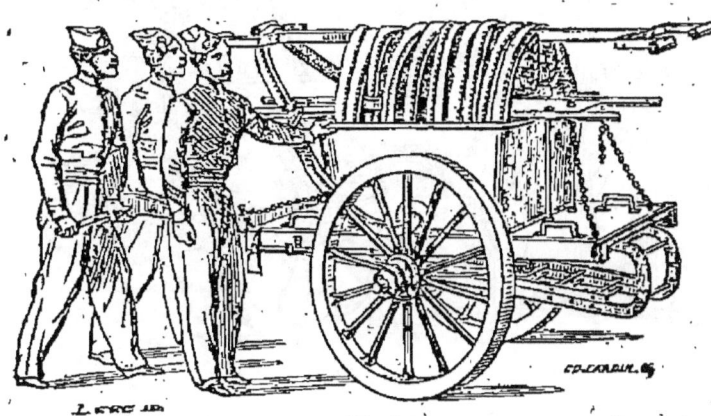

Fig. 54.

33. Au premier commandement, le chef saisit le cordon de la bâche avec la main gauche.

34. Au deuxième commandement, les servants font décrire un quart de cercle à la pompe en partant du pied gauche; le chef suit le mouvement.

35. La conversion étant achevée, tous trois reprennent leur première position.

36. Pour tourner à gauche, l'instructeur commande :

1º *Tournez à gauche.*
2º MARCHE. (*Fig.* 55.)

37. Au premier commandement, le chef saisit le cordon de la bâche avec la main gauche.

38. Au deuxième commandement, les servants

font décrire un quart de cercle à la pompe en partant du pied droit; le chef suit le mouvement.

39. La conversion étant achevée, tous trois reprennent leur première position.

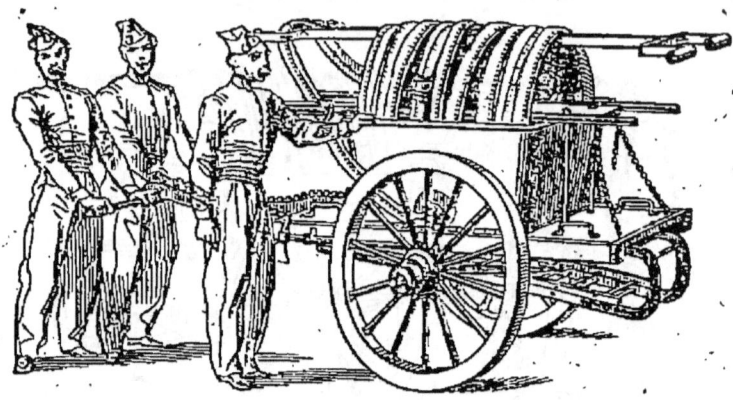

Fig. 55.

40. Pour les demi-tours à droite (ou à gauche), l'instructeur commande :

1º *Demi-tour à droite* (ou *à gauche*).
2º Marche.

41. Comme pour tourner à droite ou à gauche, en observant que la conversion doit être de la moitié du cercle.

ARTICLE III.

MARCHES DIVERSES.

42. Les hommes étant placés dans la position en arrière, l'instructeur, pour faire exécuter la marche en avant, commande :

1º *En avant*.
2º Marche. (*Fig.* 56.)

43. Au premier commandement, le chef passe

de l'avant à l'arrière, les servants passent du dehors au dedans de la traverse pour reprendre la position de la marche en avant par les moyens inverses de ceux qu'on emploie pour prendre celle de la marche en arrière.

44. Au deuxième commandement, le chef saisit le cordon de la bâche avec la main droite, afin de pousser la pompe et d'en accélérer la vitesse; il part en même temps du pied gauche ainsi que les servants.

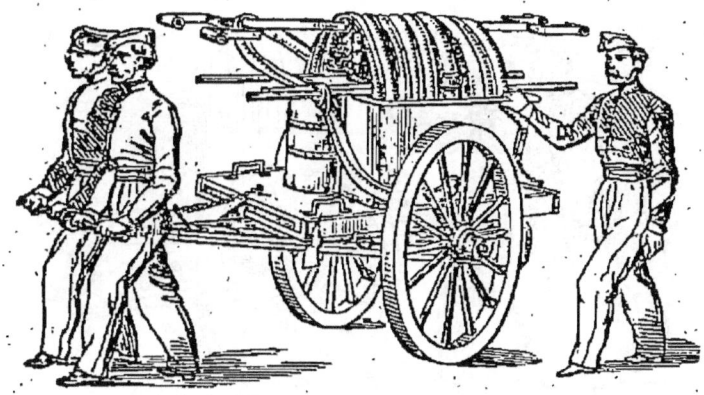

Fig. 56.

45. Lorsque le trajet est long, le chef peut changer de main en se transportant du côté opposé; il doit se tenir préférablement du côté le plus bas du terrain s'il est incliné.

46. Lorsque l'instructeur ne fait pas le commandement de pas gymnastique, on marche au pas accéléré.

47. Pour arrêter la marche l'instructeur commande :

1° *Sapeurs*.
2° HALTE.

48. Au dernier commandement, les servants retiennent la traverse en redressant le haut du corps, le chef retient la pompe, quitte le cordon de la bâche, et tous trois rapportent le pied qui est en arrière à côté de l'autre.

49. Pour faire passer de la marche en avant à la marche en arrière, l'instructeur commande :

1º *En arrière.*
2º Marche. (*Fig.* 57.)

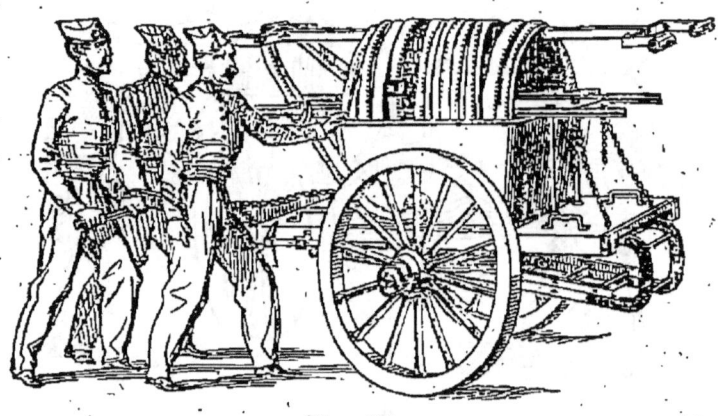

Fig. 57.

50. Au premier commandement, on exécute ce qui est prescrit pour passer de la position de la marche en avant à celle de la marche en arrière.

51. Au deuxième commandement, le chef saisit le cordon de la bâche, les servants se fendent du pied droit à 33 centimètres en arrière, en portant le haut du corps en avant, et partent du pied gauche ainsi que le chef.

52. Dans la marche en avant, ou dans la marche en arrière, la pompe étant arrêtée au commandement *Halte*, l'instructeur, pour faire marcher de nouveau sans changer la position des hommes, commande seulement :

Marche.

ARTICLE IV.

CHANGEMENTS DE DIRECTION.

53. Dans la marche en avant ou dans la marche en arrière, l'instructeur commande :

1º *Tournez à droite* (ou *à gauche*).
2º Marche.

54. Au deuxième commandement, on tourne à droite ou à gauche, et l'on marche dans la nouvelle direction dès que la conversion est achevée.

55. La pompe étant arrêtée, pour faire mettre la flèche à terre, l'instructeur commande :

Flèche a terre.

56. A ce commandement, les servants posent doucement la flèche à terre et reprennent, ainsi que le chef, la position du soldat sans armes.

57. Si ce dernier commandement est exécuté après la marche en arrière, et si l'instructeur veut faire relever la flèche, il fait le commandement *Levez la flèche*, sans que les hommes changent de position.

58. Pour faire reposer les hommes sans leur faire quitter leur position, l'instructeur commande :

En place, repos.

59. A ce commandement, le chef et les servants

ne sont plus astreints à conserver l'immobilité, mais ils doivent garder leur position.

60. Pour faire reprendre aux hommes l'immobilité, l'instructeur commande :

ATTENTION.

61. A ce commandement, les hommes reprennent l'immobilité.

62. L'instructeur voulant faire rentrer dans le rang les hommes qui sont à la pompe, commande :

A VOS RANGS.

63. A ce commandement, les hommes reprennent leur place dans le peloton.

OBSERVATIONS RELATIVES A LA PREMIÈRE LEÇON.

64. Dans les conversions de pied ferme, les servants doivent toujours maintenir la traverse, de manière à faire pivoter la roue qui se trouve du côté de la conversion, dans la position en avant, et celle qui se trouve du côté opposé dans la position en arrière.

65. Dans les changements de direction, si le terrain est très-incliné, le chef passe du côté de la direction, s'il n'y est déjà, excepté dans la marche en arrière afin d'empêcher la pompe de verser.

DEUXIÈME LEÇON.

ARTICLE 1er.

66. Pour faire exécuter la deuxième leçon, l'instructeur commande :

1º *Exercice en cinq temps.*
2º En manœuvre. (*Fig.* 58.)

67. Au deuxième commandement, le chef marchant droit devant lui, va se placer en dehors de

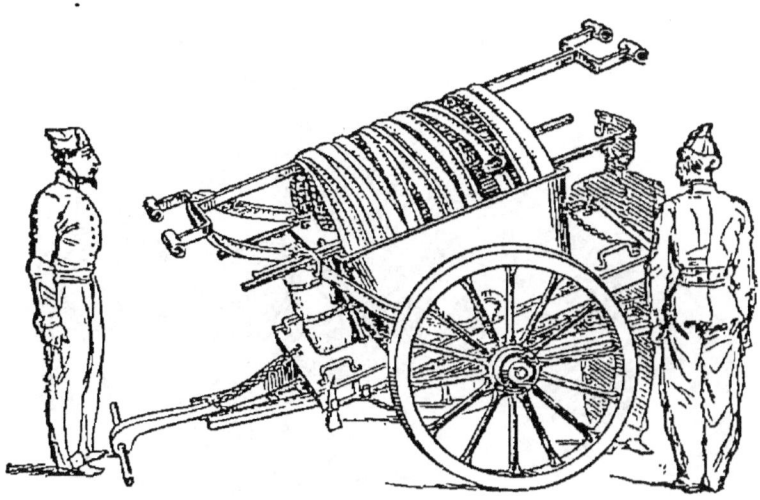

Fig. 58.

la traverse, face à la pompe ; les servants se portent à hauteur de la barre d'arrêt, le premier en faisant un à gauche et passant en dehors du chef, le second un à droite et font aussi face à la pompe.

68. Si les hommes se trouvent dans la position de la marche en arrière, le chef tourne à droite pour se porter à l'avant de la pompe en dehors de la traverse ; les servants se portent à hauteur de la barre d'arrêt en marchant droit en avant.

Déchainez. (*Fig.* 59.)

69. A ce commandement, le chef se fend en avant du pied gauche, détache la chaine, l'accroche à l'entablement et reprend sa première position, le premier servant lève de la main gauche le tourniquet, détache le moraillon de la main droite et de cette main passe l'extrémité de la barre d'arrêt au second servant, qui, la recevant de la

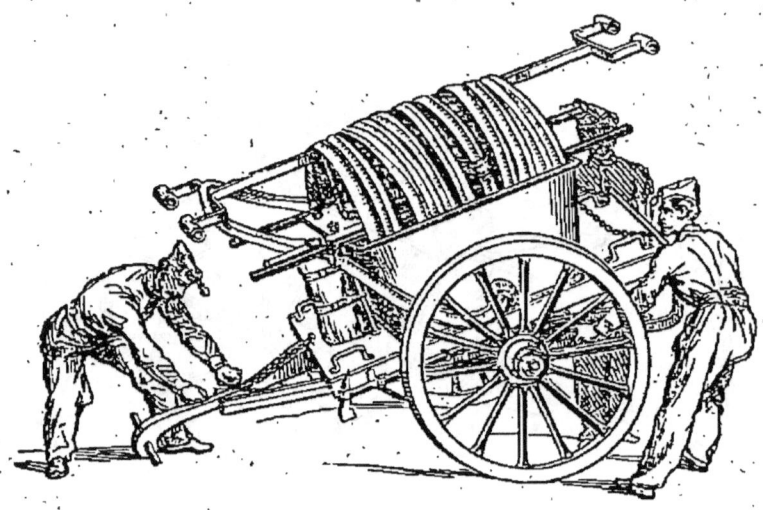

Fig. 59.

main gauche, la pose sur son support. Alors le premier servant se fend de la jambe droite vers l'arrière, saisit avec la main droite le montant de l'échelle de son côté, la retire de dessous le chariot, saisissant le quatrième échelon de la main gauche vient la poser à terre du côté gauche, parallèlement à la pompe, à un mètre de distance, les crochets à hauteur de l'arrière; ensuite les servants se placent ensemble vis-à-vis et à 16 centimètres des moyeux.

LEVEZ LA FLÈCHE. (*Fig.* 60.)

70. A ce commandement, le chef saisit la traverse, l'extrémité de la flèche entre les deux mains, et la lève à hauteur de ceinture, alors le premier servant saisit des deux mains le cordon de la bâche, la gauche à la partie cintrée de l'avant, la droite à 10 centimètres de la gauche, et porte le pied droit à 33 centimètres du gauche; le second servant saisit des deux mains le cordon

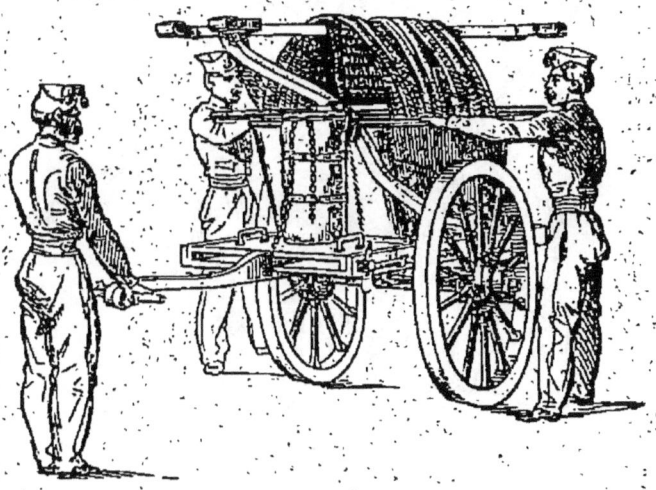

Fig. 60.

de la bâche, la droite à la partie cintrée de l'avant, la gauche à 10 centimètres de la droite et porte le pied gauche à 33 centimètres du droit.

POMPE A TERRE. (*Fig.* 61.)

71. A ce commandement, le chef élève la traverse au-dessus de sa tête, autant que la longueur de ses bras le lui permet et ne l'abandonne autant que possible, que lorsque l'arrière du chariot est arrivé à terre; aussitôt qu'il l'a quittée, il place vivement son épaule droite sous la flèche, la main gauche à la naissance du heurtoir, la main droite

au talon, et porte le pied droit en avant. Pendant ce mouvement, les servants appuient sur l'avant

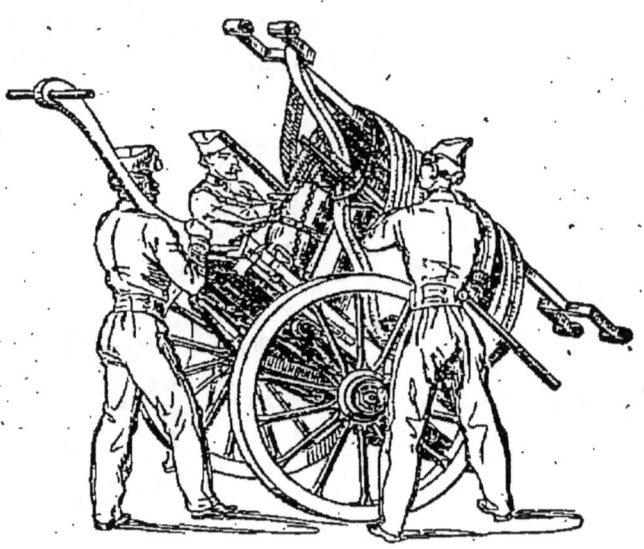

Fig. 61.

de la bâche, pour empêcher la pompe de faire la bascule.

OTEZ LE CHARIOT.

72. A ce commandement, le chef entraîne le chariot à quelques pas, pose doucement la flèche à terre et revient se placer à l'avant de la pompe ; les servants la laissent glisser jusqu'à terre, et se placent ensuite au milieu des flancs de la pompe, tous trois lui faisant face.

73. Lorsque l'échelle n'est pas utile à l'établissement, le premier servant la place sur le chariot.

ARTICLE II.

CONVERSIONS DE PIED FERME.

74. Les principes pour mouvoir une pompe dans divers sens et pour la changer de place lorsqu'elle est mise à terre sont applicables : 1º Lorsqu'elle ne peut-être transportée sur son chariot à la place désignée pour son établissement ; 2º lorsque la pompe étant établie dans un lieu, il s'agit de la transporter dans un autre. Dans ce dernier cas, si le trajet est long, on démonte les boyaux, et si le trajet est court on fait soutenir la partie des boyaux qui est près de la sortie.

75. Pour tourner à droite, l'instructeur commande :

    1º *Tournez à droite.*
    2º Marche. (*Fig. 62.*)

76. Au premier commandement, le chef saisit l'extrémité de la chaîne de l'avant avec la main gauche, les ongles en dessous, porte la droite à 33 centimètres de la gauche les ongles en dessus, déboîte à gauche, se place de manière que la chaîne forme un angle droit avec le côté du patin, et se fend du pied gauche, à 50 centimètres sur la gauche en portant le poids du corps sur la jambe gauche; le premier servant déboîte à droite, saisit la chaîne de son côté comme le chef a saisi celle de l'avant, la dirigeant d'équerre avec le côté du patin, fait un à gauche et se fend du pied gauche de la même manière que le chef; le second servant pose les mains sur la pompe.

77. Au deuxième commandement, le chef et le premier servant tirent sur les chaînes, partant du

62   TITRE II

pied droit, et font décrire en marchant et sans secousses, un quart de cercle à la pompe ; le second servant suit le mouvement.

78. Dans les conversions de pied ferme, après

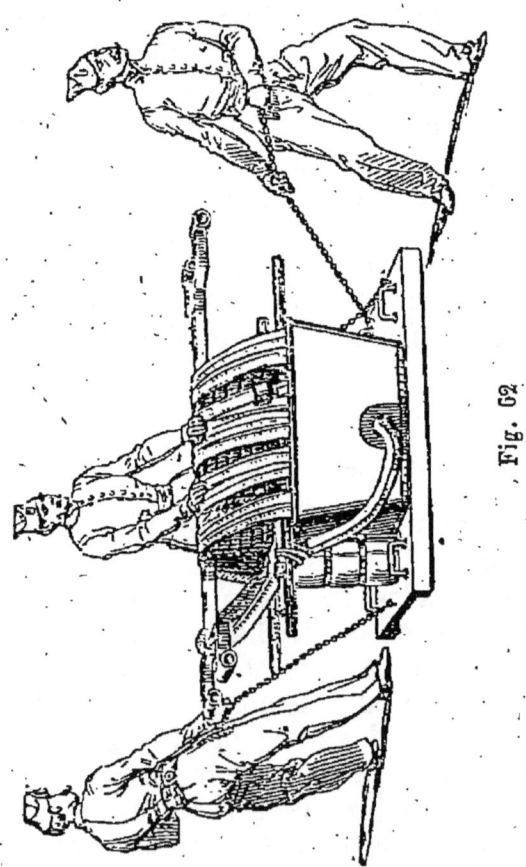

Fig. 62

l'exécution du commandement *Marche*, on accroche les chaînes à l'entablement et l'on reprend la première position.

79. Pour tourner à gauche, l'instructeur commande :

MANŒUVRE DE LA POMPE. — 2ᵉ LEÇON   63

1º *Tournez à gauche.*
2º MARCHE. (*Fig. 63.*)

80. Au premier commandement, le chef saisit l'extrémité de la chaîne de l'avant avec la main droite les ongles en dessous, porte la gauche à

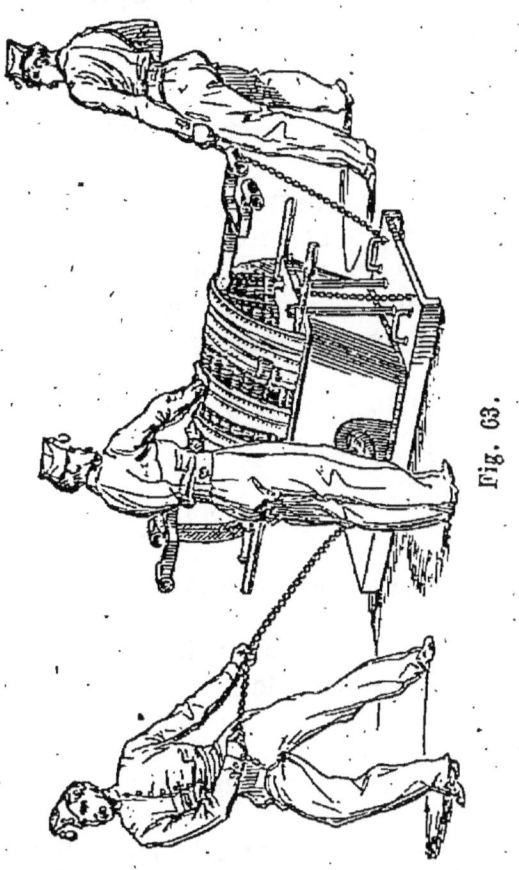

Fig. 63.

33 centimètres de la droite les ongles en dessus, déboîte à droite, se place de manière que la chaîne forme un angle droit avec le côté du patin et se

fend du pied droit à 50 centimètres sur la droite, en portant le poids du corps sur la jambe droite ; le premier servant pose les mains sur la pompe ; le second servant déboîte à gauche, saisit la chaîne de son côté comme le chef a saisi celle de l'avant, la dirigeant d'équerre avec le côté du patin, fait un à droite et se fend du pied droit, de la même manière que le chef.

81. Au deuxième commandement, le chef et le second servant partent du pied gauche en tirant sur les chaînes ; le premier servant suit le mouvement.

82. On fait demi-tour à droite (ou à gauche) par les moyens employés pour tourner à droite ou à gauche, en observant que pour ce mouvement il faut décrire un demi-cercle au lieu d'un quart ; alors l'instructeur commande :

1º *Demi-tour à droite* (ou *à gauche.*)
2º Marche.

ARTICLE III.

MARCHES DIVERSES ET CHANGEMENTS DE DIRECTION.

83. Pour faire exécuter la marche en avant, l'instructeur commande :

1º *En avant.*
2º Marche. (*Fig.* 64.)

84. Au premier commandement, le chef prend sa chaîne comme pour tourner à droite, fait un à gauche en se relevant, déboîte à gauche, se porte en avant de la pompe en se fendant du pied gauche à 50 centimètres, et porte le poids du corps sur la jambe gauche; le premier servant déboîte à droite, prend sa chaîne comme le chef a pris la sienne, déboîte à gauche et se porte en avant comme celui-ci; le second servant déboîte à gauche, saisit de la main droite l'extrémité de la chaîne, porte la gauche à 33 centimètres de la

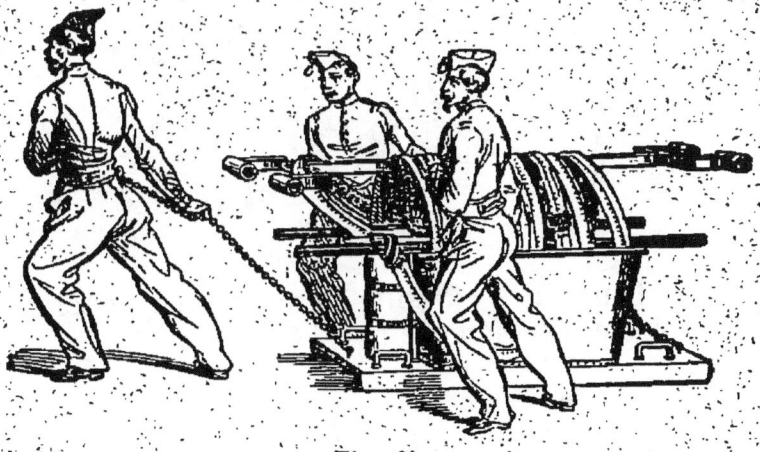

Fig. 64.

droite, déboîte à droite, se porte en avant en se fendant de la jambe droite.

85. Au deuxième commandement, le chef et les servants tirent fortement sur les chaînes en partant du pied qui est en arrière.

86. Pour arrêter la marche, l'instructeur commande :

1° *Sapeurs.*
2° Halte. (*Fig.* 65.)

87. Au deuxième commandement, le chef et les servants rapportent le pied qui est en avant à côté de l'autre, accrochent les chaînes à l'entablement et reprennent leur première position.

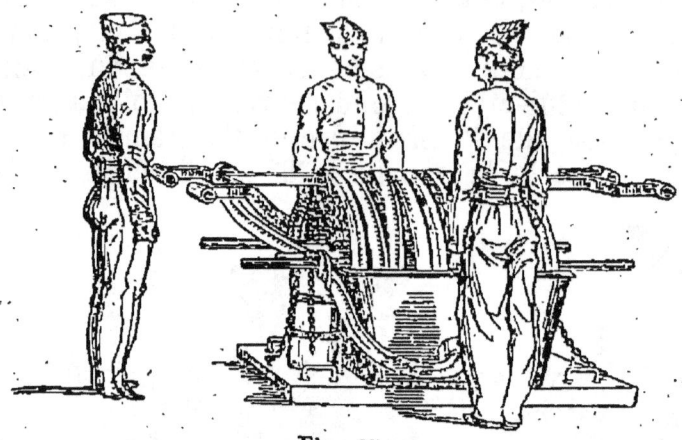

Fig. 65.

88. Pour faire exécuter la marche en arrière, l'instructeur commande :

1º *En arrière.*
2º Marche. (*Fig. 66.*)

89. Au premier commandement, le chef saisit des deux mains, les ongles en dessous, le T du balancier en l'inclinant sur l'avant si les boyaux sont développés, et se fend en arrière du pied droit, à 33 centimètres du gauche; le premier servant déboîte à droite, saisit de la main droite l'extrémité de la chaîne, les ongles en dessous, déboîte à droite, se porte à l'arrière de la pompe en se fendant du pied droit à 50 centimètres du gauche; le second servant déboîte à gauche, saisit de la main gauche l'extrémité de sa chaîne, les ongles en dessous, porte la main droite à 33 centimètres de la gauche, les ongles en dessus, déboîte à gauche, se porte également à l'arrière de la pompe en se fendant du pied gauche à 50 centimètres.

MANŒUVRE DE LA POMPE. — 2ᵉ LEÇON   67

90. Au deuxième commandement, le chef pousse des deux mains, les servants tirent fortement sur les chaînes, tous trois partant du pied qui se trouve en arrière.

91. Pour arrêter la marche, l'instructeur commande :

1º *Sapeurs*.
2º Halte.

92. Au deuxième commandement, le chef rapporte le pied qui est en arrière à côté de l'autre et quitte le balancier, les servants rapportent le pied qui est en avant à côté de l'autre, raccrochent

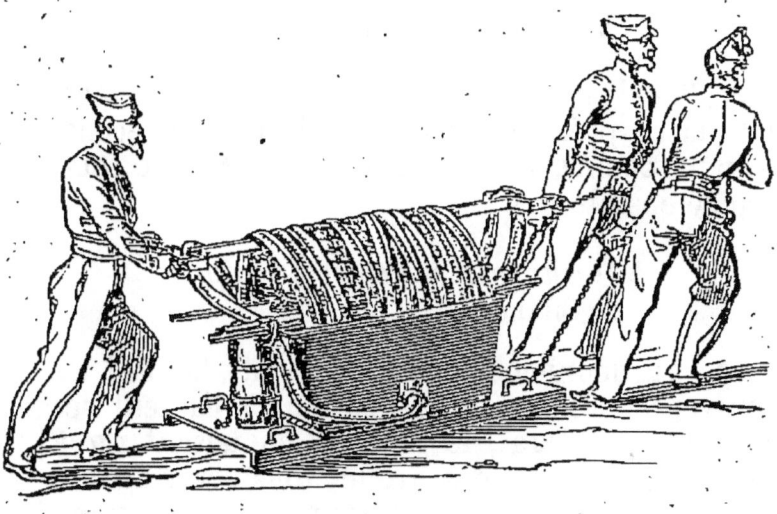

Fig. 66.

les chaînes à l'entablement et reprennent leur première position.

CHANGEMENTS DE DIRECTION.

93. Dans la marche en avant ainsi que dans la

marche en arrière, pour faire changer de direction, l'instructeur commande :

1º *Tournez à droite* (ou *à gauche*).
2º Marche.

94. Au deuxième commandement, le chef et les servants font décrire un arc de cercle à la pompe et marchent ensuite dans la nouvelle direction. Dans la marche en arrière, le chef facilite la conversion en faisant tourner l'avant de la pompe.

ARTICLE IV.

CHARGEMENT DE LA POMPE.

95. Pour faire charger la pompe, l'instructeur fait placer préalablement l'échelle par le second servant, comme il est indiqué au nº 69, et commande ensuite.

1º *Chargement en sept temps.*
2º Chargez.

96. Au deuxième commandement, le chef ne bouge pas, les servants se portent à hauteur des poignées de l'avant, le premier en faisant un à gauche, le second un à droite; tous deux faisant face en avant; les talons réunis et un peu en arrière des poignées.

Levez la pompe. (*Fig* 67.)

97. A ce commandement, le chef saisit des deux mains la chaîne de l'avant, le plus près posssible du piton; les servants saisissent les poignées; le

premier de la main droite, le second de la main gauche; puis tous trois lèvent l'avant de la pompe à hauteur de ceinture, le premier servant porte le

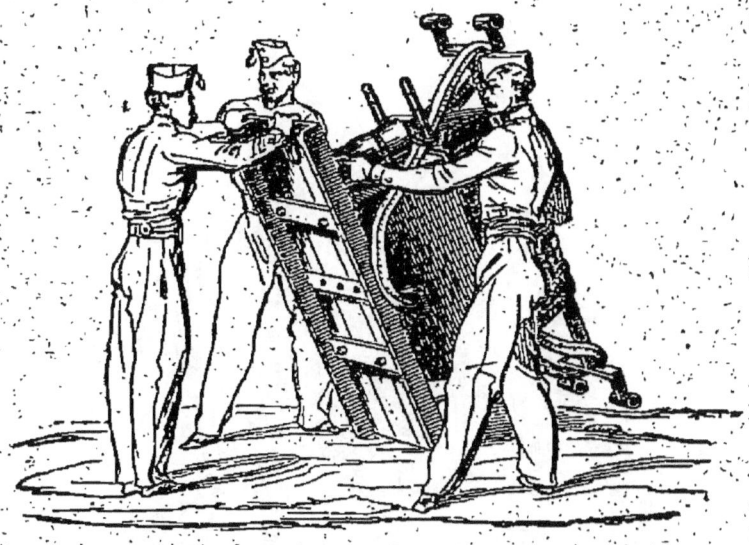

Fig. 67.

pied gauche en arrière à environ 50 centimètres, remplace la main droite par la main gauche, saisit le cordon de la bâche avec la main droite, porte en même temps le pied droit à hauteur de l'arrière du patin, de manière qu'il forme un angle droit avec le côté du patin, et ouvre la pointe du pied gauche; le second servant exécute tout ce qui est prescrit au premier servant par le même mouvement, mais par les moyens inverses; le chef, dès qu'il le peut, jette la chaîne sur le patin, qu'il saisit des deux mains pour aider le mouvement, et tous trois maintiennent la pompe en équilibre.

AMENEZ LE CHARIOT. (*Fig.* 68.)

98. A ce commandement, le chef quitte le patin

va prendre le chariot par la traverse, le place sous la pompe, le plus avant possible, en posant le pied droit sur l'essieu et l'épaule droite sous la

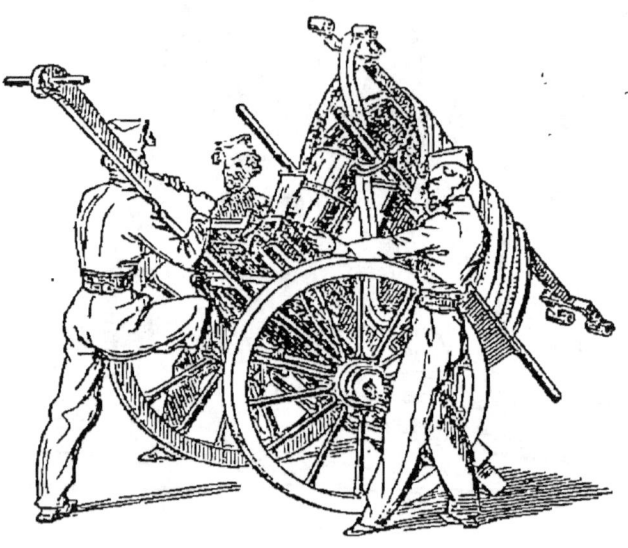

Fig. 68.

flèche, place la main gauche à la naissance du heurtoir et la main droite au talon.

Posez la pompe. (*Fig.* 69.)

99. A ce commandement, les servants posent doucement la pompe sur le chariot, le premier servant passe, de la main gauche, la chaîne au chef qui l'attache, bien tendue, au crochet placé sur la flèche, à la naissance du heurtoir, et l'enroule autour de la flèche; ils saisissent ensuite chacun un rais de la roue, le premier de la main gauche, le second de la main droite; le chef réunit les talons.

MANŒUVRE DE LA POMPE. — 2e LEÇON

ABATTEZ LA FLÈCHE. (*Fig. 70.*)

100. A ce commandement, les servants saisissent les poignées de l'arrière, le premier de la main

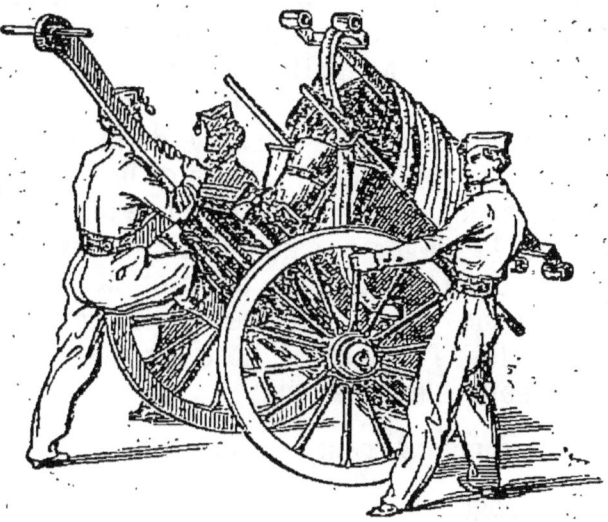

Fig. 69.

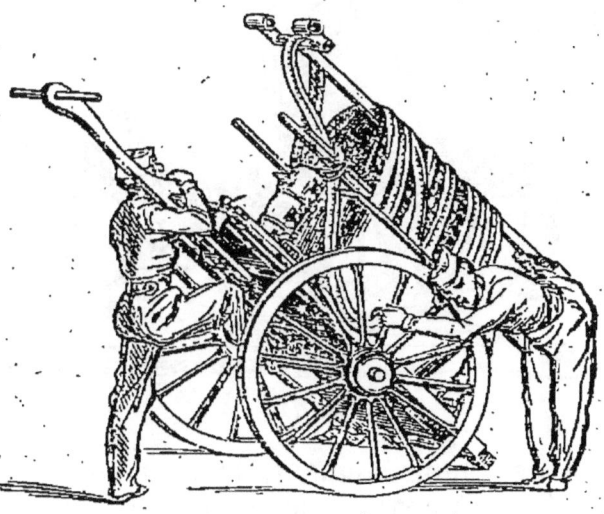

Fig. 70.

droite, le second de la main gauche, faisant face en avant, les talons réunis. Ensuite le chef fait un pas en arrière, saisit la traverse des deux mains, porte le pied droit sur le chariot, près du heurtoir, quitte la terre du pied gauche, afin que le poids de son corps l'aide à abattre la flèche, qu'il maintient à hauteur de ceinture, en même temps les servants lèvent ensemble l'arrière de la pompe en tirant fortement sur les poignées et les abandonnent ensuite; le premier servant va se placer entre la pompe et la traverse, saisit la chaîne de l'avant de la main droite, entre le talon et la naissance du heurtoir, les ongles en dessus; le second servant se porte à l'arrière et pose les mains sur le patin, les pouces en dessous.

FLÈCHE A TERRE. (*Fig. 71.*)

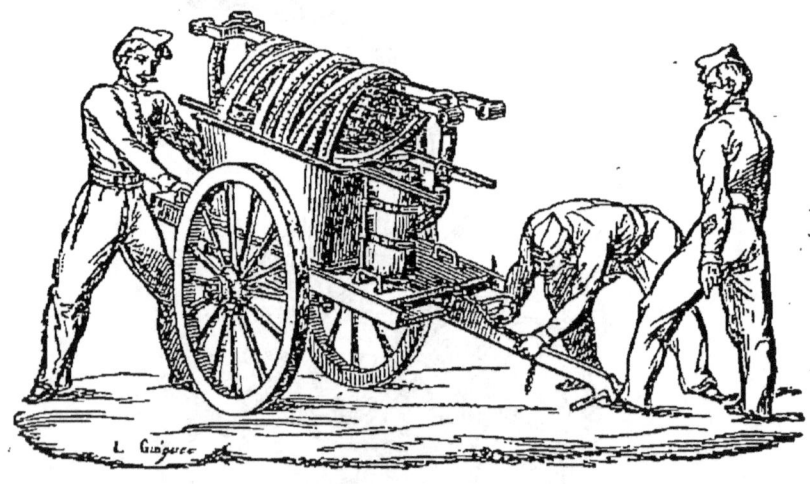

Fig. 71.

101. A ce commandement, le chef pose doucement la flèche à terre, se fend du pied droit en arrière à 33 centimètres du gauche, qu'il place sur

MANŒUVRE DE LA POMPE. — 2e LEÇON

la tête de la flèche, le talon à terre, pour empêcher le chariot d'avancer; ensuite le premier servant tire sur la chaîne et le second servant pousse la pompe, et tous trois reprennent la position du soldat sans armes.

ENCHAINEZ. (*Fig.* 72.)

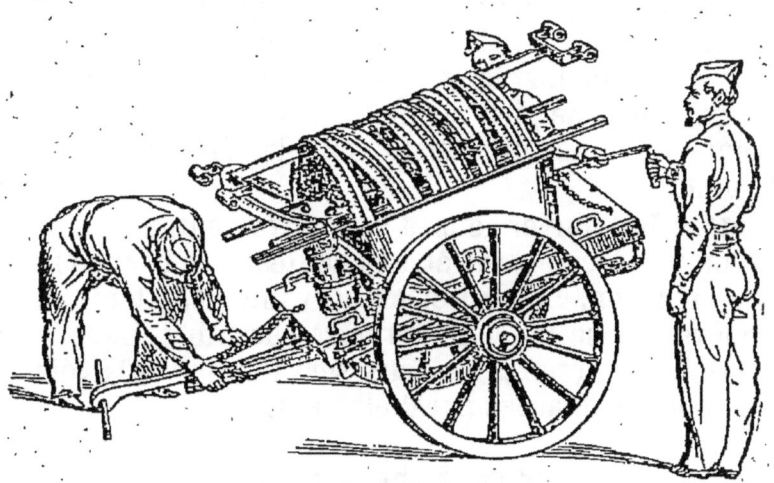

Fig. 72.

102. A ce commandement, le second servant se porte sur le flanc droit, à hauteur de la barre d'arrêt; le premier servant fait un à gauche, va prendre l'échelle à crochets, comme il l'a prise pour la retirer, la place sous la pompe, les crochets reposant sur le chariot; le chef se fend en avant du pied gauche, prend la chaîne de l'avant, la fixe au crochet placé près du heurtoir, l'enroule autour du boulon en fer de manière à maintenir l'échelle sous la flèche, la saisit de la main gauche pour la passer à droite et la fixe, tendue, au deuxième crochet placé sur la flèche; le second servant passe, de la main gauche, la barre d'arrêt au premier servant, qui la reçoit de la main droite et la remet à sa place; tous trois reprennent ensuite les positions prescrites par le commandement : *A vos postes.*

OBSERVATIONS RELATIVES A LA DEUXIÈME LEÇON.

103. Comme les marches en avant et les marches en arrière, ainsi que les conversions en marchant, sont pénibles, on doit faire exécuter ces mouvements le moins longtemps possible et faire les conversions de pied ferme, lorsque le terrain présente quelques difficultés pour les faire en marchant.

104. Les conversions et les mouvements en avant et en arrière doivent être exécutés avec beaucoup de précision. Le chef et les servants déboîtent, se relèvent et se fendent toujours ensemble. Dans la marche en arrière, les deux servants doivent avoir les chaînes placées parallèlement.

TROISIÈME LEÇON.

Pompe foulante.   *Pompe aspirante.*

ARTICLE Ier.

105. Pour faire exécuter la troisième leçon, l'instructeur commande :

EN RECONNAISSANCE.

106. A ce commandement, le chef marchant droit devant lui, va saisir le pic de la hache avec la main gauche; de la droite, tourne la chevillette et la retire, puis il enlève la hache en la dégageant de son crochet et de son anneau, le premier

Pompe foulante. Pompe aspirante.

servant fait un à gauche en passant en dehors du chef, pour aller prendre le cordage et reconnaître avec lui le point d'attaque et la quantité nécessaire de boyaux. La reconnaissance faite, le chef et le premier servant laissent, près du point d'attaque désigné, la hache et le cordage et reviennent près de la pompe pour reprendre leur position; le second servant ne bouge pas.

107. Si les hommes se trouvent dans la position de la marche en arrière, le chef enlève la hache comme il est prescrit ci-dessus, le premier servant va prendre le cordage et part avec le chef. Le reste comme à l'article précédent.

ARTICLE II.

108. L'instructeur fait mettre la pompe à terre par les commandements prescrits au 1er article de la 2e leçon, et commande ensuite :

ENLEVEZ L'ASPIRAL.

109. A ce commandement, le chef saisit l'aspiral des deux mains par le milieu, les deux servants débouclent les courroies placées à l'arrière, puis vont déboucler celles de l'avant ; ensuite le premier servant saisit la vis, le second la boîte, tous deux marchent vers l'arrière en déroulant l'aspiral; les servants ar-

Pompe foulante.   *Pompe aspirante.*

rivés l'un près de l'autre, le premier remet la vis au second qui lui donne la boîte en échange, puis aidés du chef, le développent en marchant vers leur gauche et le posent à terre, la boîte du côté du chapeau couvert. Tous trois reviennent ensuite près de la pompe, le chef face au chapeau couvert, le premier servant à sa gauche, le second à sa droite.

MONTEZ L'ASPIRAL.

110. A ce commandement, le chef démonte la tête d'arrosoir, la passe au second servant qui va la visser à l'extrémité de l'aspiral; le premier servant démonte le chapeau couvert et le visse sur la courbe d'aspiration. Ensuite le premier servant soutient l'aspiral horizontalement pendant que le chef en monte la boîte sur le pas de vis. Cela terminé, le second servant plonge l'extrémité dans l'eau à 50 centimètres de

MANŒUVRE DE LA POMPE. — 3ᵉ LEÇON 77

Pompe foulante.   *Pompe aspirante.*

profondeur, où dans un tonneau s'il y en a à proximité. Tous trois se placent ensuite comme après avoir ôté le chariot.

1º *Établissement en quatre temps.*
2º Démarrez. (*Fig 73.*)

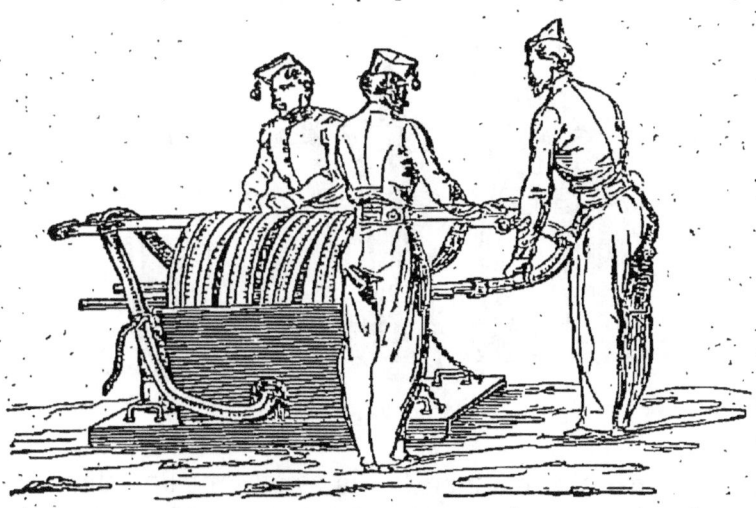

Fig. 73.

111. Au deuxième commandement, le chef se porte à l'arrière en passant du côté gauche, saisit de la main gauche la lance près de la boîte, et de la main droite les boyaux à 33 centimètres; les servants déboîtent à droite à hauteur des courroies, les débouclent et reprennent leur position.

Otez la lance. (*Fig 74.*)

112. A ce commandement, le chef retire la lance et défait le dernier pli en déboîtant à droite pour

7.

78 TITRE II

Pompe foulante.   *Pompe aspirante.*

faire face en avant, les servants déboîtent à hauteur des poignées de l'avant, saisissent les leviers, les retirent ensemble en se fendant, le premier de la jambe gauche, le second de la droite, les placent

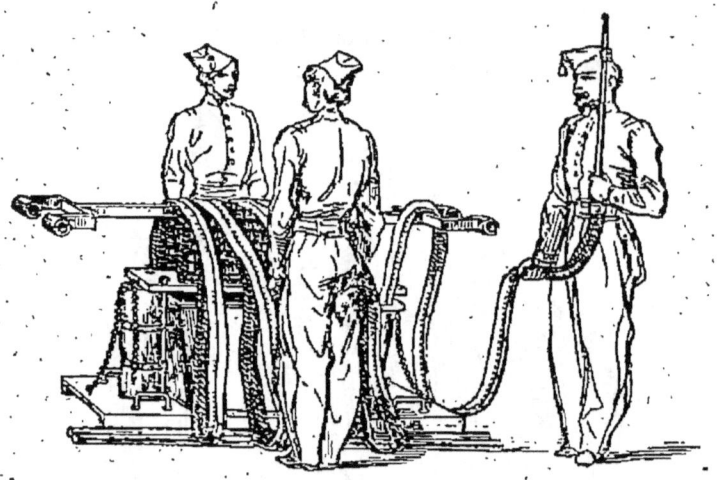

Fig. 74.

le long du patin. Ensuite ils saisissent des deux mains et par moitié les boyaux en commençant par l'avant, les sortent de la bâche en les soulevant et les laissent reposer sur le balancier.

Développez. (*Fig* 75.)

113. A ce commandement le chef se porte au point d'attaque, le premier servant l'aide à développer, le second servant jette les demi-garnitures à terre, défait le pli qui entoure le T de l'avant, et tous trois disposent les boyaux de manière à faciliter le passage de l'eau; le second servant chargé du soin de la première demi-garni-

MANŒUVRE DE LA POMPE. — 3ᵉ LEÇON 79

Pompe foulante.   *Pompe aspirante.*

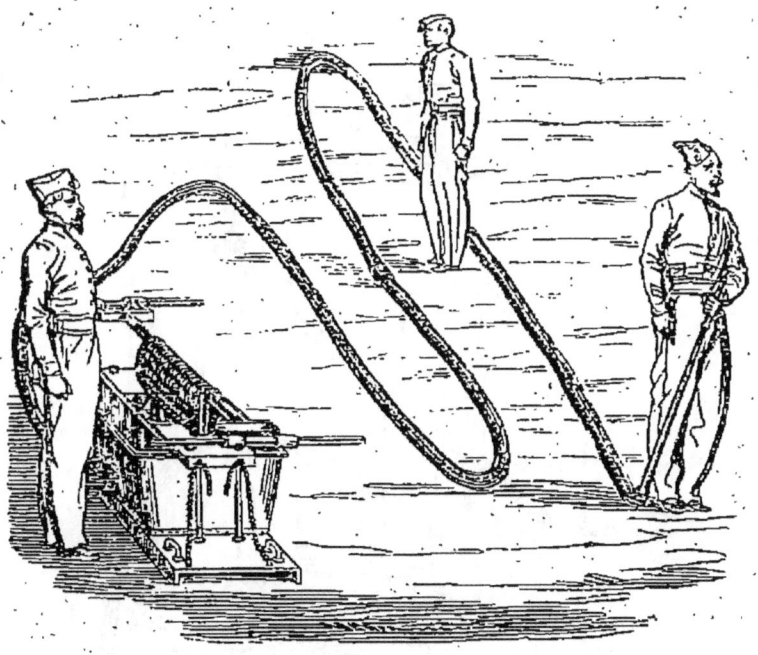

Fig. 75.

ture revient près de la pompe, qu'il ne doit laisser toucher qu'à son commandement, débouche les courroies qui maintiennent les seaux qu'il fait emplir et placer de manière à ne pas gêner la manœuvre.

Fixez l'établissement. (*Fig.* 76.)

114. A ce commandement, le chef resserre la lance, se place de manière qu'elle se trouve à sa droite et pose le pouce gauche sur l'orifice; le premier servant resserre les raccords, fixe les collets et se tient entre la pompe et le chef pour

80 TITRE II

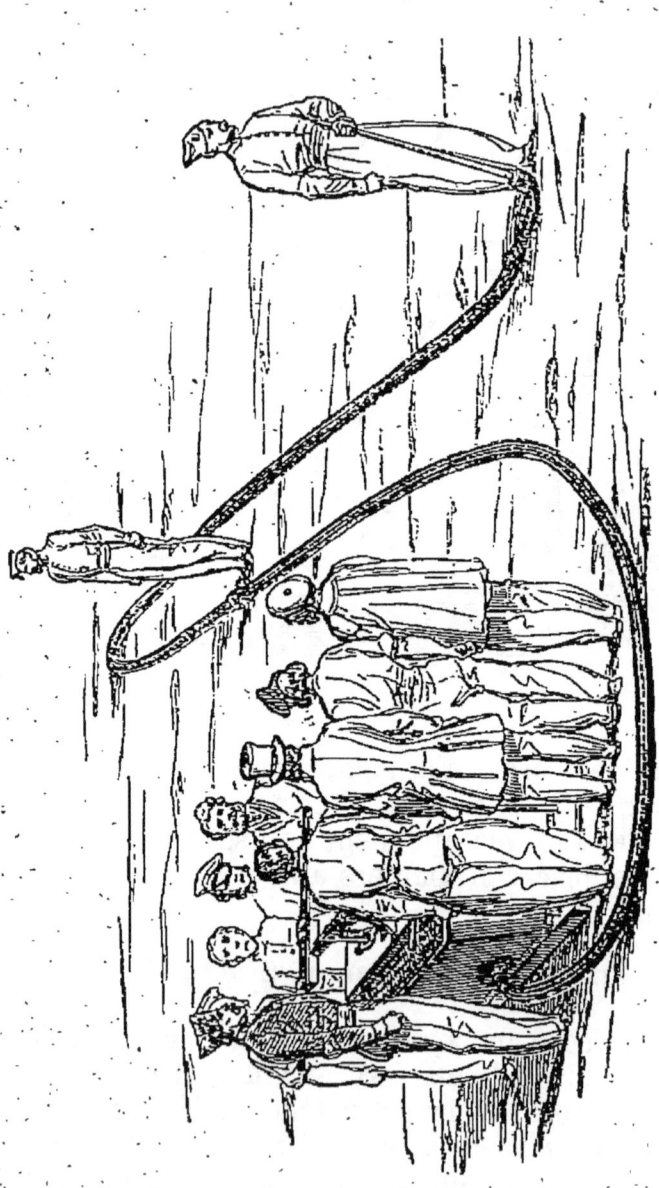

Fig. 76.

Pompe foulante.   *Pompe aspirante.*

transmettre ses ordres; le second servant appelle les travailleurs, pose les tamis, resserre la pièce à deux vis et le raccord, fait emplir la bâche; abaisse le balancier sur l'arrière jusqu'à l'entablement, place les leviers en commençant par celui de l'arrière et les fait saisir aux travailleurs.

EXÉCUTION DE LA MANOEUVRE. (*Fig. 77.*)

115. Pour faire exécuter la manœuvre, l'instructeur donne un ou plusieurs coups de sifflet; le premier servant commande : (*Pompe N° , Manœuvrez,*) le second servant répète seulement le commandement : *Manœuvrez*. Aussitôt les travailleurs placés du côté du balancier qui ne touche pas l'entablement, appuient jusqu'à ce qu'il le touche; les autres laissent monter leur levier sans chercher à en faciliter le mouvement, appuient à leur tour pour remettre le balancier dans la position qu'il vient de quitter, et ainsi de suite. Ce mouvement alternatif est enseigné aux travailleurs par le second servant qui ne doit jamais placer ses mains sur le balancier.

116. Le chef lève de temps en temps le pouce de dessus l'orifice pour laisser passer l'air contenu dans les demi-garnitures et qui est chassé avec force quand la manœuvre commence. Dès que l'eau arrive, il maintient le pouce avec force sur l'orifice, jusqu'à ce que la pression intérieure l'oblige à le quitter; il élève ensuite la lance avec la main gauche, saisissant la boîte avec la main droite, descendant la main gauche vers le milieu et dirige le jet sur le point d'attaque.

117. Pour faire cesser la manœuvre, l'instruc-

82 TITRE II

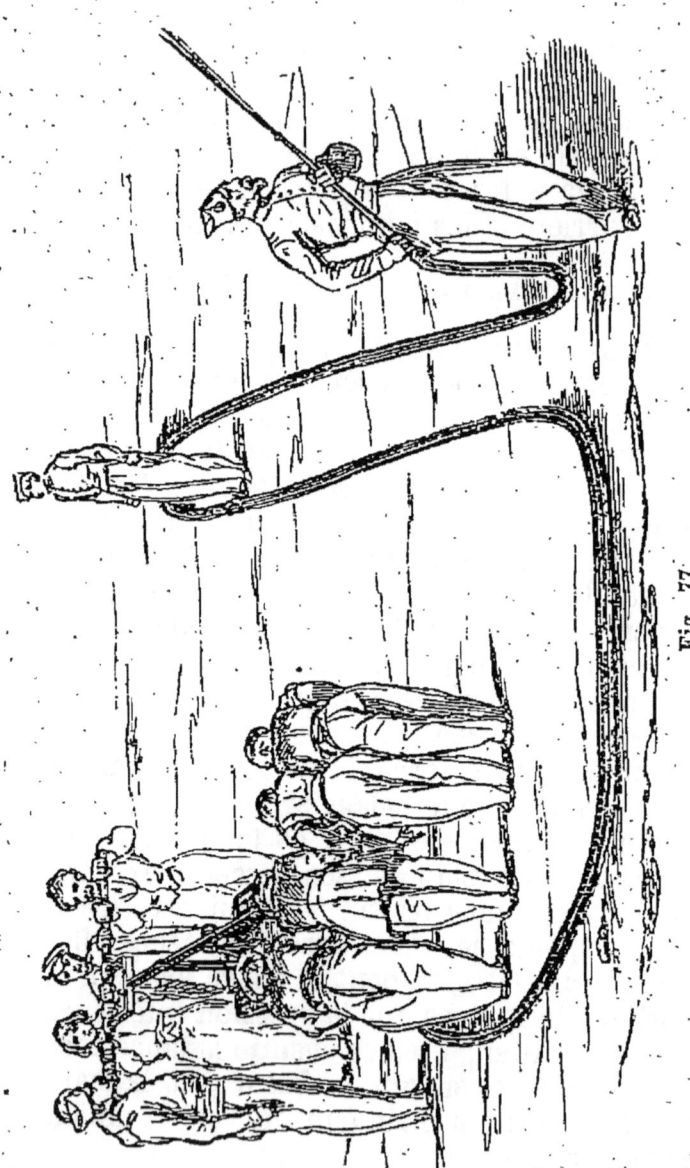

Fig. 77.

MANŒUVRE DE LA POMPE. — 3ᵉ LEÇON   83

Pompe foulante.   *Pompe aspirante.*

-teur donne un ou plusieurs coups de sifflet; le premier servant commande *Pompe Nᵒ   , Halte*, le second servant répète le commandement : *Halte.*

118. A ce commandement, fait au moment où l'une des extrémités touche l'entablement, les travailleurs cessent d'agir, quittent les leviers et restent à la pompe.

ARTICLE III.

119. Pour changer la pompe de place l'instructeur commande :

A LA POMPE.

120. A ce commandement, le chef et les servants se placent comme après avoir ôté le chariot, le second servant fait retirer les travailleurs à quelques pas, et l'on change la pompe de place au moyen des chaînes, comme il est indiqué aux mouvements de la pompe étant à terre nᵒˢ 75 et suiv.

121. Ce mouvement étant exécuté, l'instructeur commande :

REPRENEZ VOS POSITIONS.

122. A ce commandement, le chef et les servants reprennent les positions qu'ils occupaient avant le commandement : *A la pompe.*

OBSERVATIONS RELATIVES A LA TROISIÈME LEÇON.

123. Dans une attaque de feu, si le chef reconnaît qu'une demi-garniture est suffisante, il commande : *Démontez une demi-garniture*, le chef

Pompe foulante.   Pompe aspirante.

démonte la lance, les servants démontent la seconde demi-garniture qu'ils enlèvent et portent sur le chariot, tandis que le chef monte la lance sur la première.

124. Avant comme après la manœuvre, le balancier doit toujours être incliné sur l'arrière et jusqu'à l'entablement pour éviter l'incertitude où seraient les travailleurs de savoir de quel côté ils doivent appuyer quand ils commencent la manœuvre.

125. La pompe doit être placée, autant que possible, sur un terrain uni et solide, assez accessible pour que l'arrivage de l'eau ne soit pas obstrué.

126. Les demi-garnitures doivent être placées de manière à n'être point foulées aux pieds, et disposées de façon que l'eau puisse y circuler librement. Dans les établissements horizontaux, on doit faire serpenter les boyaux, de manière qu'ils ne forment ni plis, ni coudes. Dans les établissements verticaux, si l'on appuie les demi-garnitures sur les saillies de rampes ou de fenêtres, il est nécessaire de placer un tampon entre ces saillies et les demi-garnitures, afin d'éviter que celles-ci ne se coupent. Ce tampon se fait soit avec de la paille, des chiffons ou avec un balai de bouleau.

127. Le second servant ne quitte jamais la pompe et veille sans cesse à ce que personne n'y touche.

128. Avant de faire exécuter la manœuvre, l'instructeur numérotera la pompe afin d'exercer les sapeurs de recrue aux différents coups de

MANŒUVRE DE LA POMPE. — 4ᵉ LEÇON   85

Pompe foulante.   *Pompe aspirante.*

sifflet ainsi qu'il est indiqué à la cinquième leçon, n° 198.

129. Les travailleurs doivent être placés au balancier de manière que, s'il y en a plus de trois à chaque levier, ceux qui sont au centre aient une branche du T entre les mains.

QUATRIÈME LEÇON.

ARTICLE Iᵉʳ.

130. La pompe ayant été manœuvrée, l'instructeur, pour la faire mettre en état d'être rechargée, commande :

DÉMONTEZ. (*Fig.* 78.)

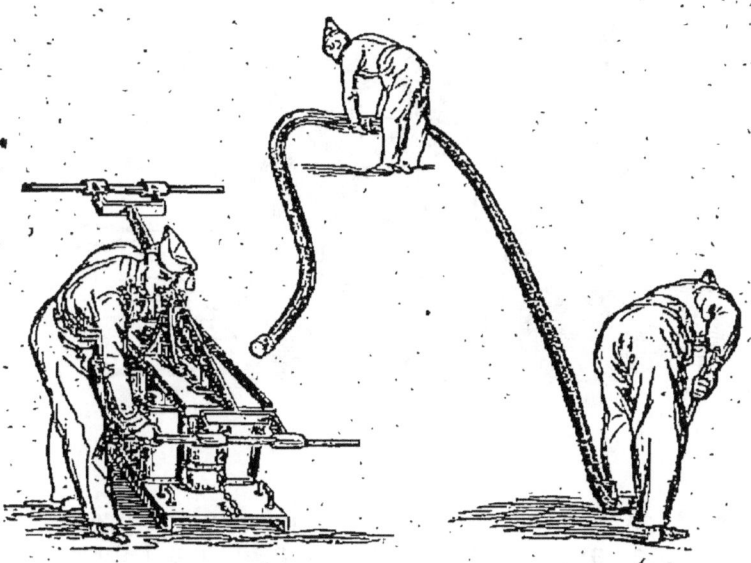

Fig. 78.

TITRE II

Pompe foulante.   Pompe aspirante.

131. A ce commandement, le chef démonte la lance, le premier servant détache les collets et démonte les raccords qui réunissent les demi-garnitures et se place à 2 mètres de la boîte, le second servant fait retirer les travailleurs, démonte le raccord qui réunit la première demi-garniture à la pièce à deux vis, et se place également à 2 mètres de la boîte, tous deux ayant la plus grande longueur de boyaux à leur droite.

VIDEZ LES DEMI-GARNITURES. (*Fig.* 79.)

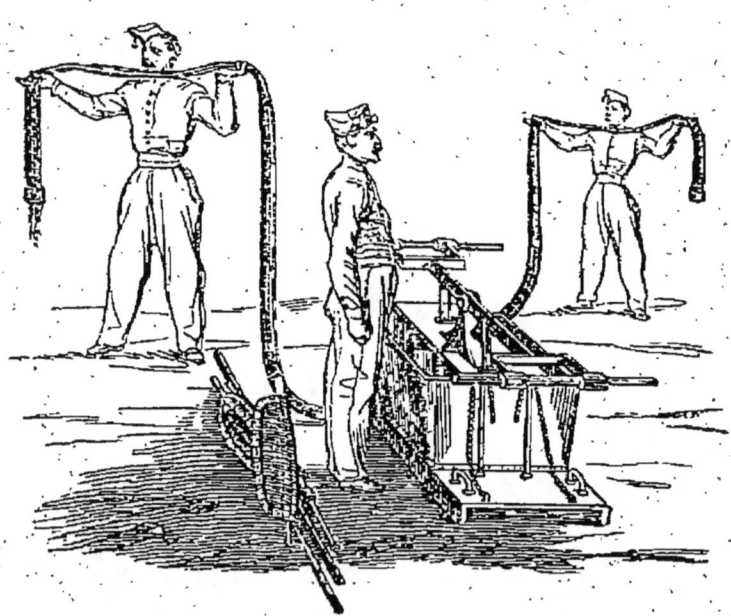

Fig. 79.

132. A ce commandement, le chef revient près de la pompe avec la lance, la pose à terre à 1 mètre de l'avant, place auprès les leviers et les tamis.

MANŒUVRE DE LA POMPE. — 4ᵉ LEÇON

Pompe foulante.   *Pompe aspirante.*

Chaque servant prend une demi-garniture, élève les bras autant que possible, après l'avoir saisie des deux mains, distantes l'une de l'autre de 50 centimètres, marche vers la droite, faisant passer la demi-garniture d'une main dans l'autre, et en la levant ainsi successivement pour la vider. Ensuite, ils la plient en quatre et rapprochent les raccords ensemble à 1 mètre de la pompe, vis-à-vis la sortie; puis tous trois se placent comme après avoir ôté le chariot.

DÉMONTEZ L'ASPIRAL.

133. A ce commandement, le chef démonte l'aspiral après que le second servant en a retiré l'extrémité de l'eau, et tous deux le posent à terre, les extrémités à 1 mètre de la pompe, la vis à hauteur de l'arrière. Pendant ce temps, le premier servant démonte le chapeau couvert et l'adapte sur la vis extérieure; le second servant démonte la tête d'arrosoir et vient la visser sur la courbe d'aspiration. Tous trois reprennent ensuite leur première position.

88　　　　　　　TITRE II

Pompe foulante.　　　*Pompe aspirante.*

ABATTEZ SUR L'ARRIÈRE. (*Fig.* 80.).

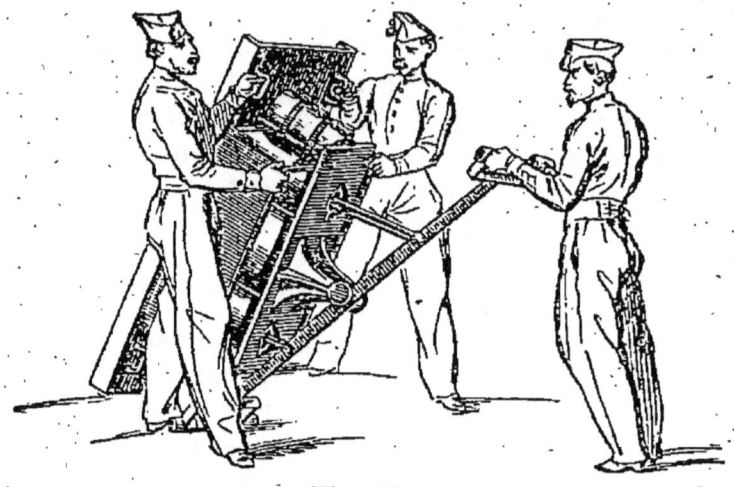

Fig. 80.

134. A ce commandement, le chef et les servants exécutent les deux premiers temps du chargement (nos 96 et 97); le chef se porte à l'arrière, en passant du côté gauche, fait face à la pompe et saisit des deux mains, les ongles en dessus, le T de l'avant; les servants tournent sur les talons et suivent le mouvement. Tous trois ensuite renversent la pompe de manière à la faire porter sur le T de l'arrière, et jusqu'à ce que la bâche soit assez inclinée pour que l'eau qu'elle contient puisse en sortir.

LAVEZ. (*Fig.* 81.)

135. A ce commandement, le chef quitte le balancier, jette plusieurs seaux d'eau dans la bâche et retire les ordures que l'eau n'aurait pas entraî-

MANŒUVRE DE LA POMPE. — 4ᵉ LEÇON   89

Pompe foulante.   *Pompe aspirante.*

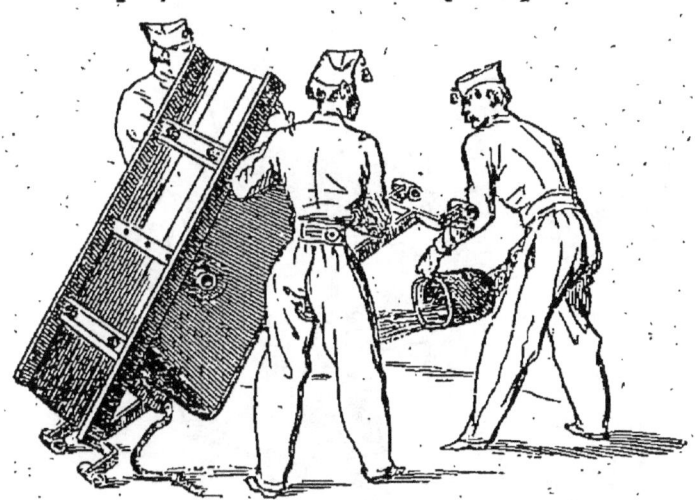

Fig. 81.

nées; ensuite les servants redressent la pompe, jusqu'à ce que l'arrière du patin touche à terre.

METTEZ A TERRE. (*Fig.* 82 et 83.)

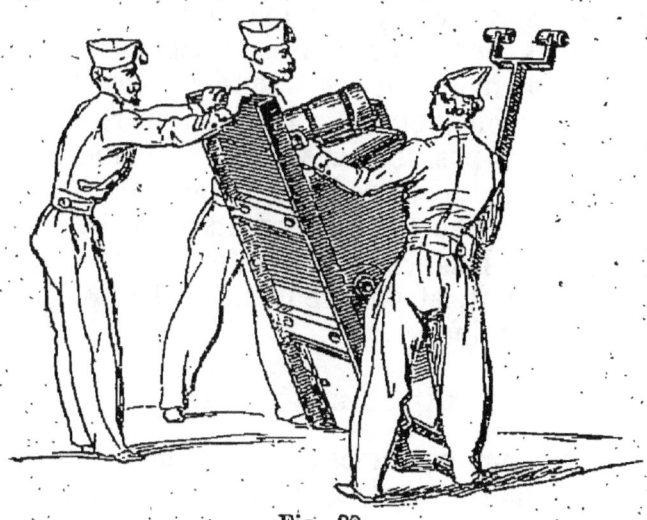

Fig. 82.

Pompe foulante. *Pompe aspirante.*

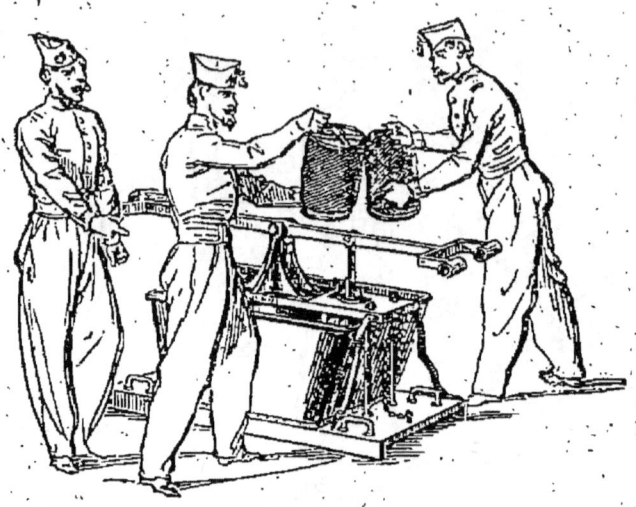

Fig. 83.

136. A ce commandement, le chef se porte à l'avant par le côté gauche, fait face au patin, le saisit des deux mains, les ongles en dessus, pour maintenir la pompe en équilibre pendant que les servants tournent sur les talons et changent de main; tous trois mettent la pompe à terre en faisant des petits pas, le chef tenant la chaîne et les servants les poignées de l'avant. Le chef se place ensuite face à la sortie, les servants se portent aux extrémités du balancier, le premier à l'arrière, le second à l'avant, et saisissent chacun les branches du T à deux mains.

Videz la pompe. (*Fig.* 84.)

137. A ce commandement, les servants manœuvrent la pompe; le chef, après plusieurs coups de piston, se baisse en se fendant en arrière de la

MANŒUVRE DE LA POMPE. — 4ᵉ LEÇON 91

Pompe foulante.   *Pompe aspirante.*

jambe droite, et, saisissant le cordon de la bâche de la main gauche, il appuie fortement la paume de la main droite sur la sortie, puis il commande *Halte*, prend le balancier à deux mains, l'une à 16 centimètres en avant de l'arbre, et l'autre à 16 centimètres en arrière, les ongles en dessus,

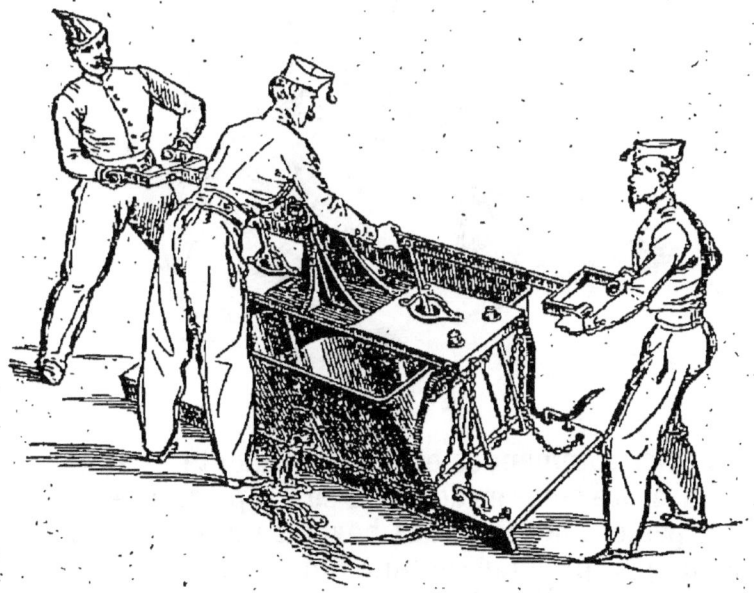

Fig. 84.

pour soutenir la pompe pendant que les servants l'inclinent doucement sur le côté gauche en la maintenant de manière que la pièce à deux vis ne touche pas à terre pendant que le récipient se vide entièrement, puis ils la redressent sans changer leurs mains de place, et tous trois reprennent la position du soldat sans armes.

92   TITRE II.

Pompe foulante.   Pompe aspirante.
ARTICLE II.

Remontez. (*Fig.* 85.)

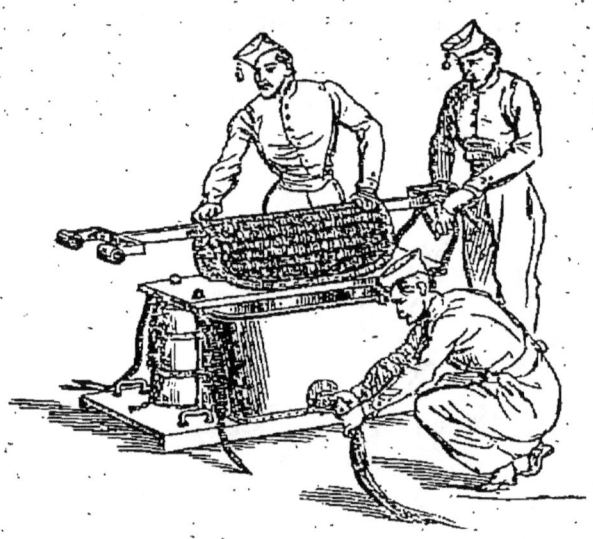

Fig. 85.

138. A ce commandement, le chef monte la demi-garniture, les clous en dessous, sur la pièce à deux vis, et passe à la droite des boyaux restant face à la pompe; le premier servant amarre la branche gauche du T de l'arrière avec la courroie, afin de maintenir le balancier horizontalement, et vient se placer à la gauche du chef; le second servant pose les tamis sur le balancier, les attache ensemble et se place face au premier servant.

Pliez. (*Fig.* 86.)

139. A ce commandement, le chef remet le boyau au premier servant qui le passe par dessus la branche du T de l'avant, revient en dessous

MANŒUVRE DE LA POMPE. — 4ᵉ LEÇON   93

Pompe foulante.   *Pompe aspirante.*

pour le passer en croix sur le balancier. Le second servant s'en empare, forme un premier pli qu'il assure dans le fond et à l'avant de la bâche; le premier servant en fait autant de son côté et tous deux continuent de former successivement des plis, l'un tenant les mains appuyées sur le boyau à l'endroit où il pose sur les tamis, pendant que

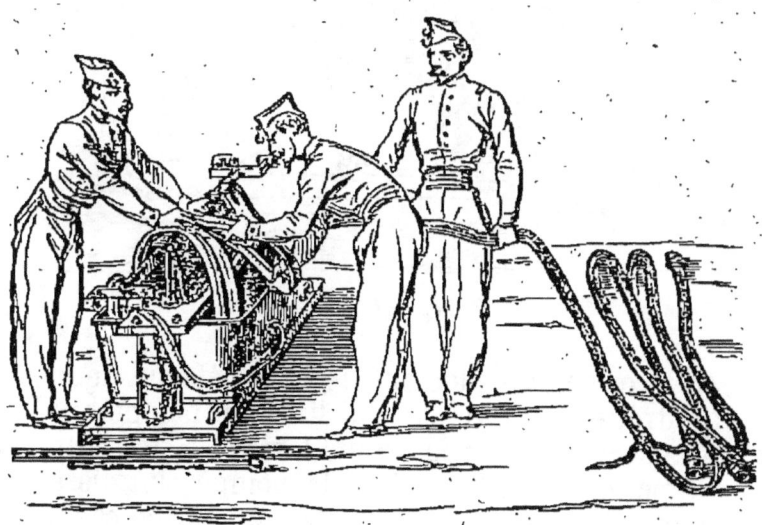

Fig. 86.

l'autre forme son pli, et ainsi de suite jusqu'à l'avant-dernier pli de la première demi-garniture; on monte la deuxième sur la première, et l'on continue de former des plis de droite et de gauche dans la bâche. Pendant cette manœuvre, le chef approche les boyaux aux servants et les surveille. Lorsqu'il ne reste plus qu'un pli à faire, le chef, aidé du premier servant, monte la lance, et la tenant de la main gauche, il se place face au côté gauche de la pompe, en dehors du balancier.

Pompe foulante.   *Pompe aspirante.*

Amarrez. (*Fig.* 87.)

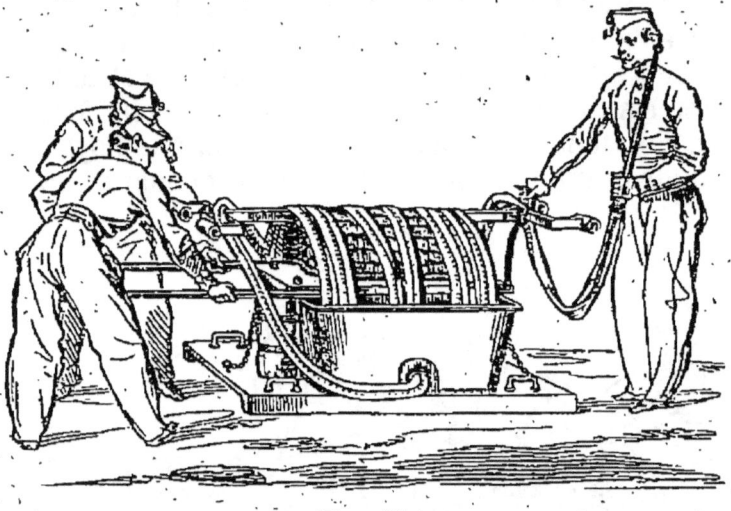

Fig. 87.

140. A ce commandement, le chef détache de la main droite la courroie qui fixe le balancier ; chaque servant va prendre un levier, le présente par le petit bout à l'avant de la pompe, le glisse entre les plis des demi-garnitures et les côtés de l'entablement ; puis le premier servant restant à l'avant, le second se porte à l'arrière, tous deux les font sortir également de dessous les boyaux en les posant sur la bâche ; le chef place la lance sur le levier, du côté gauche, et forme le dernier pli ; les servants amarrent les leviers, la lance et les demi-garnitures avec les courroies,

141. Cela fait, tous les trois se placent près de l'aspiral, le chef vers le milieu, le premier ser-

Pompe foulante.   *Pompe aspirante.*

vant à hauteur de la boîte, le second à hauteur de la vis.

Placez l'aspiral.

142. A ce commandement, les servants saisissent l'aspiral, le premier par la boîte, le second par la vis, et, aidés du chef qui le saisit par le milieu, le placent comme il est prescrit au titre Ier et l'amarrent, le chef le maintenant par les extrémités; les servants, chacun de leur côté, passent les courroies en dessous et dans les passants fixes, et les enroulent autour de l'aspiral. Les servants se portent ensuite à l'arrière, enroulent les courroies autour de l'aspiral, puis ils les bouclent chacun à leur droite.

143. Ce mouvement achevé, le chef et le premier servant vont chercher la hache et le cordage et les replacent comme ils les ont pris; le second servant va chercher l'échelle et la pose à terre, ainsi qu'il est prescrit au n° 69. Tous trois se placent ensuite comme après avoir ôté le chariot.

144. Lorsque l'instructeur voudra faire charger la pompe, il fera les mêmes commandements que dans le quatrième article de la deuxième leçon.

TITRE II

Pompe foulante. *Pompe aspirante.*

ARTICLE III.

145. Lorsque, dans un incendie, une pompe a cessé de fonctionner, on plie toujours les demi-garnitures en écheveau. Pour cela, les hommes étant placés comme après avoir vidé la pompe, l'instructeur commande :

REMONTEZ POUR PLIER EN ÉCHEVEAU.

146. A ce commandement, le chef exécute ce qui est prescrit au n° 138; le premier servant ne bouge pas, le second servant pose les tamis et reprend sa position.

147. L'instructeur commande ensuite :

PLIEZ EN ÉCHEVEAU.

148. A ce commandement, le chef passe la demi-garniture sous la branche du T de l'avant et revient en dessus pour l'étendre jusqu'au T de l'arrière; le premier servant maintient le balancier, puis à son tour saisit le boyau et forme un pareil pli sous la branche droite; ensuite les servants continuent de former des plis croisés, l'un maintenant le balancier dans une position horizontale, pendant que l'autre forme son pli, le chef étend les boyaux alternativement de l'avant à l'arrière; lorsque la première demi-garniture est pliée, on y raccorde la seconde, et lorsque celle-ci est pliée on y monte la lance comme il est prescrit au n° 139.

AMARREZ.

149. A ce commandement, chaque servant va prendre un levier et vient se placer vis-à-vis le

Pompe foulante.   *Pompe aspirante.*

flanc de la pompe pour le poser sur la bâche, le gros bout à l'avant, le chef place la lance du côté gauche, etc.; le reste comme au commandement : *Amarrez*, n° 140.

150. Lorsque les boyaux sont pliés en écheveau, si l'instructeur veut faire établir la pompe, il commande :

DÉMARREZ.

151. On exécute alors ce qui est prescrit au n° 111; l'instructeur commande : *Otez la lance.* À ce commandement, le chef enlève la lance, les servants placent les leviers le long du patin, se portent ensuite aux extrémités du balancier, le premier à l'avant, le second à l'arrière, et défont les plis des boyaux qu'ils jettent à terre; le reste comme à la troisième leçon, n° 113.

OBSERVATIONS RELATIVES A LA QUATRIÈME LEÇON.

152. Pour former des plis dans la bâche, le second servant saisit des deux mains l'extrémité du pli, les pouces en dessus, recule pour déterminer sa longueur en la présentant sur la hauteur extérieure de la bâche, remonte la main droite à 50 centimètres de la gauche et avance pour placer le pli dans la bâche en l'assurant au fond. Le premier servant exécute ce mouvement par les mêmes principes et par les moyens inverses.

153. Pour amarrer, les servants doivent enrouler deux fois les courroies autour des leviers et de la lance.

154. Pour s'assurer que la pompe est entièrement vidée, le chef doit faire manœuvrer jusqu'à ce

qu'il ait la main repoussée par la pression de l'air qui se trouve dans l'intérieur du récipient (1).

CINQUIÈME LEÇON.

155. L'objet de cette leçon est d'éviter la multiplicité des commandements et d'accélérer l'établissement de la pompe.

156. Lorsque les sapeurs de recrue comprendront et exécuteront bien les quatre premières leçons, l'instructeur leur fera exécuter l'exercice précipité qui sera toujours celui que l'on emploiera à l'incendie; il le fera précéder alors du mouvement *En reconnaissance* et ne fera recharger la pompe qu'après l'établissement précipité.

ARTICLE 1er.

EXERCICE PRÉCIPITÉ.

157. L'exercice en cinq temps est réduit à deux temps principaux, ainsi qu'il suit :

(1) Lorsque dans un incendie une pompe aspirante est obligée de cesser sa manœuvre par le manque d'eau des tonneaux de toutes sortes, où l'épuisement de réservoirs quelconques, on peut continuer à se servir de cette pompe en la faisant aspirer dans sa propre bâche, en l'emplissant et en y plongeant la tête d'arrosoir.

Cette opération évite la perte de temps et permet de combattre l'incendie avec un jet abondant et continu.

Par un arrêté de M. le préfet de police, les trémies des tonneaux de porteurs d'eau, d'arrosement, etc., étant de dimension à recevoir, comme ceux en service au corps l'extrémité de l'aspiral, il en résulte que l'eau de ces tonneaux peut être épuisée par la partie supérieure, laquelle ne présente pas, pendant les grands froids, la congélation qu'on rencontre au robinet, et par conséquent, l'alimentation des pompes ne se trouve pas paralysée par la gelée.

158. Le premier temps s'exécute à la fin du commandement *En manœuvre* et le second au commandement *Deux*.

159. L'instructeur commande :

1º *Exercice précipité*.
2º En manœuvre.

160. Exécuter le premier temps de l'exercice, déchaîner et lever la flèche.

3º Deux.

161. Mettre la pompe à terre et ôter le chariot.

ARTICLE II.

ÉTABLISSEMENT PRÉCIPITÉ.

162. L'établissement en quatre temps est réduit à deux temps principaux, ainsi qu'il suit :

163. Le premier temps s'exécute à la fin du commandement *Démarrez*, et le second au commandement *Deux*.

164. L'instructeur commande :

1º *Etablissement précipité*.
2º Démarrez.

165. Exécuter les premiers temps de l'établissement selon l'espèce de pompe et ôter la lance.

3º Deux.

166. Développer les boyaux et fixer l'établissement.

167. Après la manœuvre, lorsque l'instructeur veut faire mettre les pompes en état d'être rechargées il fait les mêmes commandements que dans la 4º leçon, nos 130 et suivants, suivant l'espèce de pompe.

ARTICLE III.

CHARGEMENT PRÉCIPITÉ.

168. Le chargement en sept temps est réduit à deux temps principaux, ainsi qu'il suit :

169. Le premier temps s'exécute à la fin du commandement *Chargez*, et le second au commandement *Deux*.

170. L'instructeur commande :

1º *Chargement précipité.*
2º CHARGEZ.

171. Exécuter les mouvements de charger, lever la pompe, amener le chariot et poser la pompe.

3º DEUX.

172. Abattre la flèche, mettre la flèche à terre et enchaîner.

173. L'instructeur doit exiger beaucoup de régularité et d'attention dans l'exécution des temps et dans les positions.

ARTICLE IV.

MANOEUVRE DE PLUSIEURS POMPES RÉUNIES.

174. Les principes contenus dans les quatre premières leçons, peuvent être appliqués à la réunion de plusieurs pompes.

175. Lorsque plusieurs pompes doivent être manœuvrées ensemble, l'instructeur les fait placer en ligne à dix pas d'intervalle, et, après avoir désigné les chefs et les servants de chacune, fait prendre les positions et lever la flèche, par les commandements prescrits aux nos 17 et suivants.

176. Il fait prendre ensuite un numéro d'ordre à chaque pompe en commençant par la droite; les chefs appellent leur numéro à haute voix. Pour faire prendre l'alignement, il doit toujours faire avancer de quelques pas la pompe qui doit servir de base d'alignement, de manière que toutes les autres soient en arrière de celle-ci et ne soient pas obligées de reculer pour s'aligner et il commande : *A droite,* ou *à gauche alignement.*

177. Toutes les fois que le terrain le permet, il doit y avoir dix pas d'intervalle entre chaque pompe lorsqu'elles sont en ligne et six pas lorsqu'elles sont en colonne.

178. Les conversions de pied ferme, les demi-tours, les marches en avant et en arrière, l'exercice en cinq temps et le chargement en sept temps s'exécutent comme il est dit dans les quatre premières leçons.

179. Pour faire passer de l'ordre en bataille à l'ordre en colonne, la droite ou la gauche en tête, l'instructeur commande :

    1º *A droite* (ou *à gauche*), *en colonne.*
    2º MARCHE.

180. Au premier et au second commandement on exécute ce qui est prescrit au nº 20 et suivants.

181. Pour faire marcher la colonne en avant l'instructeur commande :

    1º *Colonne en avant.*
    2º MARCHE.

182. Au second commandement, on exécute ce qui est prescrit au nᵒˢ 44 et suivants.

183. Pour faire changer de direction à la colonne, l'instructeur fait placer des jalonneurs aux points où les changements de direction doivent avoir lieu et commande ensuite :

Tête de colonne (à droite ou à gauche).

184. Quelques pas avant d'arriver au point de conversion chaque chef commande : *Tournez à droite* ou *à gauche*, et, lorsqu'il arrive à hauteur du jalonneur, il commande : *Marche*. A ce commandement on exécute ce qui est prescrit au n° 54.

185. Pour faire arrêter la colonne, l'instructeur commande :

1° *Colonne.*
2° HALTE.

186. Au commandement *Halte*, la colonne s'arrête.

187. La colonne étant arrêtée, l'instructeur pour la faire mettre en ligne, commande :

1° *A droite (ou à gauche) en ligne.*
2° MARCHE.

188. Au premier commandement on exécute ce qui est prescrit au n° 21 et, au second on exécute ce qui est prescrit aux n°s 22 et 23.

189. La colonne étant en marche, l'instructeur pour la former sur la droite ou sur la gauche en bataille, place un jalonneur au point où il veut appuyer la droite et toujours à dix pas en dehors de la colonne et commande :

1° *Sur la droite (ou sur la gauche) en bataille.*
2° MARCHE.

190. Le chef de la première pompe commande aussitôt : *Tournez à droite* (ou *à gauche*), *Marche*.

191. Au deuxième commandement du chef, les deux servants exécutent ce qui est prescrit au n° 54, et après avoir tourné, marchent en avant jusqu'au commandement de *Halte* que fait le chef à l'instant où ils arrivent près du jalonneur.

192. Toutes les autres pompes continuent de marcher en avant et ne doivent converser, pour se porter sur la ligne, que lorsqu'elles sont arrivées à la distance prescrite au n° 177 ; chaque chef fait les mêmes commandements que le premier.

193. Pour arrêter la colonne, l'instructeur fait prendre le pas accéléré et les distances si elles sont perdues, afin d'éviter les accidents qui pourraient arriver s'il arrêtait la colonne au pas gymnastique.

194. Toutes les fois que les pompes sont en colonne, les chefs répètent vivement les commandements *Halte* et *Marche*.

195. Lorsque l'instructeur veut faire exécuter l'exercice précipité, il commande :

1° *Exercice précipité.*
2° En manœuvre.
3° Deux.

196. Lorsque les pompes sont mises à terre, chaque chef conduit son chariot à l'endroit désigné par l'instructeur pour former le parc, et met la flèche à terre en ayant soin que les chariots se trouvent placés à la suite et dans la direction de l'axe du premier.

197. Lorsque l'instructeur veut faire exécuter l'établissement précipité, il commande :

1° *Établissement précipité.*
2° DÉMARREZ.
3° DEUX.

198. Lorsque l'instructeur veux faire exécuter la manœuvre, il ordonne à chaque chef.
Le n° 1 donne un coup de sifflet simple.
Le n° 2 — un coup de sifflet double.
Le n° 3 — un coup de sifflet double et un simple.
Le n° 4 — deux coups de sifflet double.
Le n° 5 — un coup de sifflet simple et un double.
Le n° 6 — un coup de sifflet simple, un double et un simple.

199. Le coup de sifflet simple doit être prolongé; le coup de sifflet double est composé de deux coups détachés le second prolongé; entre les doubles et les simples les intervalles doivent être plus grands.

200. L'instructeur voulant ensuite faire exécuter le chargement précipité, commande :

1° *Chargement précipité.*
2° CHARGEZ.
3° DEUX.

SIXIÈME LEÇON.

ARTICLE Ier.

MANŒUVRE DE L'ÉCHELLE A CROCHETS, DE L'ÉCHELLE DROITE PLIANTE, ET DE L'ÉCHELLE A COULISSES.

Échelle à crochets.

201. Pour manœuvrer l'échelle à crochets, il faut trois sapeurs : un chef et deux servants.

ÉCHELLE A CROCHETS. — 6e LEÇON. 105

202. L'échelle étant à terre l'instructeur, commande :

Disposez l'échelle.

203. A ce commandement, le premier servant dédouble l'échelle ; il se place ensuite faisant face à la partie courbe, ayant l'échelle entre ses jambes, puis il la tourne les crochets en dessous, dévisse l'écrou de la main droite, retire le boulon de la main gauche, renverse les deux plates-bandes le long des montants, replace de la main gauche le boulon dans les trous de ces mêmes plates-bandes, et visse l'écrou de la main droite ; il dresse ensuite l'échelle en l'appuyant contre le mur de la maison, l'accroche à l'appui où au balcon de la fenêtre du premier étage, y monte et entre dans la chambre. Le chef monte ensuite.

204. Pour monter aux étages supérieurs, le chef, arrivé sur l'appui de la croisée, décroche d'abord l'échelle, la fait tourner de manière que les crochets soient en dehors, puis saisissant un montant de chaque main, l'élève en regardant l'extrémité supérieure pour la maintenir en équilibre. Lorsque les crochets sont arrivés un peu au-dessus de l'appui où du balcon de la fenêtre supérieure, le second servant, qui a du se placer de manière à suivre des yeux ce mouvement, dit alors au chef : *Tournez* ; celui-ci tourne l'échelle en croisant les bras sur la poitrine, l'abaisse doucement afin que les crochets embrassent l'appui où le balcon de la fenêtre et change de main ; alors il monte dans la chambre, où il entre et attend le premier servant.

205. Pour descendre, le premier servant enjambe l'échelle et descend à l'étage inférieur ; le chef descend à son tour; et, arrivé sur le balcon, il saisit l'échelle par les montants, les bras croisés à hauteur des coudes, les mains placées, l'une en dehors, l'autre en dedans pour ne pas avoir à les changer; élève un peu l'échelle et la tourne les crochets en dehors, la descend jusqu'à la partie courbe et l'accroche au balcon. Le second servant indique au chef l'instant où il doit tourner l'échelle pour mettre les crochets en dehors. On continue la même manœuvre pour descendre aux autres étages.

206. Cette manœuvre étant achevée, l'instructeur commande :

PLIEZ L'ÉCHELLE.

207. A ce commandement, le premier servant décroche l'échelle, la pose à terre les crochets en dessous, se place de manière à l'avoir entre les jambes, faisant face à la partie courbe, dévisse l'écrou de la main droite, retire le boulon de la main gauche, renverse les deux plates-bandes le long des montants, replace de la main gauche le boulon dans le trou de ces mêmes plates-bandes, visse l'écrou de la main droite, retourne l'échelle, la replie, et la laisse à terre dans cette position.

PRINCIPES POUR MONTER A L'ÉCHELLE A CROCHETS ET POUR EN DESCENDRE.

208. Pour monter, élever les bras au-dessus de la tête, saisir l'échelle par les montants qui, seuls doivent supporter le poids du corps, faire effort pour s'élever et placer les pieds sur l'échelon inférieur, élever simultanément la main droite et le pied gauche, ensuite la main gauche et le pied

ÉCHELLE A CROCHETS. — 6ᵉ LEÇON 107

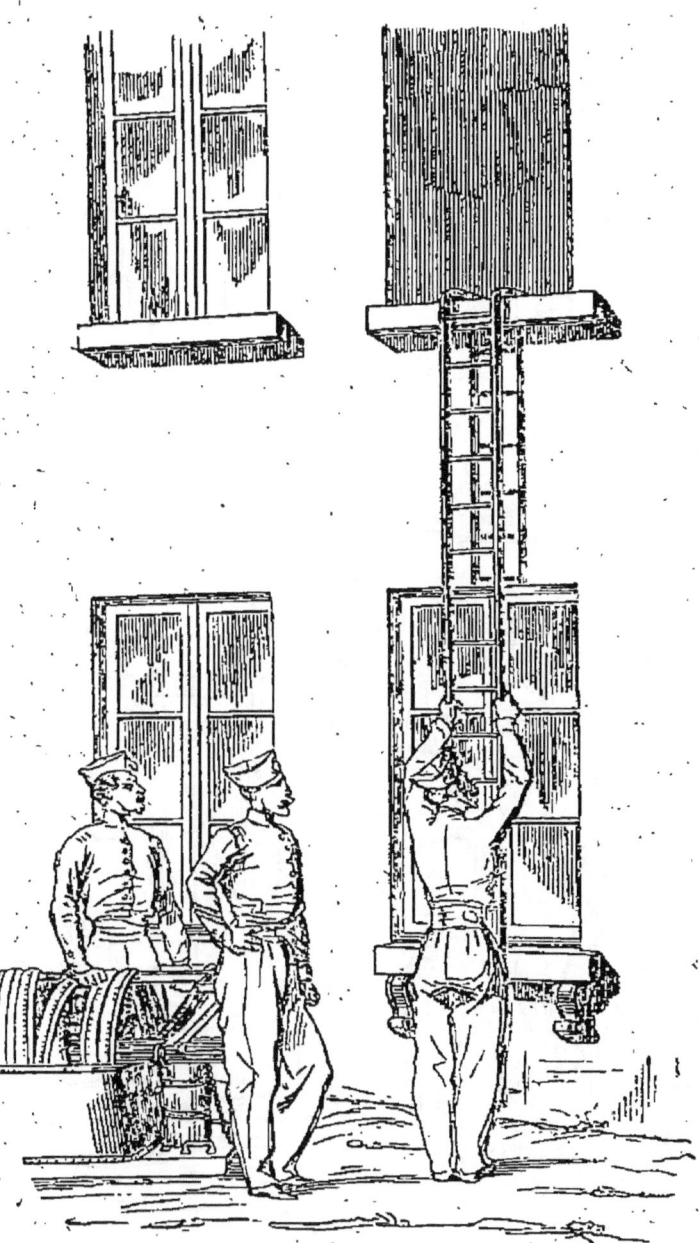

Fig. 88. Manœuvre de l'échelle à crochets.

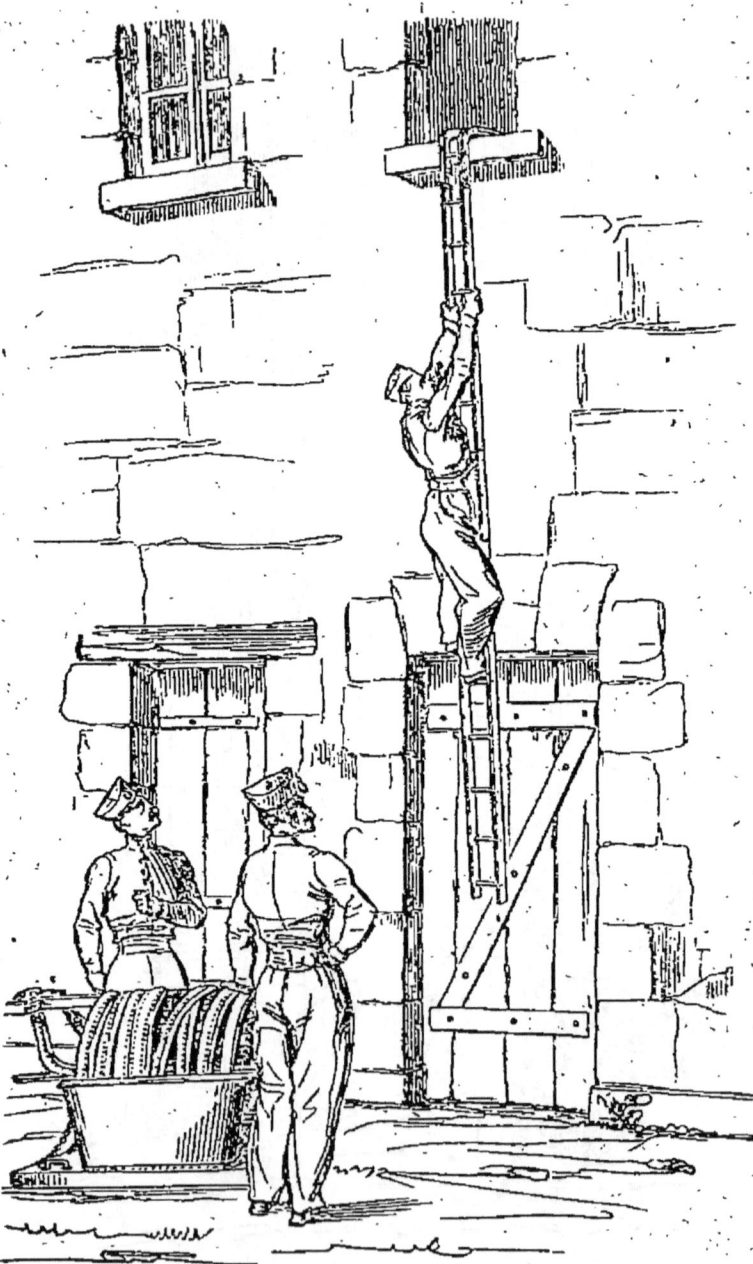

Fig. 89. Manœuvre de l'échelle à crochets.

ÉCHELLE A CROCHETS. — 6ᵉ LEÇON

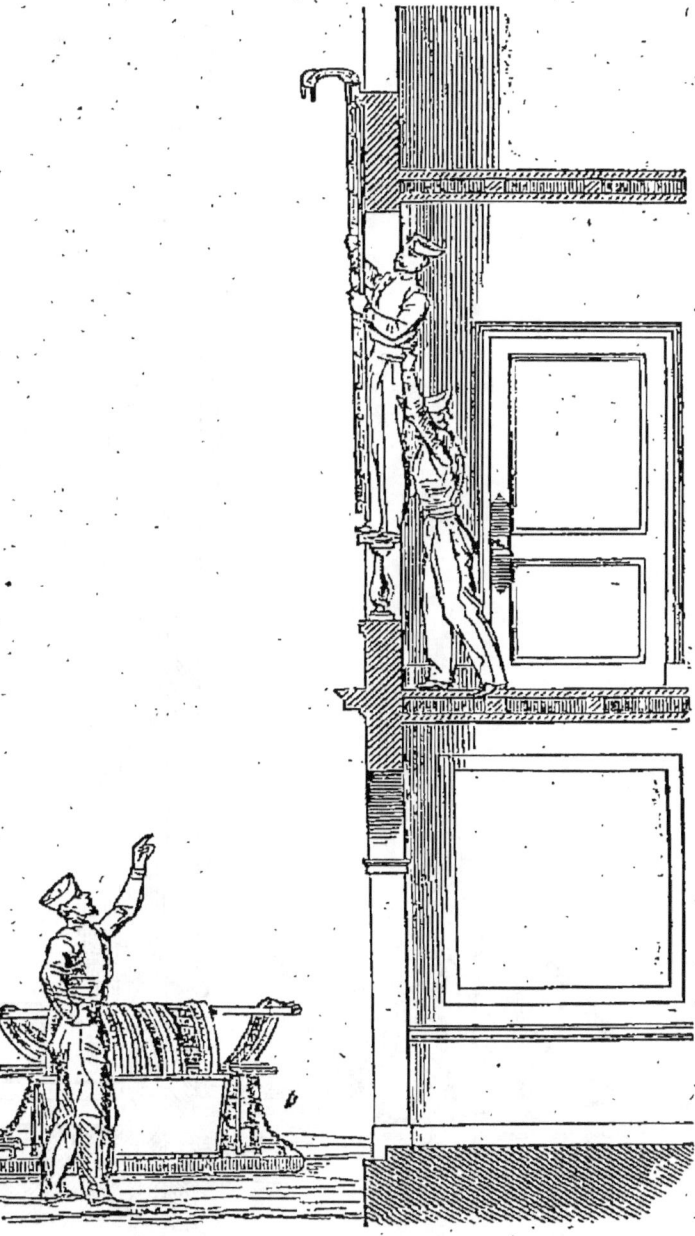

Fig. 90. Manœuvre de l'échelle à crochets.

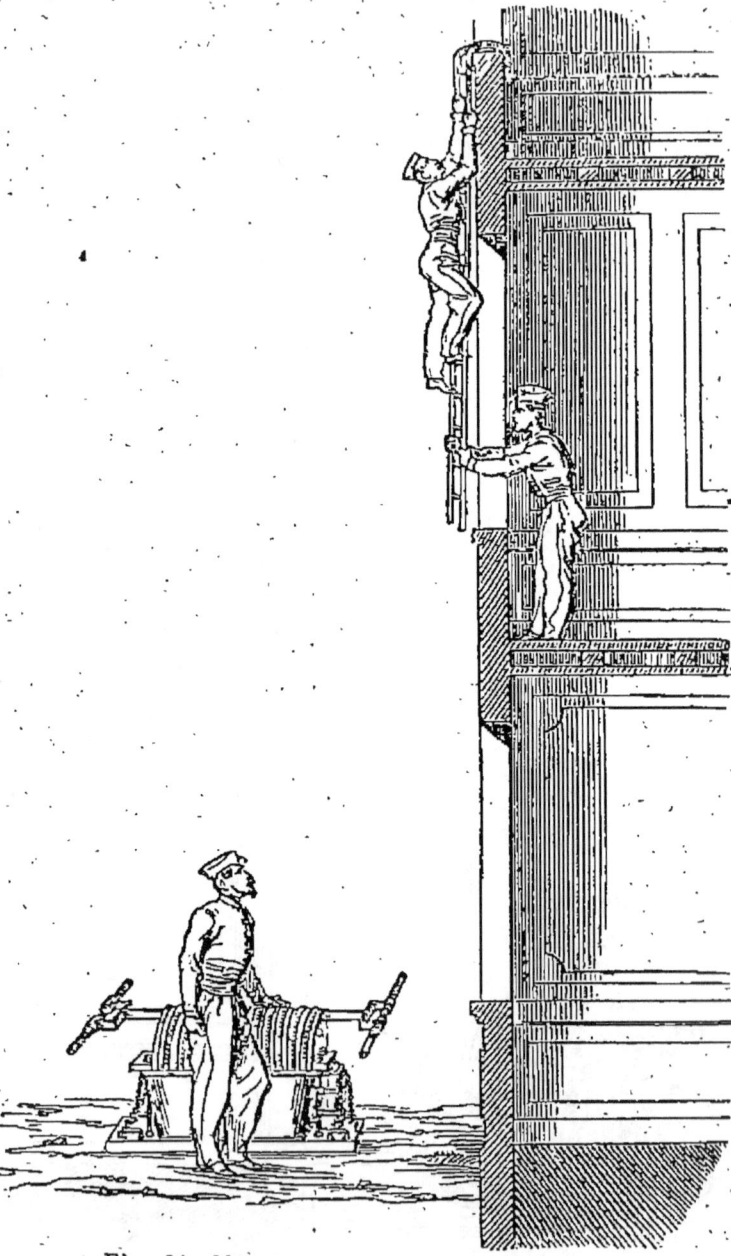

Fig. 91. Manœuvre de l'échelle à crochets.

ÉCHELLE A CROCHETS. — 6º LEÇON

droit, les genoux en dehors, la pointe du pied en dedans et près du montant, le corps rasant l'échelle; continuer à monter ainsi à la force des bras, ayant soin de glisser les mains sur les montants sans les abandonner; les pieds ne doivent poser que légèrement sur les échelons et il ne doit y en avoir qu'un sur le même échelon.

209. Pour descendre, il faut enjamber et saisir les montants à la partie courbe, poser le pied sur le deuxième ou le troisième échelon, suivant la taille de l'homme, achever de tourner le corps pour faire face à l'échelle, passer l'autre jambe et poser le pied au-dessous du premier, descendre les pieds en maintenant le corps dans une position verticale; achever de descendre en faisant agir les mains et les pieds comme il est dit pour monter.

210. Le chef fait mouvoir l'échelle pour la monter ou pour la descendre; il est maintenu à la ceinture par le premier servant.

211. Pendant que l'on monte ou que l'on descend, l'échelle doit être maintenue par les montants à la partie courbe ou à l'extrémité inférieure, suivant le cas, afin qu'elle soit toujours dans une position verticale.

Échelle droite et pliante.

212. L'échelle est placée le long du chariot, de manière que le cinquième échelon, à partir des sabots, se trouve en dehors du support de l'arrière, la partie gauche de l'échelle reposant sur les deux supports.

213. Pour manœuvrer l'échelle pliante, il faut trois sapeurs : un chef et deux servants.

214. L'instructeur commande :

Enlevez l'échelle.

215. A ce commandement, le chef se place vis-à-vis le milieu de l'échelle, le premier servant à l'avant, le deuxième à l'arrière, tous trois lui faisant face, et, la saisissant par les montants, la sortent des supports, la mettent à terre, les crochets en dessous et les sabots tournés vers le mur. Les deux servants se portent ensuite à hauteur des crochets, se faisant face.

Développez l'échelle.

216. A ce commandement, le chef va chercher les boulons; les servants saisissent l'échelle par les montants, près des crochets, de leur côté, soulèvent cette partie de l'échelle, la développent en rabattant jusqu'à terre les deux parties supérieures, et facilitent le mouvement en appuyant le pied contre l'extrémité des montants de la deuxième partie; puis les servants se placent à cheval sur l'échelle, le premier à hauteur de la première brisure, le second à hauteur de la deuxième, tous deux faisant face aux crochets. Le chef donne deux boulons à chaque servant qui les fixe dans les trous des brisures. Cela fait, les servants remettent l'échelle à terre, les crochets en dessus; le chef se porte ensuite à l'extrémité inférieure de l'échelle et pose le pied gauche sur le premier échelon; les servants se portent à hauteur de la deuxième brisure, le premier du côté gauche, le second du côté droit, tous trois lui faisant face.

Dressez l'échelle.

217. A ce commandement, les deux servants

saisissent l'échelle par les montants, chacun de son côté, la soulèvent, se placent derrière, et la dressent en marchant vers le chef qui fait effort du pied pour l'empêcher de glisser; quand l'échelle est dans une position verticale, les servants l'appuient contre le mur.

218. L'échelle étant dressée, si l'on veut la transporter d'un endroit à un autre, les deux servants saisissent le troisième échelon, le premier de la main droite, le second de la main gauche, les ongles en dessous, les montants de l'autre main, environ à hauteur du sixième échelon, puis ils soulèvent l'échelle en l'inclinant un peu en arrière pour la maintenir plus facilement en équilibre, et partent du pied gauche vers l'endroit désigné par le chef, qui surveille et aide au besoin les servants.

219. Pour faire replacer l'échelle sur le chariot, l'instructeur commande :

Mettez a terre.

220. A ce commandement, le chef, tournant le dos au mur, fait face à l'échelle; les deux servants la mettent à terre d'après les principes indiqués au commandement *Dressez l'échelle*, et par les moyens inverses, le chef ayant soin de maintenir l'échelle en appuyant le pied gauche sur le premier échelon.

Pliez l'échelle.

221. A ce commandement, les servants vont retirer les boulons des brisures par les mêmes principes qu'ils les y ont placés et par les moyens inverses, et les donnent au chef après y avoir fixé

les écrous, remettent l'échelle à plat, les crochets en dessous, et vont se placer vis-à-vis le milieu de la troisième partie. Le chef va remettre les boulons dans la sacoche, revient à l'extrémité inférieure de l'échelle, et pose le pied gauche sur le premier échelon; les servants saisissent ensuite l'échelle par les montants, chacun de leur côté, soulèvent la troisième partie en redressant la deuxième et marchent vers le chef pour replier ces deux parties sur la première; puis le chef et les servants se placent comme au commandement *Enlevez l'échelle*.

PLACEZ L'ÉCHELLE.

222. A ce commandement, le chef et les servants saisissent l'échelle par les montants, du côté gauche, et vont la poser sur les supports du chariot, comme il est indiqué au n° 212.

OBSERVATIONS.

223. On peut employer l'échelle droite pliante de trois manières différentes, suivant la hauteur à laquelle on veut parvenir, les crochets de la partie supérieure étant toujours tournés vers le mur; elle donne accès, savoir : lorsqu'elle est entièrement développée, à une hauteur de 7 mètres; lorsqu'elle est en deux parties, à une hauteur de 5 mètres; et lorsque les trois parties sont repliées, à une hauteur de 3 mètres.

224. Pour s'en servir dans le second cas, il suffit de placer les deux boulons de la première brisure et de laisser la partie supérieure rabattue sur la deuxième du côté extérieur.

225. On monte à l'échelle droite pliante et on en

descend d'après les principes enseignés à l'instruction de gymnastique pour monter aux échelles fixes et en descendre.

Échelle à coulisses.

226. Pour manœuvrer l'échelle à coulisses, il faut trois sapeurs : un chef et deux servants.

227. L'échelle étant placée sur le chariot, l'instructeur commande :

Enlevez l'échelle.

228. A ce commandement, les servants se placent au chariot dans la position de la marche en arrière, et lèvent la traverse de la flèche à hauteur de poitrine. Le chef fait face à l'échelle, la saisit de la main droite par le quatrième échelon, lève le double arrêtoir de la main gauche, fait glisser l'échelle vers l'arrière, place son épaule droite sous le montant supérieur, la dégage complétement en marchant à reculons, et va la placer dans une position verticale, les crochets appuyés contre le mur, les sabots à environ 1m50 du pied du mur. Les servants mettent la flèche à terre.

Dédoublez l'échelle.

229. A ce commandement, le chef détache la corde, éloigne l'échelle du mur en tirant sur la corde avec les deux mains jusqu'à ce que l'extrémité supérieure soit arrivée au point que l'on veut atteindre ; alors il l'appuie contre le mur et monte jusqu'à hauteur de l'S mobile, en tenant la corde tendue, tourne l'S de la main gauche, fixe les deux échelons de rencontre, fait ensuite passer le cordage sur l'extrémité placée à sa droite, et continue à monter.

DOUBLEZ L'ÉCHELLE.

230. A ce commandement, le chef se place à hauteur de l'S, tire sur la corde de manière à dégager cet S, la tourne avec la main gauche, et descend en tenant la corde tendue. Arrivé à terre, il détache l'échelle du mur, en la maintenant de la main gauche par le montant, ayant bien soin de ne pas laisser dépasser ses doigts placés sur ce montant, laisse glisser la corde avec la main droite jusqu'à ce que l'échelle soit doublée, et attache l'extrémité de la corde à l'échelle.

PLACEZ L'ÉCHELLE.

231. A ce commandement, les servants exécutent ce qui est prescrit au commandement de *Enlevez l'échelle*. Le chef prend l'échelle, place son épaule droite sous le montant supérieur, la partie enveloppante en dehors, les sabots tournés en avant, va l'engager par l'arrière, entre les supports, jusqu'à ce que le cinquième échelon soit à hauteur du support de l'arrière, fait face à l'échelle, et, la maintenant de la main droite, il la fixe de la main gauche avec le double arrêtoir.

OBSERVATIONS.

232. Si la corde de l'échelle, par une cause quelconque, venait à ne plus fonctionner, on pourrait *dédoubler l'échelle* de la manière suivante :

233. L'échelle étant à terre et sur champ, le chef se place devant l'extrémité garnie de sabots, les servants à l'autre extrémité, se faisant face, le premier du côté gauche du chef, le second du côté droit. Le chef et le deuxième servant maintiennent l'échelle des deux mains, pendant que le premier servant la dédouble jusqu'à la longueur nécessaire, indiquée par le chef, sans toutefois jamais dépasser l'avant-dernier échelon ; le deuxième servant fixe les deux échelons de rencontre avec l'S et va se placer à hauteur et vis-à-vis du premier servant. Le chef pose l'échelle à plat.

234. *Pour dresser l'échelle*, le chef place le pied droit sur le premier échelon et se fend de la partie gauche ; les servants saisissent l'échelle par les montants, chacun de son côté, la soulèvent, se placent derrière, et la dressent en marchant vers le chef qui résiste du pied droit et aide au mouvement en tirant avec la main droite sur le troisième échelon.

235. *Pour mettre l'échelle à terre*, le chef se place et agit comme pour la dresser ; les servants, lui faisant face, saisissent des deux mains chacun un montant, les soutiennent, marchent à reculons, laissent arriver doucement l'échelle à terre et la placent sur champ ; le deuxième servant se porte à hauteur de l'S.

236. *Pour doubler l'échelle*, le deuxième servant tourne l'S pour dégager les échelons et maintient la première partie avec le chef, pendant que le premier servant fait glisser la seconde jusqu'à l'extrémité de la coulisse.

237. On peut transporter l'échelle sans la doubler de la manière suivante :

238. L'échelle étant dressée et appuyée au mur, les deux servants saisissent le troisième échelon, le premier de la main droite, le second de la main

gauche, les ongles en dessous, les montants de l'autre main, les bras tendus, soulèvent l'échelle en l'inclinant un peu en arrière, et partent du pied gauche vers l'endroit désigné par le chef qui surveille et aide au besoin les servants.

ARTICLE II.

Emploi de l'appareil à feux de caves.

239. Le chef dépose son appareil à terre, et place sa pompe près de l'entrée de la cave. L'instructeur fait exécuter les deux premiers articles de la cinquième leçon, et commande ensuite :

ENLEVEZ LES DEMI-GARNITURES.

240. A ce commandement, le premier servant démonte le raccord qui réunit la première demi-garniture à la pièce à deux vis; puis, avec le second servant, ils enlèvent les demi-garnitures au moyens des leviers, et tous deux, aidés du chef, vont les porter sur le chariot, ainsi que la lance et les tamis; tous trois se portent ensuite auprès de l'appareil et l'instructeur commande :

DISPOSEZ L'APPAREIL.

241. A ce commandement, le chef ouvre la boîte, le deuxième servant en retire la garniture à hélice qu'il monte sur la pièce à deux vis, puis dispose les leviers et fait placer les travailleurs. Le chef essaie alors la garniture à hélice; il place le pouce dans l'intérieur de cette garniture et fait donner quelques coups de piston; il retire de temps

en temps son pouce, et, si l'air arrive avec force et fait entendre un sifflement, il est assuré que la garniture est en bon état. Le premier servant déboucle la courroie de la boîte, sort la blouse qu'il déplie de manière que le verre se trouve de son côté.

242. L'instructeur commande aussitôt :

ENDOSSEZ LA BLOUSE.

243. A ce commandement, le chef ôte sa ceinture, et, aidé du premier servant, passe ses bras dans les manches de la blouse; le premier servant boucle les bracelets, couvre de la blouse le chef qui se baisse en se fendant en arrière et s'assure que le sifflet fonctionne bien; le premier servant monte ensuite la garniture à hélice sur la blouse et commande : *Manœuvrez*; à ce commandement les travailleurs manœuvrent sans interruption jusqu'au commandement de *Halte*; le premier servant boucle alors au-dessus des hanches les deux courroies de la ceinture, en commençant par celle de derrière, et en faisant des plis réguliers; il fixe ensuite le collet à l'anneau de manière que le tirage ne s'exerce pas sur la blouse, et amarre le chef avec le cordage. Le chef entre dans la cave pour faire sa reconnaissance; le premier servant reste près de l'entrée pour lui filer la garniture à hélice et le cordage en soutenant celui-ci qu'il a amarré à un objet quelconque. Lorsque le chef a fait sa reconnaissance, il détache le cordage et le laisse au point d'attaque, donne un coup de sifflet double, fait un demi-tour à gauche et remonte en s'aidant du cordage comme guide.

244. Le premier servant retire à lui le boyau en l'enroulant; le second servant ne quitte pas la

pompe et veille à ce qu'il ne soit pas mis d'eau dans la bâche.

Le chef étant remonté, l'instructeur commande :

DÉMONTEZ L'APPAREIL.

245. A ce commandement, le premier servant déboucle le collet, les courroies de la ceinture et les bracelets; il retire la blouse au chef en la saisissant par l'extrémité de la manche gauche et par le haut du capuchon avec la main droite, puis saisit avec la main gauche l'autre manche et enlève la blouse; le chef aide à ce mouvement en se baissant et se fendant en arrière. La blouse étant retirée, le premier servant commande : *Halte*; à ce commandement les travailleurs cessent la manœuvre; le premier servant démonte aussitôt la boîte de la garniture à hélice; le second servant fait retirer les travailleurs, démonte le raccord qui réunit la garniture à hélice à la pièce à deux vis, et l'instructeur commande :

PLIEZ L'APPAREIL.

246. A ce commandement, le premier servant saisit la blouse des deux mains à la base du capuchon près de la couture des épaules, le sifflet tourné vers lui, pose la blouse à terre en renversant le capuchon en dessus, dont il ramène le haut ainsi que la partie inférieure du sifflet sous le verre; plie les avant-bras des manches en dessus, et les replie de manière qu'elles touchent au verre de chaque côté; recouvre le verre avec le bas de la blouse en faisant rentrer les courroies, puis ramène le côté droit sous le côté gauche; il place

SAC DE SAUVETAGE. — 6e LEÇON 121

ensuite la blouse au milieu de la boîte et l'attache avec les courroies qui s'y trouvent placées.

247. Le second servant enroule ensuite autour de la blouse toute la garniture à hélice, de manière à lui faire toucher les parois de la boîte, et place le raccord dans le fond d'un des vides qui existent entre la blouse et la garniture. Le chef s'assure que ces différents objets sont placés convenablement dans la boîte et la ferme; tous les trois rapportent ensuite les demi-garnitures et la lance près de la pompe et se placent comme après avoir vidé la pompe.

248. L'instructeur fait ensuite exécuter les deuxième et troisième articles de la quatrième leçon, n° 138 et suivants, et le chargement précipité.

ARTICLE III

Emploi du sac de sauvetage.

249. Pour l'emploi du sac, il faut trois sapeurs : un chef et deux servants; on emploie en outre trois hommes pour le maintenir tendu pendant le sauvetage.

250. Le sac étant à terre, l'instructeur commande :

Disposez le sac.

251. A ce commandement, le chef aidé du second servant démarre le sac de manière que la traverse se trouve en dessus, et le place au pied de la maison, au-dessous de la fenêtre où il doit être hissé. Le second servant déroule la commande qui est fixée par son porte-mousqueton à la boucle de la tra-

verse du sac et passe l'autre extrémité garnie du bilboquet dans l'anneau de la ceinture du chef ; le premier servant dispose l'échelle et l'accroche à l'étage.

252. Le chef et le premier servant étant montés dans la chambre où le sac doit être fixé, le hissent au moyen de la commande qui y est attachée, en font entrer l'extrémité dans la chambre, appuient la traverse sous la partie inférieure de la croisée, placent les cordages sur les chassis de la fenêtre, de manière à pratiquer l'ouverture du sac, les passent dans les boucles de la traverse et tirent de haut en bas, puis de bas en haut, jusqu'à ce qu'ils soient bien tendus ; ils les fixent ensuite en faisant un nœud bouclé.

253. Le second servant prend l'extrémité du sac, en se faisant aider par des sapeurs ou des bourgeois, s'éloigne le plus possible du pied de la maison, pour le faire tendre fortement, en lui donnant l'inclinaison nécessaire, afin que la descente des personnes que l'on veut sauver ne soit pas trop rapide. Pour éviter les accidents, le chef ne doit faire descendre personne avant l'avertissement du second servant.

254. Dans le cas où la croisée serait à une grande hauteur et qu'on ne pourrait pas donner au sac l'inclinaison nécessaire pour adoucir la descente des personnes, le second servant fermerait le sac au moyen de la coulisse placée à l'extrémité, passerait ensuite le cordage à feux de cheminées dans les boucles de la coulisse, et, au moyen de ce cordage, donnerait au sac l'inclinaison convenable. La personne qu'on aurait fait descendre étant parvenue à la fermeture, on lâcherait doucement

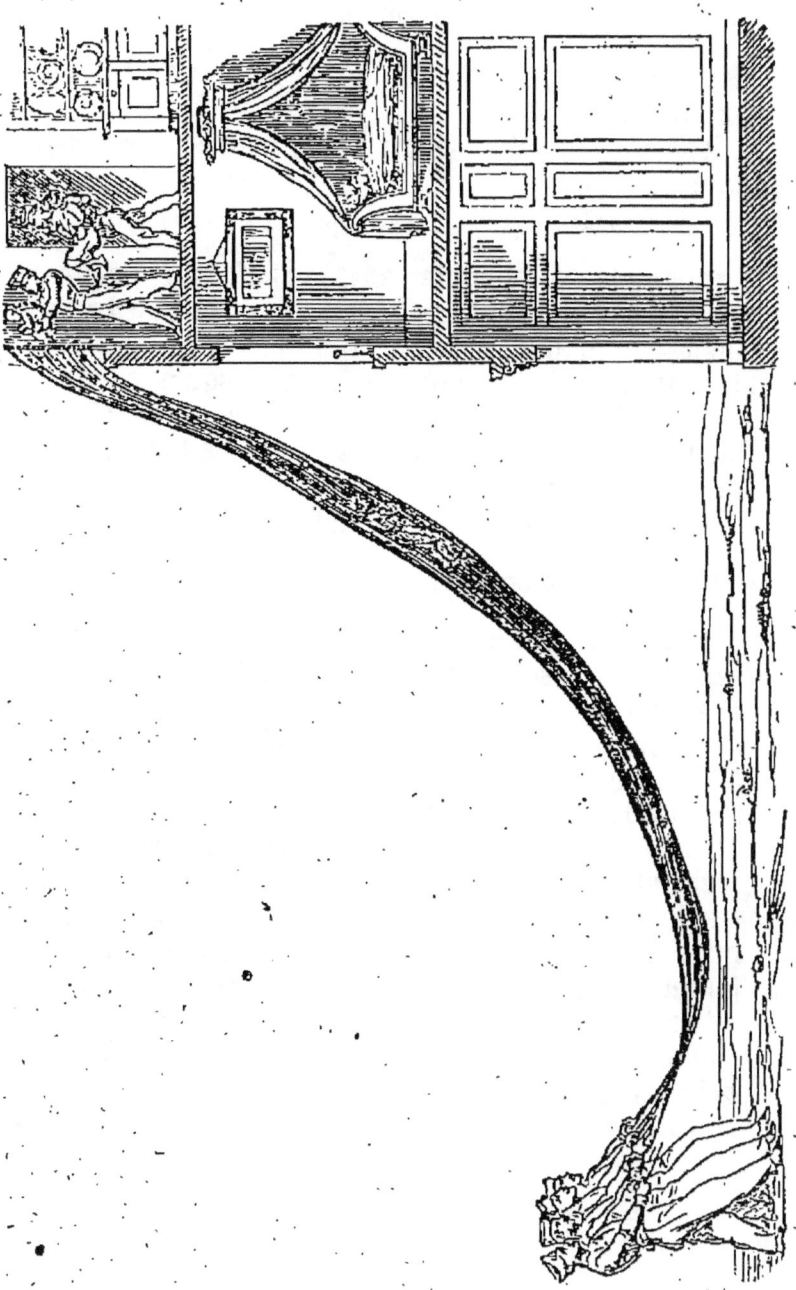

Fig. 92. Emploi du sac de sauvetage.

le cordage, jusqu'à ce que l'extrémité du sac posât à terre.

255. Le sauvetage étant fini, l'instructeur commande :

    Démontez le sac.

256. A ce commandement, le chef, aidé du premier servant, démarre le sac, le descend à l'aide de la commande, pendant que le second servant le dirige en l'éloignant du mur jusqu'à ce que l'extrémité supérieure soit arrivée à terre. Le chef jette alors la commande et descend ainsi que le premier servant.

257. L'instructeur commande ensuite :

    Pliez le sac.

258. A ce commandement, les servants se faisant face, posent chacun un pied à un mètre de l'extrémité inférieure du sac, le saisissent des deux mains, forment le premier pli, et continuent à former des plis les uns sur les autres, ayant soin de les maintenir successivement avec le pied. Le chef veille à ce que le sac soit plié convenablement et place la traverse ainsi que la commande sur le dernier pli, après quoi il saisit de chaque main les cordages, les croise, et les maintient tendus pendant que les servants, placés aux extrémités et lui faisant face, enroulent le sac et l'amarrent chacun de son côté avec les cordages qu'il maintenait.

SAC DE SAUVETAGE. — 6º LEÇON   125

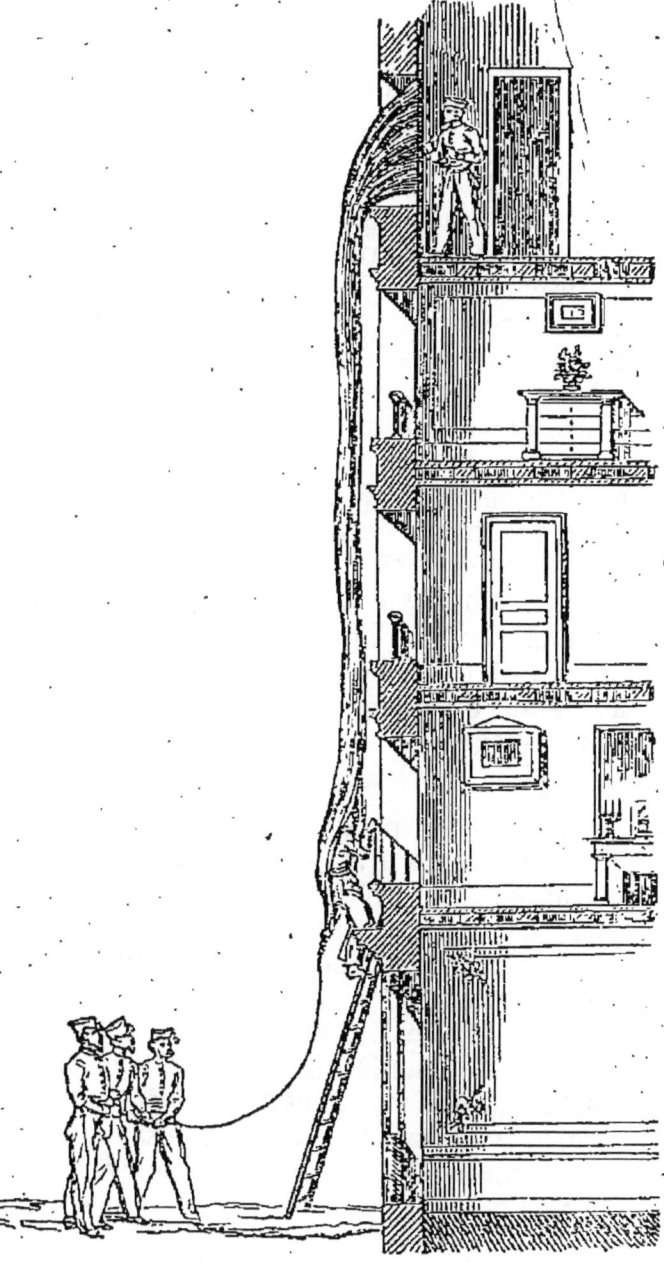

Fig. 93. Emploi du sac de sauvetage.

11.

PRINCIPES POUR FAIRE DIVERS NŒUDS EMPLOYÉS AUX SAUVETAGES ; MOYENS DE S'EN SERVIR.

Nœud de chaise.

259. Le chef prend le cordage de la main gauche à 60 centimètres de l'une des extrémités, le double à la longueur d'une brassée, passe le côté que maintient la main droite à cheval sur l'avant-bras gauche, ressaisit le cordage de la main droite près de la gauche, et fait glisser celle-ci à 50 centimètres, forme une boucle qu'il maintient avec le pouce de la main gauche, introduit la main droite dans cette boucle en la passant par-dessus, saisit de cette main, à 15 centimètres, la partie double du cordage placée sous le pouce de la main gauche, ramène le cordage avec la main droite dans la boucle pour y former le nœud, ayant soin, avant de le serrer, que l'une des deux boucles soit plus grande d'un tiers que l'autre. Le chef fixe ensuite au-dessus du nœud, la commande qui doit diriger le sauvetage.

EMPLOI DU NŒUD.

260. Le chef passe le nœud par la partie supérieure du corps à la personne qu'on veut monter où descendre, en arrondissant les boucles qu'il place de la manière suivante : la petite sous les aisselles et la grande sous les cuisses ; ensuite, aidé du premier servant, il passe la personne en dehors de la fenêtre en maintenant le cordage en retraite, de manière à éviter les accidents, et la laisse glisser doucement à terre ; pendant ce temps, le second servant dirige le sauvetage à l'aide de la commande, reçoit la personne et la dégage du nœud.

Nœud d'amarre.

261. Le chef prend le bout du cordage avec la main gauche, le passe autour du corps de la personne qu'il veut amarrer, saisit le cordage avec la main droite, et le laisse couler dans la gauche, forme une boucle, la longueur du cordage en dessous, introduit le bout dans cette boucle en le passant par dessous, le laisse tomber sur la croix de la boucle, le ramène en dessus en prenant la longueur, et l'introduit de nouveau dans la boucle en le passant par-dessus, puis fait couler le cordage pour serrer le nœud.

EMPLOI DU NŒUD.

262. Ce nœud est particulièrement employé pour amarrer une personne évanouie ; il a l'avantage d'éviter la perte de temps dans le cas où la position du sapeur serait périlleuse.

Nœud allemand.

263. Passer un des bouts du cordage autour de l'objet que l'on veut descendre, plier cette extrémité autour de la plus grande longueur de ce cordage, et l'enrouler trois fois autour de la partie qui sert à ceindre l'objet, de manière que le tirage exercé sur la plus grande longueur achève de consolider le nœud.

EMPLOI DU NŒUD.

264. On emploie ce nœud dans les incendies pour le sauvetage des meubles et le déblai des charpentes.

Ceinture de sauvetage.

265. Le chef fait passer le cordage dans les deux anneaux et l'attache à l'un deux, au moyen d'un nœud simple, près du côté du bilboquet, et aidé du premier servant il place la ceinture sous les aisselles de la personne que l'on veut descendre, de manière que les extrémités se trouvent sur la poitrine; puis, ayant mis le cordage en retraite, soit autour d'un meuble, d'une rampe, etc., afin d'atténuer le poids de la descente, tous deux passent la personne en dehors de la fenêtre, et la laissent glisser avec précaution.

266. Une fois la personne arrivée à terre, le second servant qui a dû se placer de manière à suivre des yeux la descente, enlève la ceinture, laquelle est remontée immédiatement par le chef pour faire d'autres sauvetages s'il y a lieu.

267. Dans le cas où la descente ne pourrait s'opérer verticalement, le chef, après avoir attaché le cordage à feux de cheminées, fixerait le porte-mousqueton de la commande à l'anneau du milieu de la ceinture, et enverrait l'autre extrémité au second servant, qui, par ce moyen, pourrait tenir la personne éloignée de tous objets formant saillie, tels que corniches d'entablement, balcons, persiennes, etc.

268. Cette ceinture peut être également utilisée pour le sauvetage dans les puits, les fosses d'aisances, etc.

OBSERVATIONS.

269. Il est très-important de rendre familiers aux sapeurs, par des exercices fréquents, la manœuvre des diverses échelles, l'emploi de l'appareil à feux de caves, du sac et de la ceinture de sauvetage, et les différentes manières de faire promptement les nœuds décrits dans cet article.

Sauvetage dans les puits.

270. Un puits peut se trouver dans de bonnes conditions d'hygiène ou être empoisonné.

271. Dès qu'une personne vient dans un poste réclamer des secours pour un sauvetage dans un puits, le chef part immédiatement avec ses deux sapeurs munis de la pompe, de l'appareil à feux de caves, des deux cordages et de la ceinture de sauvetage.

272. Si le poste ne possède pas d'appareil, le chef en envoie chercher un au poste le plus rapproché.

273. Arrivé sur les lieux de l'accident, le chef s'informe si l'on vient puiser habituellement dans le puits, quelles en sont les conditions hygiéniques, par quelle circonstance la personne y est tombée, et à quelle époque remonte cet accident.

274. Ces renseignements pris, le chef fait prévenir le commissaire de police, l'officier de garde de la caserne la plus rapprochée, et un médecin.

275. Il visite avec le plus grand soin la corde et la poulie du puits pour s'assurer de leur solidité, afin de s'en servir au besoin.

276. Il s'assure des conditions hygiéniques du puits en descendant une lumière dans un seau jusqu'à fleur d'eau.

277. Si la lumière ne s'éteint pas, il arrête la corde près de la poulie en en réunissant les deux brins qu'il traverse par la cheville en fer; il fixe ensuite le tout au moyen d'une ligature faite en écheveau qu'il termine par un nœud droit.

278. Si la lumière s'éteint, il la remonte, jette plusieurs seaux d'eau dans le puits pour tâcher d'en renouveler l'air; il fait ensuite une seconde épreuve, et si la lumière s'éteint encore il en fait une troisième, car il peut arriver, surtout dans un puits dont on se sert rarement, que l'air ait besoin d'être renouvelé sans que pour cela ce puits soit empoisonné.

279. Dès que la lumière se conserve il n'y a plus à redouter l'asphyxie.

280. Le premier servant, pendant ce temps, retire les deux cordages de la bâche, les déroule et fait un nœud de chaise avec celui qui n'est pas garni de la ceinture.

281. Le chef, étant dans le nœud de chaise, enjambe la margelle, saisit la corde à puits dont il se sert seulement comme guide, afin de se maintenir le plus possible dans l'axe du puits, tandis que le premier servant, monté sur la margelle, le descend au moyen du cordage dont il est amarré.

282. Le second servant se place à la droite du premier, surveille la descente du chef, ne le perdant pas de vue, et se tenant prêt à faire exécuter ses ordres, tout en faisant descendre à sa portée le cordage garni de la ceinture.

283. Quand le chef est arrivé près de l'eau il commande : *Halte*.

284. A ce commandement, les servants cessent de faire filer les cordages, et le premier servant, sans quitter sa position, se fait aider au besoin pour maintenir le sien.

285. Le chef fixe la lumière à la paroi du puits, saisit la personne et lui sort la tête de l'eau, lui passe ensuite la ceinture de sauvetage sous les bras et commande : *Montez*.

286. Au commandement de *Montez*, le second servant se met debout sur la margelle, et, se faisant maintenir par la ceinture, il hisse la personne et la sort du puits, en se faisant aider au besoin.

287. Le chef commande ensuite : *Montez-moi*.

288. A ce commandement, le premier servant monte sur la margelle, se fait maintenir par la ceinture et remonte le chef.

289. Si la profondeur de l'eau ne permettait pas au chef de saisir la personne, il ferait descendre

SAUVETAGE DANS LES PUITS. — 6ᵉ LEÇON

à sa portée, au moyen de la commande, un crochet à manche, un grapin ou une échelle.

290. Pendant l'opération du sauvetage, si la lumière venant à s'éteindre, le chef sentait des picottements aux yeux, ou sa tête s'alourdir, il se ferait remonter de suite.

291. Un puits est empoisonné lorsque par le séjour d'un cadavre, une fuite de fosse d'aisances ou d'un égout, le manque d'air ou le défaut de curage, l'eau est corrompue et laisse échapper des gaz délétères pouvant causer l'asphyxie.

292. Dans ce cas on se sert immédiatement de l'appareil et l'on opère de la manière suivante :

293. Le chef étant revêtu de la blouse et amarré par le premier servant au moyen de la ceinture, ou du nœud de chaise, se fait descendre par ce servant qui charge quelqu'un de faire filer l'hélice, et un autre assistant de descendre le second cordage dans le puits, et de remonter la personne en se faisant aider au besoin.

294. Le second servant doit constamment rester près de la pompe en se conformant à ce qui est prescrit pour la manœuvre de la pompe à air.

295. Arrivé au fond du puits, le chef donne un coup de sifflet pour que le premier servant cesse de le descendre; il se met alors en devoir d'opérer le sauvetage comme il vient d'être prescrit.

296. Si la personne à retirer du puits est asphyxiée, le chef doit se faire remonter le premier pour ne point s'exposer inutilement; à cet effet il donne deux coups de sifflet : il n'en donnerait qu'un s'il voulait faire remonter la personne.

297. Si le chef ne se trouvait pas assez descendu, il remuerait fortement la corde du puits, ou à son défaut, le cordage qui le soutient.

298. Quand on est revêtu de l'appareil, on doit veiller plus particulièrement à se maintenir dans l'axe du puits, pour éviter le frottement de la blouse contre les parois et les saillies.

OBSERVATIONS.

299. Dans le cas où le puits n'aurait pas de margelle, ou bien encore si l'on opérait le sauvetage dans une fosse d'aisance, un puisard, une citerne, etc., on pourrait se servir de l'échelle à crochets en la plaçant en travers sur l'ouverture de ces sortes de constructions qui sont presque toujours à fleur de terre; elle remplacerait une planche ou un madrier qu'on n'a pas toujours sous la main.

300. Les servants disposent l'échelle de la manière suivante:

301. Ils fixent les deux leviers sur les échelons conre les montants au moyen de ligatures; ils placent ensuite l'échelle en travers de l'orifice du puits ou osse, etc., en la faisant maintenir à ses extrémités.

302. Le chef, après s'être fait amarrer, se met à cheval sur l'échelle, l'enjambe, en se maintenant sur les avant-bras, et descend.

303. Le premier servant maintient le cordage en retraite en faisant opposition contre le montant de l'échelle, descend le chef en ne le perdant pas de vue, et se tenant prêt à exécuter ses ordres; en même temps, le second servant descend le cordage destiné à amarrer la personne qu'on veut retirer, et à l'extrémité duquel ou a dû attacher une échelle.

304. Dans le cas où l'on se servirait des leviers pour la manœuvre de la pompe, on les remplacerait sur l'échelle par des pièces de bois quelconque. On pourrait même se servir de l'échelle à crochets elle qu'elle est.

Secours à donner aux noyés et asphyxiés.

Il faut, dans tous les cas, ne pas perdre un instant, ne pas se laisser décourager par les signes apparents de mort et se rappeler que, surtout quand le corps conserve encore de la chaleur, la vie peut revenir d'une manière inattendue.

NOYÉS.

Couper les vêtements, placer le noyé sur le dos, un peu tourné sur le côté droit; enlever les mucosités (glaires) de la bouche en le penchant pour faire écouler le liquide contenu dans l'arrière-bouche. (Il faut bien se garder de suspendre le noyé par les pieds). — Le réchauffer le plus tôt possible avec des fers chauds ou des briques chaudes que l'on promène sur une couverture de laine dans laquelle on l'a enveloppé, en le plaçant soit devant un feu vif, soit au grand soleil. Plusieurs personnes à la fois le frictionneront sur toutes les parties du corps à travers la couverture. — On passe sous le nez du noyé du vinaigre ou mieux de l'ammoniaque (*alcali volatil*). — On exerce de légères pressions sur la poitrine et le bas-ventre. On chatouille le fond de la bouche avec la barbe d'une plume, un pinceau ou autre objet analogue. — Au bout de quelques instants, si l'on obtient rien, on peut, de *bouche a bouche*, insuffler de l'air dans les poumons du noyé, sans cesser les frictions. — On peut encore tremper un marteau dans l'eau bouillante et en appliquer le gros bout sur le creux de l'estomac (*épigastre*). S'il revient un peu de chaleur, on peut compter sur le succès, mais il faut persévérer dans les mesures ci-dessus jusqu'à l'arrivée d'un médecin.

PENDUS.

Les premiers soins sont les mêmes que pour un noyé; mais la présence d'un médecin doit être rapidement sollicitée, parce qu'une saignée est le plus souvent urgente.

ASPHYXIÉS PAR LE GAZ ACIDE CARBONIQUE.

Placer le patient sur un lit, la tête et la poitrine élevées. — La porte et la croisée de la chambre doivent être largement ouvertes. — Renvoyer les personnes inutiles. — Asperger le visage avec de l'eau froide vinaigrée. — Frictionner tout le corps avec de la flanelle imbibée d'eau-de-vie ou d'eau de Cologne. — Passer sous le nez du vinaigre, de l'alcali volatil (*ammoniaque liquide*) ou une allumette soufrée en combustion. — Insuffler de l'air dans la poitrine (de *bouche a bouche*). — Au milieu de tous ces soins, il ne faut pas oublier d'appliquer les sinapismes aux mollets. Si l'on n'a pas de moutarde sous la main, on appliquera sur les mollets des fragments de toile de la grandeur de la paume de la main, trempés dans l'ammoniaque.

ASPHYXIÉS PAR LE GAZ DES FOSSES D'AISANCE ET DES PUISARDS.

Mêmes soins que ci-dessus, mais on place sous le nez du patient une compresse de toile trempée dans du vinaigre et dans laquelle il faut introduire une certaine quantité de *chlorure de chaux*. — On lotionne légèrement les narines avec de l'eau où l'on a fait fondre du sel de cuisine. — Asperger la figure d'eau vinaigrée. — Sinapismes aux jambes; quand le malade peut avaler, lui donner un demi-verre de vin chaud sucré.

TITRE III

Nomenclature de construction

1. Tout en faisant connaître les principaux termes usités dans les bâtiments, les différentes natures de constructions ne peuvent être envisagées dans ce manuel qu'au point de vue particulier de leur résistance plus ou moins grande à l'action du feu.

2. Ainsi, il suffira de donner une nomenclature succincte des constructions en matériaux incombustibles ; celles en charpente exigeront au contraire quelques développements. Il dépend en effet de l'instruction du sapeur-pompier d'étudier et de bien comprendre le détail de ce dernier genre de construction, afin d'être à même, dans les extinctions d'incendie, de remédier autant que possible à leur extrême combustibilité en préservant celles de leurs parties qui intéressent le plus leur solidité.

CHAPITRE I

ARTICLE Ier

CONSTRUCTIONS EN MATÉRIAUX INCOMBUSTIBLES

3. On comprend sous le nom de maçonnerie, les travaux de grosse construction dont la pierre naturelle ou artificielle, le plâtre et les ciments ou mortiers, forment les éléments principaux.

4. Les murs sont la partie essentielle d'un bâti-

ment. Ils forment son pourtour extérieur et ses distributions intérieures.

5. Suivant leur destination, les murs ont des dénominations différentes; ainsi l'on appelle:

Murs en fondation, ceux construits en contre-bas du niveau du sol;

Murs de face, ceux dans lesquels sont percées des ouvertures qui donnent accès dans l'édifice et celles qui en éclairent l'intérieur;

Murs pignons, ceux non percés d'ouvertures et qui ferment les extrémités d'un bâtiment;

Murs de refend, ceux qui divisent l'intérieur du bâtiment;

Murs de clôture, celui qui limite simplement une cour ou un terrain;

Mur mitoyen, celui qui est commun à deux propriétés voisines;

Mur de soutènement, celui qui supporte et retient les terres d'une terrasse;

6. Les ouvertures pratiquées dans un mur portent le nom de *baies*.

7. On distingue dans une baie:

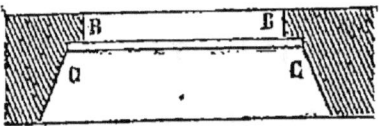

Feuillure. — Fig. 94.

La *feuillure* qui reçoit le bâtis des portes ou des croisées.

Les *tableaux* B côtés extérieurs.

Et les *embrasements* ou embrasures C, côtés intérieurs.

8. La partie inférieure d'une fenêtre se nomme l'*appui*; dans une porte on l'appelle le *seuil*.

9. Une *baie de porte-cochère* est une grande ouverture au rez-de-chaussée, assez large et assez haute pour permettre l'entrée des voitures dans les cours intérieures.

10. Une *baie bâtarde* a une porte trop étroite pour laisser passer les voitures, mais forme cependant l'entrée principale d'une maison.

11. Les *baies de boutique* sont revêtues de devantures ou châssis en menuiserie.

12. Les fenêtres à *baies circulaires* ou elliptiques sont des œils-de-bœuf.

13. Celles percées dans un mur mitoyen sont des *jours de souffrance*.

14. L'espace plein compris entre deux baies s'appelle *trumeau*.

15. La division d'un bâtiment en étages s'opère au moyen de planchers dont il sera parlé à l'article charpente; mais l'étage du rez-de-chaussée, lorsqu'il n'est pas immédiatement porté sur le sol, est ordinairement établi sur une voûte qui recouvre les caves.

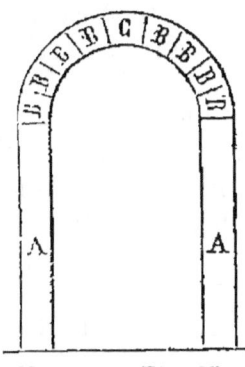

Voûte. — Fig. 95.

16. Une voûte se compose de *pieds droits* A A, murs verticaux qui portent la voûte proprement dite; de *voussoirs* B B, pierres superposées suivant une courbe déterminée; et d'une *clef* C qui ferme et consolide le système.

17. La décoration intérieure et extérieure d'un bâtiment consiste en ornements et en moulures taillés dans la pierre, tramés en plâtre ou rapportés et sculptés après coup. Ces ornements varient à l'infini, selon le style, le luxe,

la simplicité et le goût apportés dans la construction.

18. Une *corniche* est une réunion de moulures faisant saillie à la partie supérieure d'un mur.

19. Un *chambranle*, est ce qui forme l'encadrement d'une baie de porte ou de croisée.

ARTICLE II.

EMPLOI DU FER.

20. Depuis quelques temps, l'usage du fer tend de jour en jour à se généraliser pour remplacer le bois dans la construction des planchers et des combles. On forme aussi avec des colonnes et des piliers en fonte de fer, la plupart des principaux points d'appui des édifices.

21. Il a paru superflu de détailler ici la nomenclature des termes usités dans les constructions en fer. Généralement, les pièces portent le même nom que celles en bois destinées aux mêmes usages et qui seront énumérées plus loin à l'article charpente.

22. Les constructions dans lesquelles le fer est exclusivement employé avec la pierre, la brique ou d'autres matériaux incombustibles, sembleraient devoir être tout à fait incombustibles.

23. Si parfois des circonstances défavorables ont déconcerté des espérances de sécurité absolue, il n'en est pas moins positif que ces constructions ont sur les autres l'immense avantage de ne pas propager le feu et de ne point lui fournir son premier aliment.

CHAPITRE II

ARTICLE Ier.

LES MURS EN PANS DE BOIS.

24. Un mur en pan de bois est une construction établie avec des pièces de bois sur lesquelles sont clouées des lattes hourdées et enduites de plâtre.

25. Les pans de bois reposent généralement sur des pièces horizontales placées sur des pieds droits en pierres de taille ou en briques ou sur des constructions en moellons appelées *parpaings*.

26. Les pièces de charpente qui entrent dans une construction en pan de bois sont :

(A) Les *Poteaux corniers* ou poteaux d'angle, placés verticalement aux différents angles formés par la rencontre de deux pans de bois et montant dans toute la hauteur du bâtiment.

Les sablières sont placées horizontalement, elles sont de plusieurs espèces :

(B) La *Semelle* placée sur le parpaing ou sur un poitrail.

(C) La *Sablière basse* supporte les solives des planchers.

(D) La *Sablière de chambrée*, placée au-dessus de la sablière basse.

(E) La *Sablière haute* reçoit l'autre extrémité du poteau cornier.

(F) La *Plate-forme* reçoit dans des pas taillés les pieds des chevrons du comble.

L'assemblage du poteau cornier et de la sablière est maintenu par une équerre en fer.

(G) Les *Linteaux* placés horizontalement sur le dessus des portes et des croisées ; ils s'assemblent dans les poteaux d'huisserie.

(H) Le *Poitrail*, grosse pièce de bois placée horizonta-

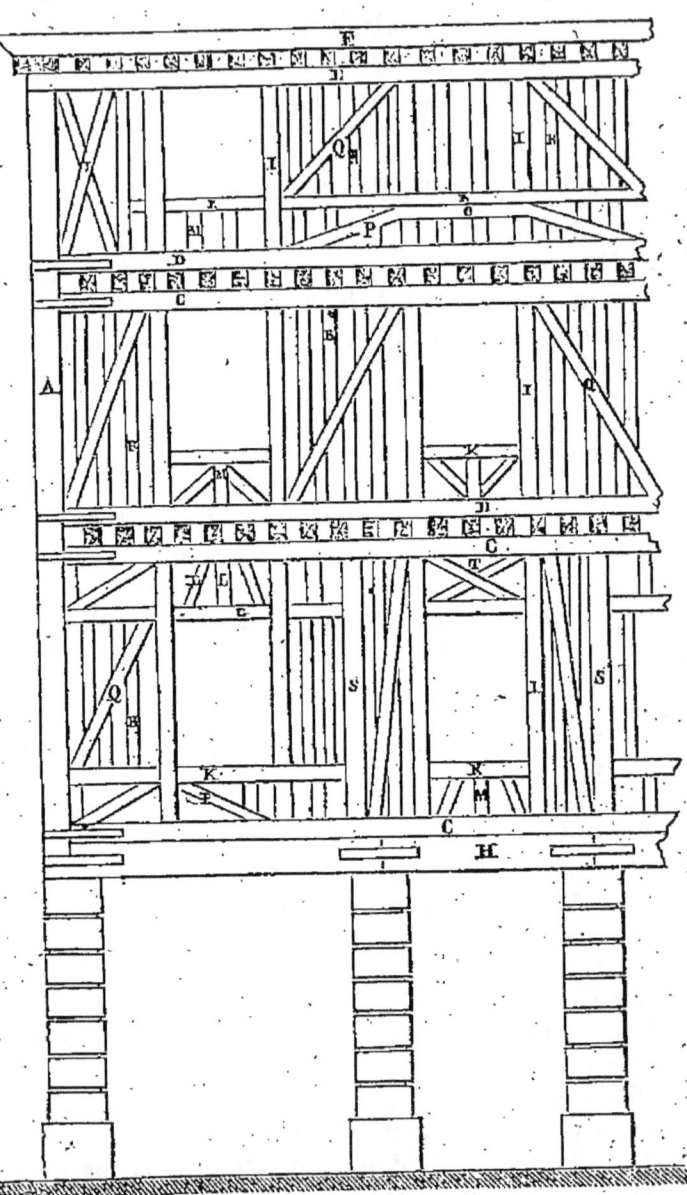

Fig. 96. Murs en pans de bois.

ment sur des pieds droits en pierre de taille, supporte la construction en moellons et en pierre, ou le pan de bois au-dessus d'une ouverture, telle qu'une porte cochère ou une devanture de boutique.

(I) Les *Poteaux d'huisserie*, forment les côtés des portes et des croisées; ils s'assemblent dans les sablières.

(K) Les *Appuis de croisée*, s'assemblent dans les poteaux d'huisserie et forment le bas des croisées.

(L) Les *Potelets de linteaux* forment le remplissage au-dessus des portes et des croisées. Ils s'assemblent dans le linteau et la sablière haute.

(M) Les *Potelets d'appui* forment le remplissage au-dessous des croisées. Il s'assemblent dans l'appui et la sablière basse.

(N) L'*Entretoise*, pièce de bois placée horizontalement pour diminuer la longueur des bois d'un trumeau. Elle s'assemble dans les poteaux d'huisserie.

(O) La *Doublure* ou renfort, pièce de bois placée sous l'entretoise pour diminuer la charge que produit le plein appelé trumeau.

(P) Les *Guettes*, pièces de bois inclinées assemblées dans la sablière basse et aux extrémités de la doublure.

(Q) Les *Décharges*, pièces de bois inclinées et placées en sens contraire, afin de consolider les assemblages; elles sont assemblées dans les sablières hautes et basses.

(R) Les *Tournisses*, pièces de bois formant le remplissage entre les sablières et les décharges, où elles sont assemblées.

(S) Les *Poteaux de remplissage*, pièces de bois placées verticalement et assemblées dans les sablières.

(T) Les *Croix de saint André*, pièces de bois qui sont employées quelquefois en remplacement des décharges; elles sont assemblées entre elles à leur jonction.

ARTICLE II.

CLOISONS.

27. Les constructions intérieures qui servent à diviser les appartements sont appelées *cloisons*.

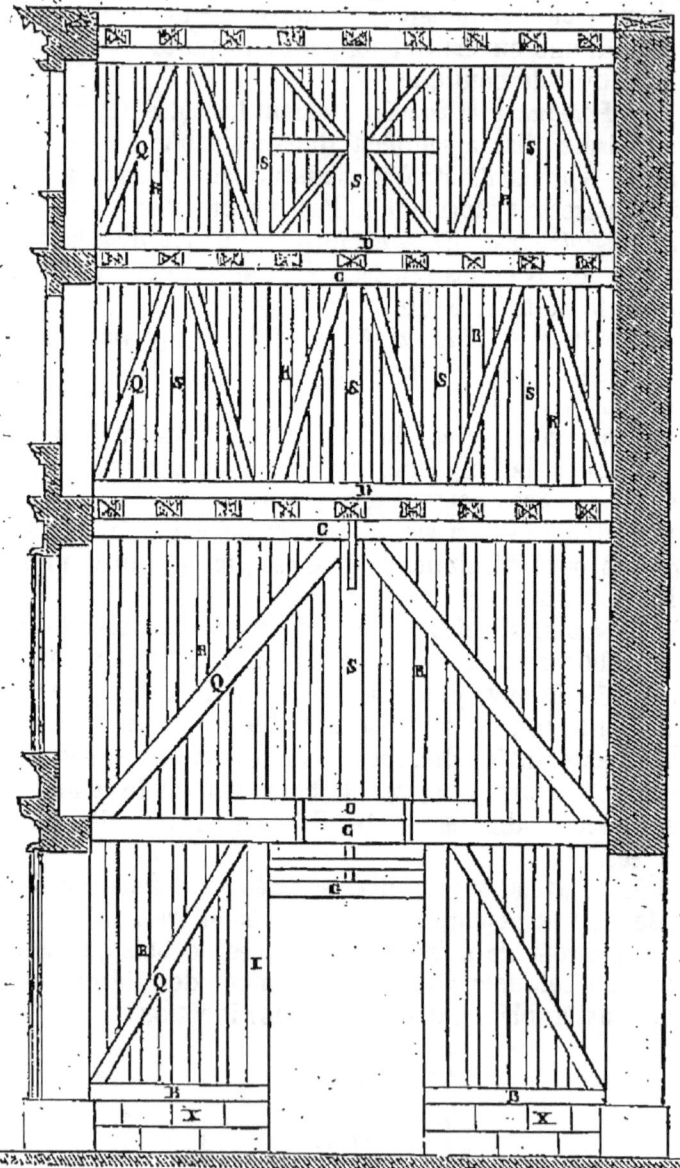

Fig. 97. Murs en pans de bois.

28. Celles qui ne portent point le plancher son nommées *cloisons de distribution*.

29. Celles qui sont lattées et hourdées sont nommées *cloisons sourdes*.

30. La nomenclature des pièces de bois qui composent ces cloisons est la même que pour les pans de bois.

ARTICLE III.

DES PLANCHERS.

31. Un plancher est la réunion de plusieurs pièces de bois avec ou sans assemblages, placées dans le sens horizontal, afin de séparer les différents étages d'une maison ou des parties non-voûtées.

32. Comme pour les pans de bois, on a donné des noms particuliers à chacune des pièces qui entrent dans les diverses combinaisons des planchers.

33. Les pièces de charpente qui entrent dans l'établissement des planchers sont :

(A) Les *Solives d'enchevêtrure*, encastrées dans les murs ; elles supportent les chevêtres et les linçoirs qui s'y assemblent, ainsi que les bandes de trémie recevant l'âtre des cheminées. Ces pièces ont besoin de beaucoup de solidité.

(B) Les *Chevêtres*, s'assemblant d'un bout avec la solive d'enchevêtrure, de l'autre portant dans le mur et formant les deux côtés latéraux de la bande de trémie.

(C) Les *Linçoirs*, placés le long des murs à une petite distance pour former le vide, soit devant le passage des tuyaux de cheminées, soit devant les ouvertures de portes ou de croisées.

(D) Les *Solives boiteuses*, s'assemblant dans les chevêtres et dans le mur et servant à former le vide pour le passage des tuyaux de cheminées.

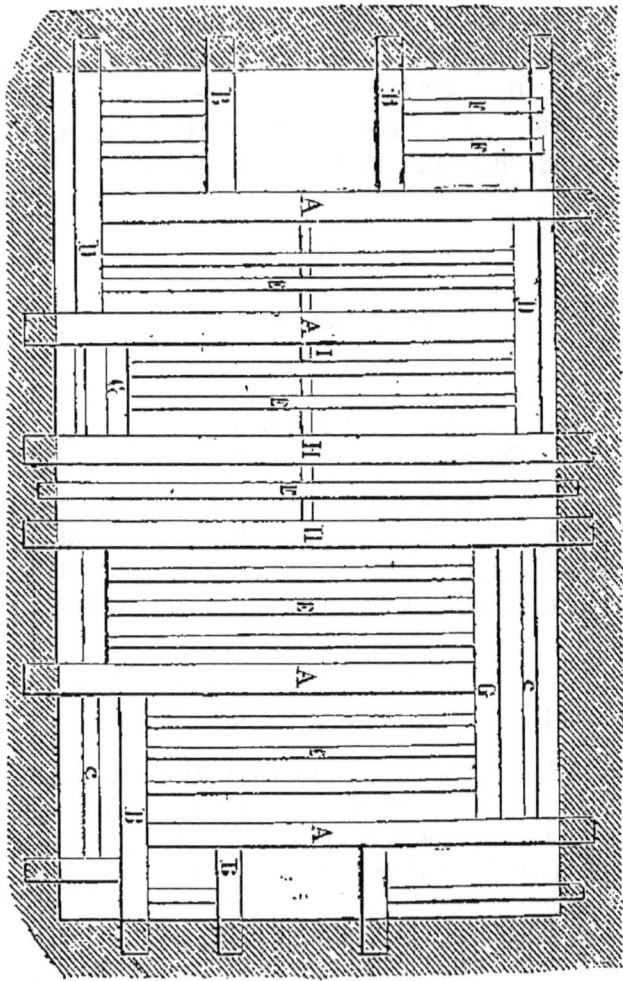

Fig. 98. Planchers.

(E) Les *Solives de remplissage*, reposant sur les murs ou des poutres ordinaires ou armées.

(F) Les *Soliveaux*, ou petites solives de remplissage assemblées dans les solives d'enchevêtrure et les chevêtres.

(G) Les *Faux chevêtres*, placés entre les murs et les chevêtres et servant de remplissage.

(H) Les *Poutres*, reposant sur les murs ; servent à diviser les portes ; elles supportent aussi les solives.

(I) Les *Étrésillons*, placés entre les solives pour en maintenir l'écartement ; on les maintient également par des pièces de bois appelées *liernes*.

(X) Les *Bandes de trémie*, pièces en fer reposant sur les solives d'enchevêtrure et supportant la construction en briques appelée *âtre*.

34. Pour le remplissage des planchers, on pose sur les solives et dans le sens opposé à leur longueur, des *bardeaux*, bouts de lattes de 0 m. 50 c. à 0 m. 60 c. de longueur, qui reçoivent la couche de plâtre destinée au carrelage. Au dessous du plancher, pour former le plafond haut d'une chambre, on cloue le lattis sur les solives, et enfin on l'enduit de plâtre.

35. Le remplissage est ce qu'on nomme *aire* du plancher.

36. Quand au lieu de carrelage, on veut parqueter les étages, on place sur les solives des *lambourdes* où pièces de bois qui reçoivent le parquet.

37. Quelquefois même, lorsque les étages sont planchéiés, on cloue les planches sur les solives du plancher.

38. Les incendies proviennent souvent des vices de construction.

39. Ainsi, lorsque l'aire des trémies est traversée par des solives, lorsque les linçoirs et les faux chevêtres ne sont pas à 0 m. 08 c. des tuyaux de cheminées, on dit qu'il y a vice de construction.

146 TITRE III

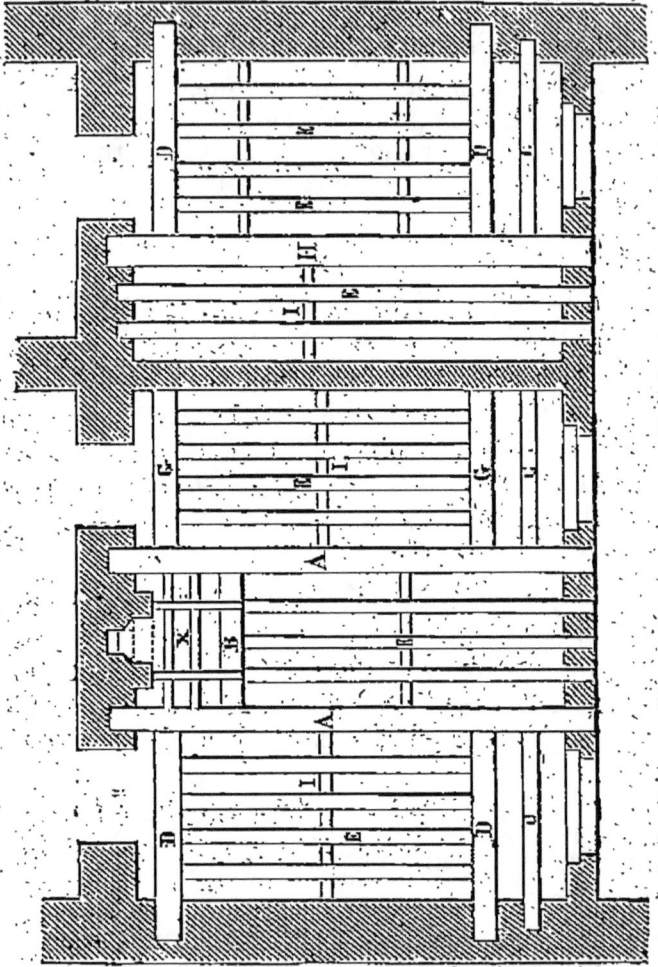

Fig. 99. Planchers.

ARTICLE IV.

COMBLES.

40. On appelle comble d'un bâtiment, la partie élevée supportant la couverture, et composée de surfaces planes ayant une certaine inclinaison pour l'écoulement des eaux pluviales et des neiges. Elles sont formées par un assemblage de pièces de bois, recouvertes soit par un lattis, soit par des voliges sur lesquelles on place les tuiles, les ardoises, le plomb, le cuivre ou le zinc qui forment la couverture.

41. Un comble est ordinairement composé de une ou plusieurs surfaces appelées *égouts*.

42. Lorsqu'un comble est compris entre deux murs et qu'il n'y a qu'un égout, on l'appelle *appentis*.

43. Si les murs sont très-écartés on fait usage d'une réunion de plusieurs pièces de bois dont l'ensemble s'appelle *demi-ferme*. Un appentis s'emploie spécialement pour couvrir des hangars ou des ateliers provisoires.

44. Lorsque les bâtiments à couvrir sont trop longs, au lieu de terminer les combles par des pignons en maçonnerie, on remplace ceux-ci par des pentes triangulaires, formant égout, auxquelles on donne le nom de *croupe*, et les faces se nomment *longs pans*.

45. Dans l'un ou l'autre cas, lorsque la longueur du comble ne permet pas aux pièces de charpente d'aboutir d'un pignon ou d'une croupe à l'autre, on les fait supporter par la réunion de plusieurs pièces, dont l'ensemble s'appelle *ferme*; l'espace compris entre chaque ferme se nomme *travée*.

46. Les angles formés par la rencontre des deux grands côtés et de la croupe se nomment *arrêtiers*.

47. Les croupes sont toujours formées par les demi-fermes appelées fermes d'arrêtiers, elles

148 TITRE III

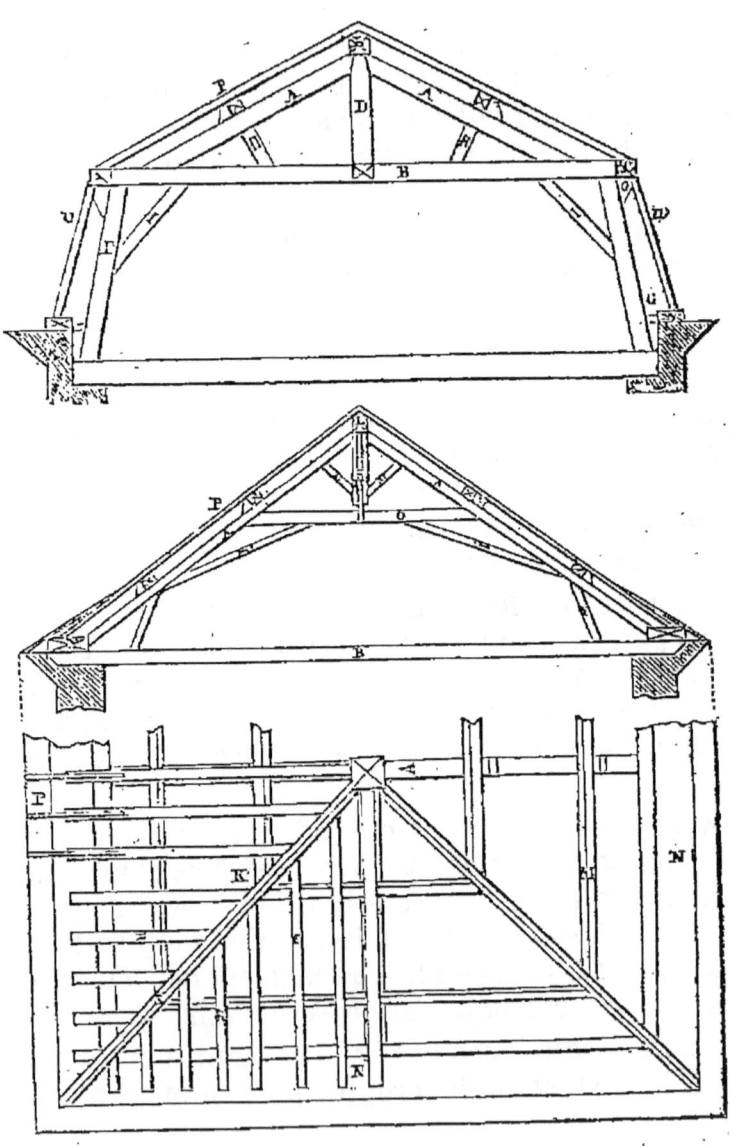

Fig. 400. Combles.

supportent, au lieu de chevrons, des pièces appelées *empannons*.

48. Les fermes sont donc les points les plus importants d'un comble puisque ce sont elles qui supportent le système de la toiture.

49. La partie d'un comble, qui forme des logements est appelée *mansarde*.

50. Les ouvertures pratiquées pour éclairer les logements et les combles s'appellent *lucarnes* ou châssis à tabatière. Celles ménagées pour le passage des cheminées se nomment *trémies*.

51. Les pièces de charpente qui composent une ferme sont (*Fig.* 100 et 101) :

(A) Deux *Arbalétriers*, inclinés, suivant la pente donnée au comble; ils supportent les pannes et sont assemblés d'un bout dans l'entrait et de l'autre dans le poinçon.

(B) L'*Entrait*, placé horizontalement sur la partie supérieure des murs, ou le plus souvent encastré par ses extrémités; il sert à maintenir l'écartement des deux arbalétriers qui y sont assemblés.

(C) L'*Entrait retroussé*, placé parallèlement à l'entrait entre les arbalétriers pour les empêcher de ployer.

(D) Le *Poinçon*, placé verticalement, servant à supporter le faîtage et à recevoir l'assemblage des arbalétriers; il repose sur l'entrait ou l'entrait retroussé.

(E) Deux *Liens*, assemblés dans les poinçons et les arbalétriers; ils empêchent les arbalétriers de ployer sous la couverture; l'assemblage des liens avec les arbalétriers est toujours fait le plus près possible du point où repose la panne.

52. Les fermes des combles mansardés, que l'on appelle fermes surhaussées, sont plus compliquées que les autres; les pièces que l'on y retrouve, indépendamment de celles énoncées ci-dessus, sont :

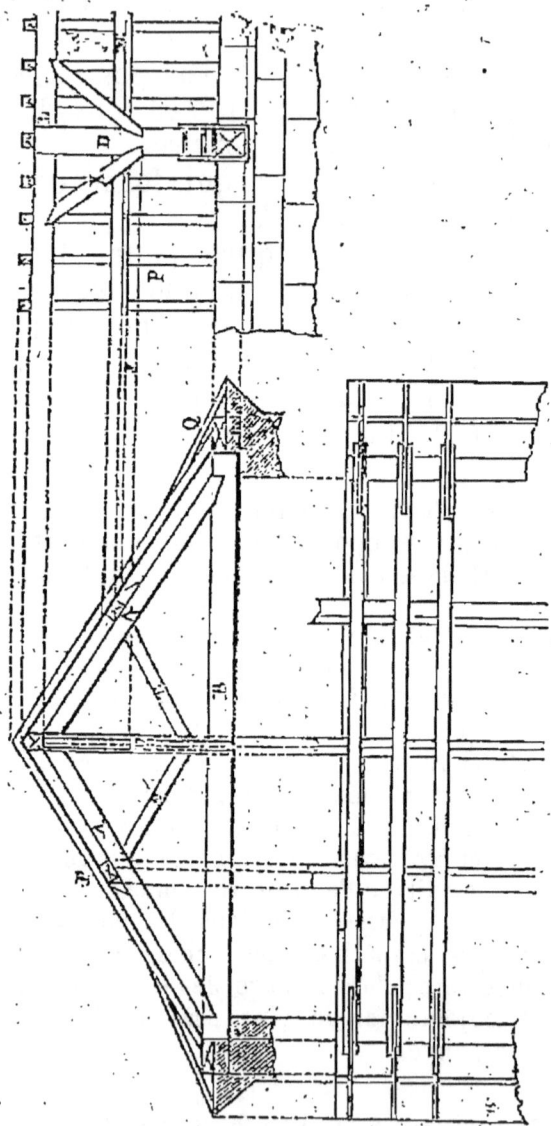

Fig. 101. Combles.

(F) Deux *Jambes de force*, assemblées dans l'entrait retroussé, servent à le supporter.

(G) Deux *Blochets*, assemblés dans les sablières hautes ou dans les plates-formes et les jambes de force ; ils servent à en maintenir la raideur.

(H) Deux *Jambettes*, assemblées dans l'entrait retroussé et les deux arbalétriers.

(I) Deux *Aisseliers*, assemblés dans les deux jambes de force et l'entrait ; ils servent à en diviser le poids.

(K) Les *Croupes*, sont composées de demi-fermes, savoir : celle qui se trouve dans l'axe, s'appelle demi-ferme de croupe ; celles qui forment les deux arrêtes de la croupe se nomment demi-fermes arrêtières ; elles sont généralement composées comme les fermes entières, mais les pièces qui remplissent les fonctions d'entrait, prennent le nom de demi-entrait.

53. Le demi-entrait de la ferme du milieu s'assemble dans l'entrait de la ferme et repose sur le mur par l'autre extrémité ; ceux des demi-fermes arrêtières peuvent s'assembler de la même manière, mais pour ne pas affaiblir l'entrait on les fait généralement reposer sur des goussets, pièces de bois assemblées dans l'entrait, et l'entrait de croupe.

54. Les pièces de bois qui reposent sur les fermes et qui forment le comble sont :

(L) Le *Faîtage*, qui forme le sommet d'un comble, repose sur les pignons ou sur les poinçons des fermes ; il s'assemble bout à bout et reçoit l'extrémité des chevrons.

(M) Les *Pannes*, qui reposent sur les arbalétriers et les pignons et supportent les chevrons.

(N) Les *Semelles*, qui se placent sur les murs et reçoivent par assemblage des chevrons et des empannons ; elles sont quelquefois assemblées avec les entraits.

(O) Les *Échantignolles*, petits morceaux de bois fixés sur les arbalétriers pour soutenir les pannes.

152   TITRE III

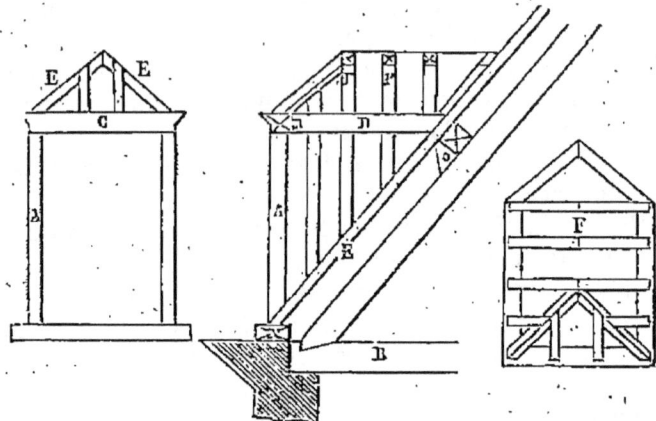

Fig. 102. Combles.

(P) Les *Chevrons*, qui se placent sur les pannes suivant l'inclinaison de la toiture, reposent sur le faîtage et la semelle ; ils reçoivent le lattis ou les voliges, suivant la nature de la couverture.

(Q) Les *Coyaux*, ou petits chevrons, reposent sur les grands chevrons et l'entablement ; ils servent à rejeter les eaux pluviales au delà des murs.

(R) Les *Empannons*, dits chevrons de croupe, qui ne vont pas jusqu'au faîtage, mais qui s'assemblent dans les arêtiers et reposent sur les semelles.

(S) Les *Chevrons de long pan*, qui se placent au-dessus des arêtiers et s'appuient sur le faîtage et les semelles.

55. Dans les combles mansardés l'on retrouve, outre les pièces indiquées pour les combles ordinaires :

(T) Les *Pannes de brisis*, qui se placent à la brisure du comble, s'assemblent dans l'entrait retroussé et reçoivent les extrémités des chevrons.

(U) Les *Chevrons de brisis*, qui s'appuient sur les pannes de brisis et les sablières ou plates-formes.

(X) Les *Contre-fiches*, s'assemblent dans le poinçon et se faîtage.

56. Les pièces de bois qui entrent dans la composition des lucarnes sont (*Fig.* 102) :

(A) Les *Montants*, assemblés dans une plate-forme ou dans deux chevrons.
(B) Les *Chevrons de jouée*, supportent les montants.
(C) Le *Chapeau*, traverse en bois qui repose sur les montants.
(D) Les *Sablières de jouée*, s'assemblent dans le chapeau et les chevrons de jouée.

57. Les combles des lucarnes se composent de deux *arêtiers*, d'*empannons* E et de *chevrons* F.

58. Les *noulets* N, servent à raccorder la pénétration des petits combles de la lucarne avec le grand comble.

CHAPITRE III

CHAUFFAGE ET ÉCLAIRAGE

ARTICLE PREMIER.

DES CHEMINÉES.

59. On distingue six sortes de cheminées :
1º *La cheminée adossée*. Celle qui est appuyée et liée à un mur ou tuyau montant d'une cheminée placée à un étage inférieur;
2º *La cheminée isolée*. Celle qui, étant construite près d'un pan de bois, en est séparée par un intervalle plus ou moins considérable et n'y est rattachée que par des harpons; et celle qui se trouve au milieu d'une pièce, comme les cheminées de forge, dont le manteau et la hotte sont suspendus

au plafond; ou comme les cheminées de chauffage, dont le tuyau de fumée passe dessous le parquet ou le carrelage, pour aller ensuite rejoindre le corps de cheminée vertical;

3° *La cheminée affleurée*. Celle dont l'âtre et le tuyau sont pris dans l'épaisseur d'un mur et dont le manteau est la seule partie en saillie;

4° *La cheminée en saillie*. Celle dont le manteau et le coffre font avant-corps dans la pièce;

5° *La cheminée en encoignure* ou *angulaire*. Celle qui est placée dans l'angle d'une chambre et dont le manteau et le coffre forment un pan coupé;

6° *La cheminée de cuisine et de laboratoire*. Celle dont le manteau est fort avancé et a une hotte en forme pyramidale.

60. La construction d'une cheminée dans son ensemble comprend :

L'*Enchevêtrure*. Assemblage des solives et chevêtres, qui laisse un vide carré contre un mur dans l'épaisseur du plancher et forme l'encadrement de la trémie.

Trémie. Maçonnerie en plâtre remplissant le vide carré de l'enchevêtrure.

Bandes de trémie. Languettes de fer agrafées aux chevêtres servant à soutenir la construction de la trémie.

L'*Âtre* ou *foyer*. Partie en briques ou en plâtre où l'on fait le feu; on l'appelle âtre relevé, quand il fait saillie au plancher, ce qui doit avoir toujours lieu, s'il n'est posé sur une trémie.

Contre-cœur ou *fond*. Partie face à l'ouverture, revêtue d'une plaque de fonte pour préserver la muraille de l'action du feu.

Dans les cheminées appuyées à des cloisons,

cette partie doit être en briques et la plaque isolée du fond de 0,16 centimètres.

Jambages ou *pieds droits*. Petits murs qui forment les côtés de l'enceinte de la cheminée et reposent généralement sur les chevêtres.

Manteau. Maçonnerie horizontale qui s'appuie sur les jambages et fait saillie avec eux.

Chambranles. Plaques généralement de marbre qui s'appliquent sur le manteau et les jambages; la partie qui est sur le manteau s'appelle *tablette*, et celles qui sont sur les jambages, *montants*.

La hotte (dans les cheminées de cuisine). Partie en forme pyramidale du coffre de cheminée, qui porte sur le manteau et s'élève jusqu'au plafond; elle est construite soit en poterie, soit en plâtre, soit en tôle.

Le coffre. Chambre carrée en plâtre au-dessus du manteau et servant de base au tuyau.

Le tuyau. Servant au passage de la fumée jusqu'à son issue sur le toit.

Souche ou *tête de cheminée*. Partie du tuyau en plâtre qui reçoit la mitre établie au-dessus du toit.

Mitre ou *mitron*. Tuyau en poterie à base carrée ou ronde couronnant la souche.

Trou de ramoneur. Petite ouverture fermée par une porte en tôle, faite dans le coffre de la cheminée pour servir à ramoner; ils sont généralement placés sur les toits et dans les greniers.

Gousset. Languette de plâtre placée en plan incliné vers l'extérieur, au-dessous du manteau, pour rétrécir le coffre.

Ventouse. Petite ouverture circulaire servant d'orifice à un conduit ou tuyau, pour donner passage à l'air extérieur.

Trappe. Plaque en fer ou en tôle, placée à charnières à la gorge du manteau, pour empêcher que l'air ou la fumée extérieure n'entre dans l'appartement, quand il n'y a pas de feu dans l'âtre.

ARTICLE II.

CALORIFÈRES.

61. Les calorifères sont des appareils destinés à chauffer de l'air pris à l'extérieur, pour le transmettre ensuite dans des salles auxquelles on veut donner une température déterminée.

62. Les calorifères présentent trois parties à considérer: *le foyer*, où se produit la combustion; *le générateur*, où l'air s'échauffe; et le *système de conduit* qui distribue l'air échauffé.

63. La disposition la plus ordinaire consiste à placer dans un fourneau de briques plusieurs rangées de tuyaux cylindriques en fonte.

64. L'air froid pénètre par les tuyaux de la rangée inférieure, circule successivement dans les tuyaux des rangées supérieures, et va se rendre, après s'être ainsi échauffé, dans des conduits métalliques, recouverts de poterie, et enfin pénètre dans l'intérieur des appartements au moyen d'ouvertures appelées bouches de chaleur.

65. Le chauffage par circulation d'eau chaude s'effectue au moyen d'un appareil qui envoie dans une série de tuyaux, de l'eau chauffée dans une chaudière, et la ramène par une autre série de tuyaux, faisant suite aux premiers, dans cette même chaudière, de manière à opérer une rotation continue.

ARTICLE III.

FOURNILS ET FOURS DE BOULANGER.

66. *Fournil.* Le fournil est une pièce généralement en sous-sol ou cave; c'est l'endroit où se fait la manutention et la cuisson du pain; tous les objets qu'il renferme doivent être en matières incombustibles.

67. *Le Four.* Ouvrage en maçonnerie ou en briques en forme de voûte circulaire ou elliptique, avec une seule ouverture par devant.

ARTICLE IV.

ÉCLAIRAGE.

68. Le mode d'éclairage le plus habituellement employé à Paris, se fait au moyen du gaz, résultant de la distillation de la houille et vulgairement appelé gaz d'éclairage. Ce gaz est conduit de l'usine où il est fabriqué, au lieu où il doit servir à l'éclairage, au moyen de conduits souterrains en tôle recouverte d'un mastic bitumineux, et de conduits extérieurs en plomb; avant d'être employé, le gaz est mesuré au moyen d'un appareil appelé compteur.

69. Le *compteur* est une caisse métallique, percée de deux ouvertures, l'une servant à l'entrée du gaz, l'autre à sa sortie; cette caisse est remplie d'eau jusqu'à un niveau convenable et contient une petite roue à augets; le gaz en entrant fait tourner la roue, et le nombre de tours indique la

quantité de gaz qui est entré dans la caisse, sur un cadran extérieur.

70. Le compteur doit être parfaitement de niveau, dans un endroit frais, à l'abri de la gelée, et on devra toujours s'assurer que l'eau est au niveau voulu. Si ces précautions n'étaient pas prises, il pourrait arriver que l'appareil ne puisse plus fonctionner et que le gaz ne puisse arriver au point à éclairer.

ORDONNANCE

Du 11 décembre 1852, concernant les Incendies.

TITRE 1er.

CONSTRUCTION DES CHEMINÉES, POÊLES, FOURNEAUX ET CALORIFÈRES.

Art. 1er. Toutes les cheminées, tous les poêles et autres appareils de chauffage, doivent être établis et disposés de manière à éviter les dangers de feu, et à pouvoir être facilement nettoyés ou ramonés.

Art. 2. Il est interdit d'adosser des foyers de cheminée, des poêles et des fourneaux à des cloisons dans lesquelles il entrerait du bois, à moins de laisser, entre le parement extérieur du mur entourant ces foyers et les cloisons, un espace de seize centimètres.

Art. 3. Les foyers des cheminées ne doivent être posés que sur des voûtes en maçonnerie ou sur des trémies en matériaux incombustibles.

La longueur des trémies sera au moins égale à

la largeur des cheminées, y compris la moitié de l'épaisseur des jambages.

Leur largeur sera d'un mètre au moins, à partir du fond du foyer jusqu'au chevêtre.

Art. 4. Il est interdit de poser les bois des combles et des planchers à moins de seize centimètres de toute face intérieure des tuyaux de cheminée et autres foyers.

Art. 5. Les languettes des tuyaux en plâtre doivent être pigeonnées à la main et avoir au moins huit centimètres d'épaisseur.

Art. 6. Chaque foyer de cheminée ou de poêle doit (à moins d'autorisation spéciale) avoir son tuyau particulier dans toute la hauteur du bâtiment.

Art. 7. Les tuyaux de cheminée, qui n'auraient pas au moins soixante centimètres de largeur sur vingt-cinq de profondeur, seront construits en briques, en terre cuite ou en fonte. Ils ne pourront être que de forme cylindrique, ou à angles arrondis, sur un rayon de six centimètres au moins.

Ces tuyaux ne pourront dévier de la verticale de manière à former avec elle un angle de plus de trente degrés (un tiers de l'angle droit).

L'accès de ces tuyaux, à leur partie supérieure, devra être facile.

Art. 8. Les mitres en plâtre sont interdites au-dessus des tuyaux des cheminées.

Art. 9. Les fourneaux potagers doivent être disposés de telle sorte que les cendres qui en proviennent soient retenues par des cendriers fixes construits en matériaux incombustibles, et ne puissent tomber sur les planchers.

Art. 10. Les poêles de construction reposeront sur une aire en matériaux incombustibles d'au moins huit centimètres d'épaisseur, s'étendant de trente centimètres en avant de l'ouverture du foyer.

Cette aire sera séparée du cendrier intérieur par un vide d'au moins huit centimètres, permettant la circulation de l'air.

Les poëles mobiles devront reposer sur une plate-formé en matériaux incombustibles d'au moins vingt centimètres de saillie, en avant de l'ouverture du foyer.

Art. 11. Les tuyaux de poêle et tous autres tuyaux conducteurs de fumée, en métal, devront toujours être isolés, dans toute leur hauteur, d'au moins seize centimètres des cloisons dans lesquelles il entrerait du bois.

Lorsqu'un tuyau traversera une de ces cloisons, le diamètre de l'ouverture faite dans la cloison devra excéder de seize centimètres celui du tuyau.

Ce tuyau sera maintenu au passage, par une tôle dans laquelle il sera percé une ouverture égale au diamètre extérieur dudit tuyau.

Art. 12. Aucun tuyau conducteur de fumée, en métal, ne pourra traverser un plancher ou un pan de bois, à moins d'être entouré au passage par un manchon en métal ou en terre cuite.

Le diamètre de ce manchon excédera de dix centimètres celui du tuyau, de manière qu'il y ait partout, entre le manchon et le tuyau, un intervalle de cinq centimètres.

Art. 13. Les prescriptions des articles 2, 3, 4, 10, 11 et 12, relatives aux tuyaux de cheminée et aux tuyaux conducteurs de fumée, en métal, seront applicables aux tuyaux de chaleur des calorifères à air chaud.

Toutefois, sont exceptés les tuyaux de chaleur

qui prennent l'air à la partie supérieure de la chambre dans laquelle est placé l'appareil de chauffage.

Art. 14. Il nous sera donné avis des vices de construction des cheminées, poêles, fourneaux et calorifères, qui pourraient occasionner un incendie.

TITRE II.

ENTRETIEN ET RAMONAGE DES CHEMINÉES.

Art. 15. Les propriétaires sont tenus d'entretenir constamment les cheminées en bon état.

Art. 16. Il est enjoint aux propriétaires et locataires de faire ramoner les cheminées et tous tuyaux conducteurs de fumée, assez fréquemment pour prévenir les dangers de feu.

Les cheminées, dans les fondoirs de suif aux abattoirs, seront ramonées tous les quinze jours.

Il est défendu de faire usage du feu pour nettoyer les cheminées et les tuyaux de poêle.

Les cheminées qui ne présenteraient pas à l'intérieur, et dans toute la longueur du tuyau, un passage d'au moins soixante centimètres sur vingt-cinq, seront construites en briques, en terre cuite ou en fonte. Ces cheminées ne devront être ramonées qu'à l'aide d'écouvillons mus par une corde.

TITRE III.

DES COUVERTURES EN CHAUME ET EN JONC.

Art. 17. Aucune couverture en chaume ou en

jonc ne pourra être conservée ou établie sans notre autorisation.

TITRE IV.

DES FOURS, FORGES, USINES ET ATELIERS.

Art. 18. Les fours, forges et usines à feu, non compris dans la nomenclature des établissements classés, lesquels sont soumis à des règlements spéciaux, ne pourront être établis dans l'intérieur de Paris sans notre permission. Le sol, le plafond et les parois des locaux où ils sont construits ne pourront être en bois.

Art. 19. Il est défendu de déposer du bois, ou autre matière combustible, à découvert dans aucune partie du fournil.

Le bois de provision des boulangers et pâtissiers devra toujours être disposé hors du fournil dans un lieu où il ne puisse présenter aucun danger.

Le bois destiné à la consommation de chaque jour, dans les établissements de boulangerie et de pâtisserie pourra, après sa dessiccation, rester dans les fournils; mais il devra être renfermé dans une construction spéciale en matériaux incombustibles fermant hermétiquement par une porte en fer.

Les arcades situées sous les fours pourront être affectées à cette destination, en les fermant également par une porte en fer à demeure.

Les soupentes, resserres, planchers et supports à pannetons, et toutes constructions établies dans les fournils, seront en matériaux incombustibles.

Les étouffoirs et coffres à braise doivent être aussi en matériaux incombustibles.

Cette disposition s'applique également aux escaliers communiquant aux fournils; ces escaliers devront d'ailleurs être d'un accès facile.

Les pétrins et couches à pain seront revêtus extérieurement de tôle, quand ils se trouveront placés à moins de deux mètres de la bouche du four.

Les glissoires de farine en bois, avec fourreau en toile, seront, dans ce cas, construites en zinc avec fourreau en peau.

Art. 20. Les charrons, menuisiers, carrossiers et autres ouvriers, qui s'occuperaient en même temps de travailler le bois et le fer, sont tenus, s'ils exercent les deux professions dans la même maison, d'y avoir deux ateliers entièrement séparés par un mur, à moins qu'entre la forge et l'endroit où l'on travaille et où l'on dépose le bois, il n'y ait une distance de dix mètres au moins.

Il leur est défendu de déposer dans l'atelier de la forge aucuns bois, recoupes, ni pièces de charronnage, menuiserie ou autres; sont exceptés cependant les ouvrages finis et qu'on serait occupé à ferrer; mais ces ouvrages seront mis à la fin de chaque journée dans un endroit séparé de la forge, en sorte qu'il ne reste dans l'atelier aucunes matières combustibles pendant la nuit.

Art. 21. Dans les ateliers de menuiserie ou d'ébénisterie et de peinture en décors, les forges ou les fourneaux, dits sorbonnes, destinés à chauffer les colles, ne seront établis que sous des hottes en matériaux incombustibles.

L'âtre sera entouré d'un mur en briques de vingt-cinq centimètres de hauteur au-dessus du foyer, et ce foyer sera disposé de manière à être clos pendant l'absence des ouvriers par une fermeture en tôle.

Dans ces mêmes ateliers on ne pourra faire usage des chandeliers en bois, et les copeaux seront enlevés chaque soir, et renfermés dans un local isolé, autant que possible, desdits ateliers.

TITRE V.

ENTREPÔTS, MAGASINS ET DÉPÔTS DE MATIÈRES COMBUSTIBLES, INFLAMMABLES, DÉTONANTES ET FULMINANTES, THÉATRES ET SALLES DE SPECTACLE.

Art. 22. Aucuns magasins et entrepôts de charbon de terre, houille, tourbes et autres combustibles, ne pourront être formés dans Paris sans notre autorisation.

Art. 23. Il est défendu d'entrer dans les écuries avec de la lumière non renfermée dans une lanterne.

Art. 24. Il est interdit d'entrer avec de la lumière dans les établissements, magasins, caves et autres lieux renfermant des dépôts d'essences ou de spiritueux, et en général de toutes matières inflammables ou fulminantes, à moins que cette lumière ne soit renfermée dans une lanterne de sûreté, dite *lampe Davy*.

Les caves et magasins, renfermant des essences et des spiritueux, devront être disposés conformément aux règlements, et être ventilés au moyen d'une ouverture de trois ou quatre centimètres ménagée au-dessus et dans toute la largeur de la porte d'entrée, et d'une autre ouverture opposée à la première. Cette seconde ouverture sera pratiquée dans la partie supérieure de la cave ou du magasin.

Art. 25. Il est défendu de rechercher les fuites de gaz avec du feu ou de la lumière.

Art. 26. La vente des pièces d'artifice, le tir des armes à feu et des feux d'artifice, la conservation, le transport et la vente des capsules et des allumettes fulminantes auront lieu conformément aux règlements spéciaux relatifs à ces matières.

Les directeurs des théâtres et des salles de spectacle, les propriétaires des chantiers et entrepôts de bois de chauffage, des magasins de charbons de terre et de fourrages, se conformeront aux dispositions prescrites, pour prévenir les incendies, par les règlements spéciaux qui régissent ces établissements.

TITRE VI.

HALLES, MARCHÉS, ABATTOIRS, ETC.

Art. 27. Il est défendu d'allumer des feux dans les halles et les marchés et d'y apporter aucuns chaudrons à feu, réchauds ou fourneaux.

Il n'y sera admis que des pots à feu d'une petite dimension et couverts d'un grillage métallique.

Il est défendu de laisser ces pots dans les halles et marchés, après leur clôture, quand même le feu serait éteint.

Il est également défendu de se servir de lumière dans les halles et marchés et dans les magasins en dépendant, dans les fournils, ainsi que dans les bouveries, porcheries, écuries, caves, séchoirs et fondoirs des abattoirs généraux, à moins qu'elles ne soient renfermées dans des lanternes closes et à réseau métallique.

Dans les abattoirs et autres établissements où il existe des greniers à fourrage, l'entrée de ces locaux est absolument interdite avant le lever et après le coucher du soleil, et il ne sera admis dans lesdits établissements aucune voiture de bois, de fourrage et autres matières combustibles, si son chargement ne peut être resserré avant la nuit.

Art. 28. Il est défendu de faire du feu sur les ports, quais et berges, sans autorisation.

Les personnes autorisées à s'introduire la nuit dans les ports, ne peuvent y entrer avec de la lumière qu'autant qu'elle serait renfermée dans une lanterne.

Art. 29. Il est expressément défendu de brûler de la paille sur aucune partie de la voie publique, dans l'intérieur des abattoirs, dans les cours, jardins et terrains particuliers, et d'y mettre en feu aucun amas de matières combustibles.

Art. 30. Il est interdit de fumer dans les salles de spectacle, sous les abris des halles, dans les marchés, les bouveries, porcheries, fondoirs et séchoirs des abattoirs, et en général dans l'intérieur de tous les monuments et édifices publics placés sous notre surveillance.

Il est également défendu de fumer dans les écuries, dans les magasins et autres endroits renfermant des essences, des spiritueux, ainsi que des matières combustibles, inflammables ou fulminantes.

TITRE VII.

EXTINCTION DES INCENDIES.

Art. 31. Aussitôt qu'un feu de cheminée ou un incendie se manifestera, il en sera donné avis au plus prochain poste de sapeurs-pompiers et au commissaire de police de la section.

Art. 32. Il est enjoint à toute personne chez qui le feu se manifesterait d'ouvrir les portes de son domicile à la première réquisition des sapeurs-pompiers et autres agents de l'autorité.

Art. 33. Les propriétaires ou locataires des lieux voisins du point incendié seront obligés de livrer, au besoin, passage aux sapeurs-pompiers, et autres agents de l'autorité appelés à porter des secours.

Art. 34. Les habitants de la rue où se manifestera l'incendie, et ceux des rues adjacentes, tiendront les portes de leurs maisons ouvertes et laisseront puiser de l'eau à leurs puits et pompes pour le service de l'incendie.

Art. 35. En cas de refus de la part des propriétaires et des locataires de déférer aux prescriptions des trois articles précédents, les portes seront ouvertes à la diligence du commissaire de police, et, à son défaut, de tout commandant de détachement de sapeurs-pompiers.

Art. 36. Il est enjoint aux propriétaires et principaux locataires des maisons où il y a des puits, de les garnir de cordes, poulies et seaux, et d'entretenir les puits en bon état, ainsi que les pompes et autres machines hydrauliques qui y seraient établies.

Art. 37. Les propriétaires, gardiens ou détenteurs de seaux, pompes, échelles, etc., qui se trouveront, soit dans les édifices publics, soit chez les particuliers, seront tenus de déférer aux demandes du commandant des sapeurs-pompiers et des commissaires de police qui les requerront de mettre ces objets à leur disposition.

Art. 38. Les porteurs d'eau à tonneaux rempliront leurs tonneaux chaque soir avant de les remiser et les tiendront pleins toute la nuit.

Au premier avis d'un incendie, ils y conduiront leurs tonneaux pleins d'eau [1].

Art. 39. Les gardiens des pompes et réservoirs publics seront tenus de fournir l'eau nécessaire pour l'extinction des incendies.

Art. 40. Toute personne requise pour porter secours en cas d'incendie, et qui s'y serait refusée, sera poursuivie, ainsi qu'il est dit en l'art. 475 du Code pénal.

Art. 41. Les maçons, charpentiers, couvreurs, plombiers et autres ouvriers, seront tenus, à la première réquisition, de se rendre au lieu de l'incendie, avec leurs outils ou agrès; faute par eux de déférer à cette réquisition, ils seront poursuivis devant les tribunaux, conformément audit art. 475.

Art. 42. Tous propriétaires de chevaux seront tenus, au besoin, de les fournir pour le service des incendies, et le prix du travail de ces chevaux sera payé sur mémoires certifiés par le commissaire de police ou par le commandant des sapeurs-pompiers.

Art. 43. Il est enjoint aux marchands épiciers,

---

[1]. Il sera accordé une gratification à chacun des porteurs d'eau arrivés les premiers au lieu de l'incendie avec leurs tonneaux pleins.
 Cette gratification sera :
  de 12 francs pour le premier arrivé ;
  de 6 francs pour le second.
En cas d'incendie, les porteurs d'eau sont autorisés à puiser à toutes les fontaines indistinctement.
Ils seront payés de leur travail à raison de 35 c. l'hectol. d'eau fournie.

ciriers, chandeliers, voisins de l'incendie, de fournir, sur les réquisitions du commissaire de police ou du commandant des sapeurs-pompiers, les flambeaux et terrines nécessaires pour éclairer les travailleurs.

ORDONNANCE

du 2 janvier 1867

Concernant la fabrication et le commerce des Huiles minérales et autres hydrocarbures.

Art. 1er. Le pétrole et ses dérivés, les huiles de schiste et de goudron, les essences et les autres hydrocarbures pour l'éclairage, le chauffage, la fabrication des couleurs et vernis, le dégraissage des étoffes ou pour tout autre emploi, sont distingués en deux catégories, suivant leur degré d'inflammabilité.

La 1re catégorie comprend les substances très-inflammables, c'est-à-dire celles qui émettent, à une température moindre de 35 degrés du thermomètre centigrade, des vapeurs susceptibles de prendre feu au contact d'une allumette enflammée.

La 2e catégorie comprend les substances moins inflammables, c'est-à-dire celles qui n'émettent de vapeurs susceptibles de prendre feu au contact d'une allumette enflammée qu'à une température égale ou supérieure à 34 degrés.

Art. 2. Les usines pour la fabrication, la distillation et le travail en grand de toutes les substances comprises dans l'article 1er sont rangées dans la 1re classe des établissements régis par le décret du 15 octobre 1810 et par l'ordonnance royale du 14 janvier 1815, concernant les ateliers dangereux, insalubres ou incommodes.

Art. 3. Les dépôts de substances appartenant à la 1re catégorie sont rangés dans la 1re classe des établissements insalubres ou dangereux, s'ils contiennent, même temporairement, 1,050 litres ou plus desdites substances.

Ils sont rangés dans la 2e classe, lorsque la quantité emmagasinée, supérieure à 150 litres, n'atteint pas 1,050 litres.

Les dépôts pour la vente au détail, en quantité n'excédant pas 150 litres, peuvent être établis sans autorisation préalable. Toutefois, leurs propriétaires sont tenus d'adresser au préfet une déclaration indiquant la désignation précise du local, la quantité à laquelle ils entendent limiter leur approvisionnement, et de se conformer aux mesures générales énoncées dans l'article 5 ci-après.

Art. 4. Les dépôts de substances appartenant à la 2e catégorie sont rangés dans la 1re classe des établissements insalubres ou dangereux, s'ils contiennent, même temporairement, 10,500 litres ou plus desdites substances.

Ils appartiennent à la 2e classe, lorsque la quantité emmagasinée, supérieure à 1,050 litres, n'atteint pas 10,500 litres.

Les dépôts pour la vente au détail, en quantité n'excédant pas 1,050 litres, peuvent être établis sans autorisation préalable. Toutefois, leurs propriétaires sont tenus d'adresser au préfet une déclaration indiquant la désignation précise du local et la quantité à laquelle ils entendent limiter leur approvisionnement et de se conformer aux mesures générales énoncées dans l'article 5 ci-après.

Art. 5. Les dépôts pour la vente au détail de

substances de la 1re catégorie, en quantité supérieure à 5 litres et n'excédant pas 150 litres, et les dépôts de substances de la 2e catégorie, en quantité supérieure à 60 litres et n'excédant pas 1,050 litres, qui, aux termes des articles 3 et 4, peuvent être établis sans autorisation préalable, sont assujettis aux conditions générales suivantes :

1º Le local du dépôt ne pourra être qu'une pièce au rez-de-chaussée ou une cave ; il sera dallé en pierres posées et rejointoyées en mortier de chaux et sable ou ciment ;

2º Les portes de communication avec les autres parties de la maison et avec la voie publique seront garnies de seuils en pierre saillant d'un décimètre au moins sur le sol dallé, de manière à retenir les liquides qui viendraient à se répandre ;

3º Si le dépôt est établi dans une cave, celle-ci devra être bien éclairée par la lumière du jour, convenablement ventilée et sans aucune communication avec les caves voisines, dont elle sera séparée par des murs pleins, en maçonnerie solide, de 30 centimètres d'épaisseur au moins ;

4º Si le local du dépôt est au rez-de-chaussée, il ne pourra être surmonté d'étages ; il sera largement ventilé et éclairé par la lumière du jour ; les murs seront en bonne maçonnerie, et la toiture sera sur supports en fer ;

5º Dans tous les cas, le local sera d'un accès facile et ne devra être en communication avec aucune pièce servant à l'emmagasinage du bois ou autres matières combustibles qui pourraient servir d'aliment à un incendie ;

6º Les liquides seront conservés, soit dans des vases en métal munis d'un couvercle, soit dans des fûts solides et parfaitement étanches, cerclés en fer, dont la capacité ne dépassera pas 150 litres, soit dans des touries en verre ou en grès, revêtues d'une enveloppe en tresse de paille, osier ou autres matières de nature à mettre le vase à l'abri de la casse par le choc accidentel d'un corps dur ; la capacité de ces touries ne dépassera pas 60 litres, et elles seront très-soigneusement bouchées ;

7º Les vases servant au débit courant seront fermés et munis de robinets ;

8º Le transvasement ou dépotage des liquides en approvisionnement ne se fera qu'à la clarté du jour, et, autant que possible, au moyen d'une pompe ;

9º Dans la soirée, le local sera éclairé par une une ou plusieurs lanternes fixées aux murs, en des points éloignés des vases contenant les liquides inflammables, et particulièrement de ceux qui serviront au débit courant ;

10º Il est interdit d'y allumer du feu, d'y fumer et d'y garder des fûts vides, des planches ou toutes autres matières combustibles ;

11º Une quantité de sable ou de terre, proportionnée à l'importance du dépôt, sera conservée dans le local pour servir à éteindre un commencement d'incendie, s'il venait à se déclarer ;

12º Le propriétaire du dépôt devra toujours avoir à sa disposition une ou plusieurs lampes de sûreté, garnies et en bon état, dont on se servirait, au besoin, pour visiter les parties du local que les lanternes fixées au mur n'éclaireraient pas suffisamment. Il est expressément interdit de circuler dans le local avec des lumières portatives découvertes, qui ne seraient pas de sûreté et pourraient communiquer le feu à un mélange d'air et de vapeurs inflammables.

Les marchands en détail, dont l'approvisionnement est limité à 5 litres de substances de la 1re catégorie ou 60 litres de substances de la 2e catégorie, seront tenus d'observer les mesures de précaution qui, dans chaque cas, leur seront indiquées et prescrites par l'autorité municipale.

Art. 6. Les dépôts qui ne satisferaient point aux conditions prescrites ci-dessus ou qui cesseraient d'y satisfaire seront fermés, sur l'injonction de l'autorité administrative, sans préjudice des peines encourues pour contraventions aux règlements de police.

Art. 7. Le transport de toutes les substances comprises dans l'art. 1er, en quantité excédant 5 litres, sera fait exclusivement, soit dans des vases en tôle, en fer-blanc ou en cuivre, bien étanches et hermétiquement clos, soit dans des fûts en bois, parfaitement étanches, cerclés en fer, dont la capacité ne dépassera pas 150 litres, soit dans des touries ou bombonnes en verre ou en grès, de 60 litres de capacité au plus, bouchées et enveloppées de tresses en paille, osier ou autres matières de nature à mettre le vase à l'abri de la casse.

TITRE IV

Instruction sur l'extinction des incendies.

1. La théorie sur l'extinction des incendies se divise en deux parties :

La première renferme les principes généraux applicables à toute espèce de feux.

La seconde partie contient les principes particuliers à chaque nature de feu.

PREMIÈRE PARTIE

PRINCIPES GÉNÉRAUX.

2. Les principes généraux se divisent en sept articles.

    Art. 1er. Droits au commandement.
- 2. Éléments d'extinction.
- 3. Opérations préliminaires.
- 4. Établissement des pompes et répartition des demi-garnitures.
- 5. Alimentation des pompes.
- 6. Règles générales d'attaque.
- 7. Opérations complémentaires.

ARTICLE PREMIER.

DROITS AU COMMANDEMENT.

3. Le principe de l'unité du commandement est la base de l'efficacité des manœuvres.

4. Sur le théâtre d'un incendie, le commandement, la direction des opérations et la rédaction du rapport incombent à celui des officiers, sous-officiers ou caporaux qui a le premier rang par son grade ou son ancienneté.

5. Toutefois, en l'absence d'officiers supérieurs, le capitaine ingénieur, s'il n'a pas le premier rang par son ancienneté, prend dans tous les cas, à son arrivée, la direction des opérations, et l'officier le plus ancien, qui reste néanmoins investi du commandement, défère à toutes ses réquisitions.

6. Le premier officier arrivé commande tant que la présence d'un seul officier est suffisante. Si des officiers se présentent sans amener de matériel, ils se concertent avec l'officier qui a le commandement, et, s'il est reconnu que le concours de plusieurs officiers est indispensable, le plus élevé en grade, après avoir pris connaissance parfaite de l'incendie, est investi de toute l'autorité. Si un officier arrive avec des secours, il ne doit en faire usage qu'après s'être concerté avec celui qui commande. Si ces nouveaux secours sont nécessaires, l'officier qui les a amenés les établit; le plus élevé en grade prend alors le commandement. Si les nouveaux secours sont inutiles, l'officier les fait retirer et il se retire lui-même lorsque sa présence n'est pas jugée nécessaire.

7. Les mêmes règles s'appliquent aux sous-of-

ficiers et caporaux chefs des postes de ville, qui, lorsqu'ils arrivent au feu après une caserne ou après un autre poste, ne doivent jamais établir leur pompe avant de s'être concertés avec le chef de ce poste, ni avant d'avoir pris les ordres de l'officier commandant.

ARTICLE II.

ÉLÉMENTS D'EXTINCTION.

8. On ne peut parvenir à l'extinction du feu qu'en interceptant l'air, soit en bouchant hermétiquement les issues par lesquelles il se renouvelle et active ou entretient la combustion, soit en interposant un corps quelconque entre l'air et le feu.

9. L'eau est l'élément que l'on peut se procurer avec le plus de facilité, et que l'on oppose ordinairement au feu. De la terre, du sable, du fumier, des couvertures humides, de la vapeur, certains gaz, etc., rempliraient le même but, si on pouvait les obtenir et les projeter aussi facilement que l'eau.

10. La terre, le sable, le fumier, les couvertures humides, sont préférables à l'eau pour éteindre les matières huileuses, spiritueuses et résineuses, qui, en surnageant sur l'eau ou en jaillissant à son contact se répandent et propagent l'incendie.

11. On emploie les pompes à incendie pour projeter l'eau avec force sur le feu.

12. L'eau amenée à une lance par des conduites partant d'un réservoir élevé, peut avoir naturellement une force de projection suffisante pour ne

pas nécessiter l'emploi des pompes. C'est ce qui a lieu avec les établissements en charge comme ceux des théâtres et avec les bouches d'eau alimentées par les colonnes de ville. Ces dernières peuvent être d'un secours très-avantageux dans l'attaque des feux de cave et de rez-de-chaussée.

13. Si le feu n'est ni considérable, ni susceptible de prendre une rapide extension, au lieu d'employer le jet d'une lance, on l'éteint en jetant l'eau avec des seaux, etc., ou en appliquant dessus des éponges ou des linges humides.

ARTICLE III.

OPÉRATIONS PRÉLIMINAIRES.

14. Les opérations préliminaires de l'extinction d'un feu comprennent :

1° Les sauvetages;
2° La reconnaissance du feu;
3° Les avertissements et l'organisation du service d'ordre.

15. *Sauvetages.* — Le premier devoir du chef qui arrive sur le lieu d'un incendie est d'opérer le sauvetage des personnes en danger, et de combiner sa reconnaissance dans ce but.

16. Si les escaliers et les corridors sont praticables, on essaye de faire les sauvetages de ce côté. Il peut suffire de donner de la confiance aux personnes menacées, et de les guider, pour leur faire franchir rapidement un endroit difficile.

17. Si l'on est dans la nécessité d'opérer par l'extérieur, on utilisera, suivant les circonstances,

ceux des moyens de sauvetages décrits à la 6e leçon, qui conviendront le mieux.

18. Si on ne peut arriver ni par l'escalier, ni par l'extérieur de la maison incendiée, on opérera les sauvetages par les combles, balcons, saillies, etc., des maisons voisines, et enfin au moyen des trouées pratiquées dans les murs ou dans les planchers.

19. Pour pratiquer ces trouées dans les murs, on choisira de préférence le fond des cheminées, parce que l'épaisseur à traverser y est généralement plus faible.

20. Pour les pratiquer dans les planchers, on choisira un endroit auprès des cheminées ou des croisées, parce qu'on a plus de chance d'y découvrir des vides ménagés par les chevêtres et les linçoirs.

21. *Reconnaissance.* — La reconnaissance d'un feu consiste à :

1º S'en approcher le plus possible, afin de s'assurer de son emplacement, de sa nature et de son étendue ; on enfoncera au besoin les portes dont on n'aurait pas les clefs ;

2º Observer attentivement et rapidement la forme des escaliers, la direction des communications, les mitoyennetés.

22. En résumé, c'est prendre une connaissance exacte des tenants et aboutissants du foyer de l'incendie, afin d'adopter les dispositions les plus avantageuses pour son attaque et pour préserver les points menacés.

23. De la reconnaissance dépend en partie le succès de l'attaque. Celui qui la fait doit prendre toutes les précautions nécessaires pour éviter de respirer la fumée et les gaz délétères qui se dégagent des parties en combustion.

24. A cet effet, il faut, en rampant sur les mains, se baisser pour respirer le plus près possible du sol, où la fumée et la chaleur sont moins intenses.

25. Cependant, il y aurait inconvénient à trop se baisser, si des gaz plus lourds que l'air se dégageaient du foyer, comme dans les incendies de charbon. On se tient alors dans la partie moyenne.

26. On peut aussi, pour résister à l'asphyxie, s'appliquer sur la bouche et sur le nez un linge imbibé d'eau et de vinaigre. On peut enfin faire usage de l'appareil à feux de caves.

27. La reconnaissance une fois faite, il faut avoir soin de fermer toutes les issues et de les tenir ainsi jusqu'à ce que l'établissement soit terminé et que l'eau soit arrivée à la lance. Si des conduites de gaz existent dans les locaux incendiés, on fera barrer le robinet d'arrivage.

28. *Avertissements et organisation du service d'ordre.*—Dans sa reconnaissance, le chef de détachement, s'il est officier, se fait accompagner de deux sapeurs qu'il envoie immédiatement après, l'un à l'état-major du régiment, l'autre à l'état-major de la place, pour donner au général commandant la place et au colonel tous les détails recueillis sur la nature de l'incendie et sur sa gravité. Les avertissements à l'état-major du régiment se font par écrit, au moyen de bulletins préparés d'avance, sur papier rouge, si la présence du colonel est nécessaire, sur papier blanc si l'on est maître du feu. L'officier fait en outre prévenir, s'il le faut, le chef de bataillon et le médecin logés dans les casernes les plus rapprochées de l'incendie. Enfin, il fait prévenir les agents du service des eaux et le commissaire de police du quartier.

29. L'organisation générale du service d'ordre concerne les magistrats de police, mais en attendant leur arrivée, le chef des détachements de sapeurs-pompiers s'occupe, aussitôt sa reconnaissance faite, et une fois les premiers ordres donnés pour l'attaque, de se réserver une enceinte pour le travail, en faisant intercepter le passage des rues de chaque côté de la partie incendiée. Il fait observer le silence par tout le monde présent.

30. Le chef de détachement est responsable des déménagements à opérer et de ceux à empêcher.

31. La force armée et la police veillent à ce qu'aucun homme utile ne sorte de l'enceinte et à ce qu'il ne soit emporté aucun effet.

ARTICLE IV.

ÉTABLISSEMENT DES POMPES ET RÉPARTITION DES DEMI-GARNITURES.

32. Faire un établissement, c'est disposer la pompe et les demi-garnitures de la manière la plus favorable pour attaquer le feu avec rapidité et le combattre avec le plus d'efficacité possible.

33. Pour qu'un établissement soit bien fait, il faut :

1º Placer la pompe autant qu'on pourra à proximité de l'eau ;

2º La mettre, ainsi que les travailleurs, à l'abri de la chute des matériaux ;

3º Tourner la sortie du côté de l'attaque ;

4º Faire passer les demi-garnitures par le chemin le plus court, afin d'en employer une seule si cela est possible; ne pas leur faire faire des coudes brusques ; éviter de les placer en travers de la rue et des passages de la maison incendiée, ou si on y est obligé, les faire supporter par des aides pour qu'elles ne soient pas détériorées par les voitures et par les travailleurs ; éviter aussi de les laisser exposer sur des décombres chauds qui les brûlent;

5º Quand l'établissement est terminé, conserver toujours sur le plan du feu une certaine réserve de demi-garnitures pour pouvoir avancer au besoin ; faire serpenter cette réserve en formant des plis allongés à partir du chef, mais principalement dans les endroits où l'on a moins à craindre les détériorations.

34. Lorsque plusieurs pompes se trouvent à un même feu, on les fait numéroter d'après l'ordre dans lequel elles sont arrivées, et leurs chefs veillent à ce que les demi-garnitures ne se mêlent pas.

35. Suivant la position des demi-garnitures, on forme des établissements horizontaux, verticaux, ou rampants.

36. L'établissement horizontal est celui qui suit un sol plat ou un plancher.

37. L'établissement vertical est celui qui s'élève droit le long des murs ou dans l'intérieur d'une cage d'escalier.

38. L'établissement rampant est celui qui suit un sol incliné ou les marches d'un escalier.

39. L'expérience a donné des principes qui, par leur simplicité et la clarté du calcul, mettent celui qui a une pompe à diriger, à même de s'assurer facilement une réserve de boyaux.

40. On se base sur ce que :

1º La hauteur verticale d'un étage est de quatre mètres en moyenne;

2º Pour parcourir un étage en suivant la rampe de l'escalier, il faut en employer environ le double, c'est-à-dire huit mètres.

41. D'après ces données, la répartition des demi-garnitures se fait en multipliant par 4 le nombre d'étages qu'il y a à monter pour arriver au foyer, et en ajoutant à ce produit la longueur qu'il faut disposer horizontalement.

42. Lorsqu'il faut mettre en rampe une partie de l'établissement, on choisit pour cette disposition les étages supérieurs, parce qu'au besoin l'on peut :

1º Poursuivre le feu en transformant l'établissement rampant en établissement vertical ;

2º Et marcher en retraite sans être forcé de démonter.

43. S'il ne manquait qu'une faible longueur de boyaux, on se contenterait de rapprocher la pompe d'une distance égale à la différence.

44. Si la distance était trop grande et si l'on n'avait pas de demi-garnitures supplémentaires, on pourrait monter la pompe sur le palier d'un escalier, et, dans un cas extrême, on la démonterait pour la faire passer dans des couloirs étroits.

ARTICLE V.

ALIMENTATION DES POMPES.

45. Les différents moyens pour se procurer l'eau dans les incendies sont les tonneaux du corps, ceux d'arrosement et ceux des porteurs d'eau, les bouches d'eau, pompes, fontaines, puits, égouts, réservoirs, rivières, etc.

46. Pour entretenir les bâches pleines d'eau on a recours :

1º Aux chaînes ; 2º aux batardeaux ; 3º aux pompes alimentaires ; 4º à des demi-garnitures montées sur les bouches d'eau.

47. La chaîne se forme avec un certain nombre de personnes placées à un mètre les unes des autres, sur deux rangs se faisant face. L'un de ces rangs passe les seaux pleins; l'autre rang fait passer les seaux vides.

48. Le batardeau est un réservoir formé à la hâte au moyen de terre, de fumier, etc., ou en levant quelques pavés et en creusant le sol pour arrêter l'écoulement des eaux. On y fait puiser les chaînes ou aspirer les pompes.

49. La pompe alimentaire s'emploie lorsque les passages qui communiquent aux abords de l'incendie sont étroits, et qu'il est impossible d'y faire passer des tonneaux ou d'y former des chaînes. Les demi-garnitures de la pompe alimentaire amènent l'eau jusque dans la bâche de la pompe établie pour l'attaque. Le même moyen s'emploie lorsque l'on manque de bras pour former la chaîne.

50. Les pompes aspirantes sont employées de préférence comme pompes alimentaires.

51. Les demi-garnitures montées sur les bouches d'eau s'emploient toutes les fois qu'on trouve ces bouches d'eau à distance suffisante des pompes.

52. Le nombre des pompes à mettre en manœuvre est subordonné à la quantité d'eau dont on dispose et à l'extension de l'incendie; car, si les établissements étaient trop rapprochés les uns des autres, les hommes s'incommoderaient mutuellement et leur grand nombre deviendrait plus nuisible qu'utile. Si on dissémine trop le liquide, les pompes les plus indispensables manqueront d'eau au moment où leur manœuvre aurait eu le plus d'efficacité sur le feu.

53. Pendant les grands froids, il est bon que la

manœuvre des pompes ait lieu constamment, afin que l'eau ne gèle pas dans les corps de pompes ni dans les demi-garnitures, que l'on couvre avec du fumier; dans ce cas, on a soin de placer les demi-garnitures le long des murs.

54. On a quelquefois employé l'eau bouillante, mêlée à l'eau froide, et l'on est ainsi parvenu à éteindre un feu très-intense par un froid de 15 degrés. Les établissements de bains, les lavoirs, fourniraient cette eau bouillante.

ARTICLE VI.

RÈGLES GÉNÉRALES D'ATTAQUE.

55. On appelle attaquer un feu, l'action de diriger les secours dès le début de l'extinction, sur les points les plus avantageux pour circonscrire l'incendie.

56. Un feu est bien attaqué lorsque les points les plus menacés sont préservés, ou qu'au moins les efforts et l'attention s'y sont portés de suite.

57. Les règles qu'il faut généralement observer sont les suivantes :

1º Attaquer le feu sur son plan;
2º S'en approcher le plus que l'on peut;
3º Se porter du côté où la flamme est poussée (se mettre sous le vent), et commencer l'extinction par le haut de chaque pièce;
4º Garantir d'abord les escaliers, les parties qui en soutiennent d'autres, et les locaux contenant des matières combustibles;
5º Noircir les portes et les parties en bois;
6º Éviter de diriger le jet sur les vitres et sur les objets que l'eau peut dégrader.

58. L'attaque du feu sur son plan a pour avantage de le poursuivre et de le refouler plus facilement.

59. Plus on s'approche du foyer, plus l'eau arrive avec force, et plus elle pénètre dans les fissures, en privant le feu d'air. Si l'on envoie l'eau de trop loin, elle se divise, et l'on n'obtient qu'un mauvais résultat, car l'eau tombant en pluie se vaporise facilement et son effet devient presque nul.

60. Le jet est de préférence dirigé sous le vent, afin de préserver les parties encore intactes ou peu endommagées, vers lesquelles la flamme se trouve poussée. Si l'on ne s'y prend pas ainsi, il y a à craindre que le feu ne se propage en avant. Par la même raison, on recommande de commencer l'extinction par le haut de chaque pièce, parce que les flammes qui tendent à s'élever se trouvent rabattues, et parce que l'eau, après avoir agi sur les parties hautes, a encore un effet utile en retombant jusque sur le sol.

61. Il est de la plus grande importance de préserver les escaliers de toute destruction; c'est la voie la plus facile pour porter des secours et pour la retraite.

62. Pour préserver les escaliers, on s'établit à l'étage au-dessus de celui où se trouve le foyer de l'incendie. Si l'on ne peut s'en approcher, on fait couler l'eau sur les marches, pour qu'elle retombe à l'endroit embrasé, en garantissant les marches supérieures. Si la forme de l'escalier le permet, on lance l'eau depuis le pied de la cage jusque sur le palier supérieur.

63. Noircir, c'est à la fois éteindre superficiellement les parties embrasées et mouiller les autres parties plus ou moins léchées par la flamme. On atténue ainsi l'action du feu et l'on gagne du temps pour diriger ses efforts contre le foyer principal. Cette opération est surtout très-importante pour les parties en bois.

64. Il est recommandé de ne pas diriger le jet sur les vitres, afin de ne pas les casser, ce qui donnerait passage à l'air et à la flamme. De plus, l'eau étant lancée sans discernement sur des objets fragiles pourrait occasionner autant de dégâts que le feu.

ARTICLE VII.

OPÉRATIONS COMPLÉMENTAIRES.

65. Les opérations complémentaires comprennent :

1° Le déblaiement ;
2° La visite.

66. Le déblaiement consiste à déplacer les décombres de l'incendie, pour mettre à découvert et achever d'éteindre les parties cachées.

67. Il est surtout nécessaire de procéder le plus tôt possible au déblaiement, lorsque les décombres reposent sur des planchers combustibles, qui prendraient feu et s'écrouleraient sous le poids qui les surcharge.

68. Lorsque les décombres reposent sur le sol, on commence par dégager le pied des murs et surtout les points en contact avec des pans de bois.

69. Avant de quitter le lieu de l'incendie, il faut

procéder à une visite minutieuse de toutes les localités; on découvre et on sonde avec le pic de la hache les points douteux, afin de s'assurer qu'on ne laisse derrière soi aucun vestige de feu susceptible de se rallumer après le départ des secours. Les combles, les greniers, etc., sont l'objet d'une attention particulière.

DEUXIÈME PARTIE.

PRINCIPES D'EXTINCTION PARTICULIERS A CHAQUE NATURE DE FEU.

70. On distingue neuf cas particuliers:

1° Feux sur les personnes;
2° Feux de cheminées;
3° Feux de caves;
4° Feux de rez-de-chaussées;
5° Feux de chambres;
6° Feux de produits chimiques, tels qu'essences, alcools, éther, huiles de pétrole, etc.;
7° Feux de charpentes;
8° Feux de bateaux;
9° Grands incendies.

FEUX SUR LES PERSONNES.

71. Les ravages causés par ces sortes d'accidents sont immédiats; il faut qu'ils se déclarent sous les yeux même du sapeur-pompier, pour qu'il ait quelque chance d'apporter un secours utile.

72. Le danger provient surtout du tirage que l'on donne à la flamme en se sauvant, et de la direction verticale qu'elle prend naturellement; il faut, en se roulant à terre, chercher à gagner l'eau,

s'il y en a à proximité, ou s'envelopper dans un tapis, dans une couverture, dans un vêtement en laine pour étouffer la flamme.

FEUX DE CHEMINÉES.

73. Arrivé sur le lieu du feu, le chef envoie chercher un fumiste, fait retirer les personnes inutiles, ferme les portes et fenêtres pour éviter les courants d'air, se procure un ou deux seaux d'eau, les place sur l'âtre de la cheminée et fait tomber avec un balai la suie enflammée qui est à sa portée; ensuite il mouille la toile qu'il place devant l'ouverture de la cheminée, le haut sur la tablette, les côtés sur les jambages ou deux personnes la maintiennent, en haut avec la main, et en bas avec le pied; puis le second servant saisit la poignée de la toile et la tire avec force pour déplacer la colonne d'air qui, en se précipitant au moment de l'aspiration, fait détacher et tomber la suie embrasée, et cède doucement à la pression de l'air de l'appartement qui pousse la toile dans la cheminée.

74. Cette opération se répète jusqu'à complète extinction, ayant soin de mouiller la toile en y jetant de temps en temps de l'eau avec la main, ainsi que sur la suie qui tombe sur le foyer.

75. Pendant ce temps, le chef et le premier servant, l'un avec la hache, et l'autre avec le cordage, visiteront les chambres et les greniers par lesquels passe le tuyau de la cheminée, pour s'assurer s'il n'y a point de crevasses dans sa longueur, notamment dans les armoires et placards, et, en cas de mitoyenneté, ils feront la même visite dans la maison voisine; ils poseront les mains sur le mur dans les endroits où ils supposeront que passe ce tuyau, pour juger, par la chaleur, du lieu où est le foyer, de son étendue et de son intensité ; ils s'assureront aussi, si à la portion du tuyau qui traverse les greniers, il n'y a point un passage de ramoneur, et s'il s'en trouve, ou s'il y a des crevasses, ils les feront surveiller, afin d'empêcher que les étincelles et les flammes qui pourraient s'en échapper, ne communiquent le feu aux objets environnants.

76. Lorsqu'après avoir suivi les dispositions que l'on vient d'indiquer, le chef s'apercevra que le feu ne diminue pas, il pourra supposer que le tuyau de la cheminée reçoit l'air par d'autres issues que celles qu'on a bouchées ; dans ce cas, il les fera fermer sur-le-champ ; la position du tuyau, et les renseignements qu'il pourra prendre des habitants, lui serviront à trouver ces issues. Si cependant, après avoir ôté l'air à tous les passages qu'on lui connaît, le feu ne diminuait pas, il monterait sur le toit, après s'être fait solidement amarrer, et chercherait à atteindre la tête de la cheminée, en faisant en sorte de dégrader le moins possible la couverture ; si la tête de la cheminée était beaucoup plus élevée que le point par lequel on peut arriver sur le toit, et qu'il y eût un cheneau où l'on pût appuyer le pied d'une échelle, il s'en procurerait une qu'il appliquerait le long du pan de couverture ; à défaut de ce moyen, il jetterait par-dessus le faîte son cordage, dont il ferait fixer l'extrémité de l'autre côté de la couverture, puis il monterait, en s'aidant dudit cordage comme d'une rampe d'escalier ; si la trop grande raideur du pan s'y opposait, il ôterait quelques ardoises ou tuiles, et monterait sur les voliges ou lattes comme sur des

échelons; cette dégradation ne doit être faite que dans des cas urgents.

77. Arrivé à la tête de la cheminée, le chef peut, pour activer l'extinction, jeter quelques seaux d'eau; ce moyen n'est pas applicable quand la cheminée est en fonte ou en poterie.

78. Il s'abstiendrait de monter sur le toit s'il y avait un passage de ramoneur, et, dans ce cas, après avoir pris toutes les précautions nécessaires pour éviter la propagation de l'incendie dans le grenier, il ouvrirait ce passage et s'en servirait pour jeter l'eau. Après l'extinction, il aura soin de refermer ce passage.

79. On a dit plus haut, que quelquefois le tuyau de cheminée recevait de l'air par d'autres issues que celles que l'on a bouchées; c'est lorsque ces cheminées communiquent entre elles par les tuyaux; il faut alors faire à chacune, et en même temps, ce qu'on a fait à celle où l'on a supposé qu'était le feu.

80. Quand le feu est éteint, les sapeurs-pompiers ne se retireront que quand ils se seront assurés qu'il n'y a plus aucun danger, et que la cheminée a été nettoyée par le fumiste.

81. Tout autre moyen d'éteindre un feu de cheminée, tel que tirer des coups de fusil à poudre, fermer la gorge ou la tête de cheminée, jeter des poudres sulfureuses sur la flamme de l'âtre, étant dangereux en beaucoup de cas, sont formellement interdits par les règlements de police, et les sapeurs-pompiers doivent toujours s'opposer à ce qu'on les emploie.

FEUX DE CAVES.

82. Deux pompes pouvant être nécessaires pour

l'extinction d'un feu de cave, tout poste averti pour un incendie de cette nature fait prévenir en partant le poste le plus voisin, pour avoir l'appareil ou la pompe à eau dont il peut avoir besoin.

83. Aussitôt arrivé, le chef fait fermer les portes et boucher les soupiraux de la cave incendiée; ensuite, si la fumée a envahi le bâtiment, il le parcourt pour en faire sortir les habitants exposés à l'asphyxie, puis il se renseigne sur la disposition de la cave et sur la nature des matières qui s'y trouvent.

84. Il y a deux manières d'opérer l'extinction d'un feu de cave :

1º Sans l'appareil ;
2º Avec l'appareil.

RECONNAISSANCE ET EXTINCTION SANS L'APPAREIL.

85. Pour opérer sa reconnaissance, le chef prend, pour résister à l'aphyxie, toutes les précautions indiquées aux paragraphes, 24, 25 et 26 des principes généraux ; il attache une des extrémités de son cordage au haut de l'escalier, s'amarre avec l'autre extrémité, prend le flambeau qu'il fait allumer, puis descend à reculon. Arrivé dans la cave, le chef se baisse, pour chercher à apercevoir le foyer de l'incendie; dès qu'il en a quelque indice il s'avance pour bien le reconnaître.

86. Dans ces sortes de feux, la fumée et la chaleur qui s'échappent par l'entrée de la cave sont très-intenses en cet endroit, mais, si l'on descend résolûment, on s'aperçoit, une fois en bas, qu'on peut y résister beaucoup plus facilement qu'en haut.

87. Le flambeau qui, entre les mains du chef, ne paraît devoir servir qu'à l'éclairage, a encore une autre utilité et peut éviter bien des accidents, car on sait que là où il n'y a pas d'air respirable la lumière s'éteint ; dans ce cas, il faut rétrograder ; l'appareil devient indispensable pour continuer les recherches.

88. Si avant de descendre dans la cave, les renseignements faisaient connaître qu'il peut y avoir des matières dégageant des gaz inflammables, on ne se servirait ni de flambeaux ni de lumières quelconques.

89. Le premier servant fait filer le cordage dans ses mains pendant la reconnaissance, et ne doit pas le laisser trop lâche, afin d'être de suite averti des accidents qui pourraient arriver au chef, et de lui porter secours sur-le-champ. Dans ce but, il doit chercher à communiquer le plus possible avec le chef, par la parole. Il fait aussi observer le plus grand silence.

90. Dès que le chef a terminé sa reconnaissance, il remonte, fait établir sa pompe, s'il y a lieu, et redescend pour opérer l'extinction qu'il pousse aussi loin que possible.

91. La fumée augmentant aussitôt qu'un peu d'eau arrive sur le feu, il est nécessaire de bien connaître le foyer pour diriger le premier jet de manière à le couvrir entièrement, autrement on n'agirait plus que par tâtonnement et l'on perdrait du temps.

92. On doit éviter de lancer l'eau sur les voûtes, dans la crainte de faire éclater les pierres des voussoirs, par suite d'un changement trop subit de température.

93. Si l'on ne peut attaquer le feu par l'escalier,

on a recours à une trappe ou à un soupirail ; mais, si par suite de la construction, il est impossible de diriger avec la main la lance sur le foyer, on en fixe l'extrémité au bout d'une perche ou d'une corde. Lorsqu'elle est ainsi arrangée, on dirige son orifice vers le foyer et l'on est prévenu que la direction donnée au jet est bonne, si l'on entend le pétillement occasionné par la rencontre de l'eau avec le feu. L'épaisseur de la fumée et sa couleur plus blanchâtre font aussi connaître que l'on a atteint l'endroit embrasé.

94. Aussitôt qu'il n'y a plus à craindre que le feu fasse des progrès, le chef laisse sa lance dans la cave et remonte, fait déboucher les soupiraux pour que la fumée s'échappe et que l'air pénètre dans la cave, ce qui permet de compléter plus facilement l'extinction.

RECONNAISSANCE ET EXTINCTION AVEC L'APPAREIL.

95. Le chef devant se servir de l'appareil, établit sa pompe comme pompe à air et la place à gauche de l'entrée de la cave, à moins que le vent ne rabate la fumée de ce côté; dans ce cas, il placerait sa pompe de manière à ne pas envoyer dans l'appareil de l'air vicié, se revêt de la blouse et opère sa reconnaissance, puis l'extinction, en observant les principes prescrits à l'article 2 de la 6e leçon et aux paragraphes 85, 86, 87 et suivants qui viennent d'être détaillés.

96. Les deux chefs auront l'attention de placer leurs pompes de manière que le tuyau à hélice et les demi-garnitures à eau ne se croisent pas. Le chef de la pompe à eau ne met en manœuvre que sur l'avis du chef de la pompe à air.

PRINCIPES D'EXTINCTION DE FEUX 195

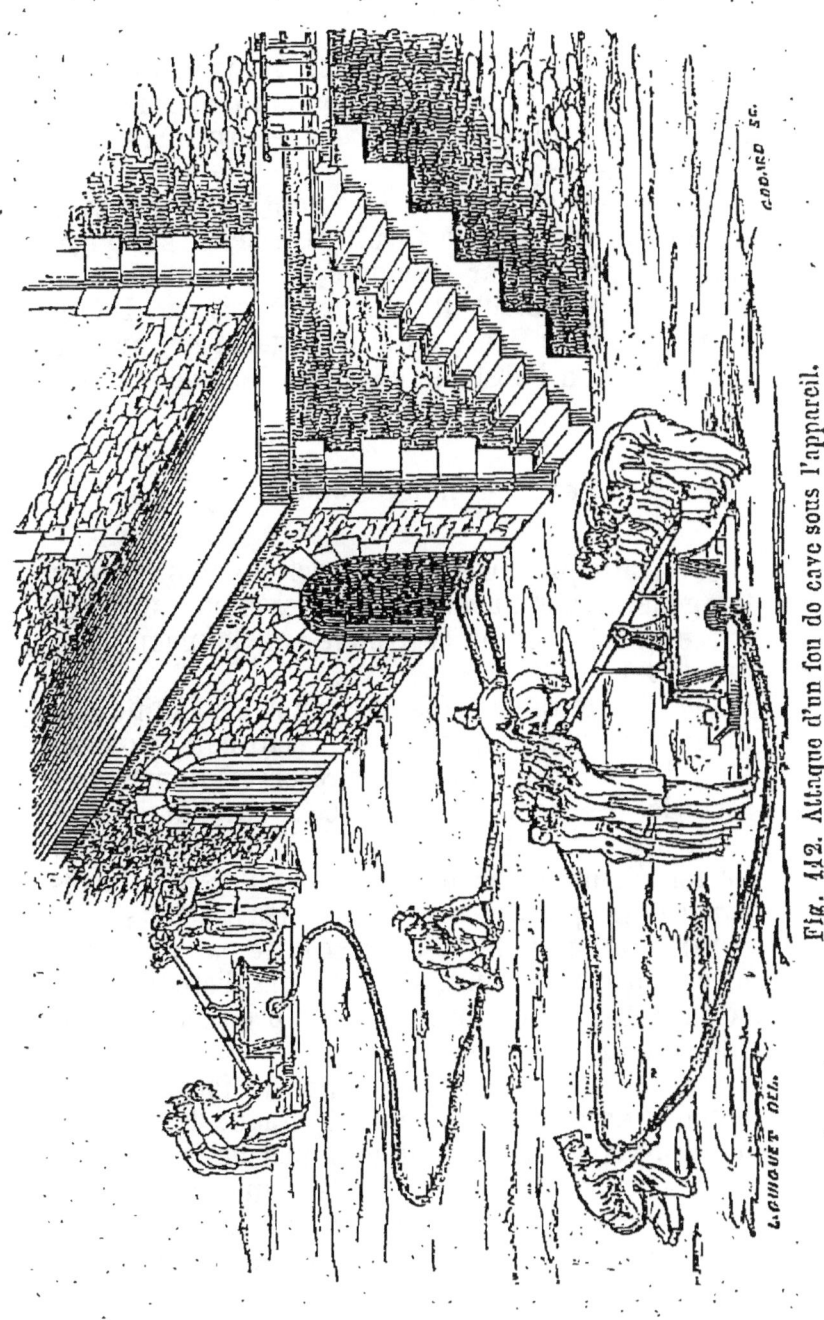

Fig. 112. Attaque d'un feu de cave sous l'appareil.

97. Si la garniture à hélice se trouvait trop courte, on l'allongerait en montant d'abord sur la pompe à air une ou deux demi-garnitures ordinaires à rivets de fer.

98. Il peut arriver, en circulant dans une cave avec l'appareil, que la garniture à hélice s'engage, sous les portes par exemple, et que le chef se trouve arrêté lorsqu'il revient sur ses pas. Il faut alors éviter de tirer; on suit la garniture avec la main jusqu'à l'obstacle et il est facile de la dégager.

FEUX DE REZ-DE-CHAUSSÉES

99. L'attaque des feux de rez-de-chaussées se fait généralement avec des établissements simples, parce que la pompe se trouve sur le même plan que le feu.

100. Ces feux se présentant dans des boutiques, magasins, ateliers, remises, écuries, hangars, etc., il est important de préserver immédiatement les issues et mitoyennetés sur l'arrière et sur les côtés, afin de s'opposer à la propagation du feu, dans les locaux voisins et dans les étages supérieurs, par ces issues et par les escaliers.

101. L'attaque devra donc se faire par l'arrière-pièce, ou par les côtés, s'il n'y a pas d'autre issue, et, en cas d'impossibilité par ces premiers points, elle se fera par la façade.

102. On attaquera encore par la façade, si la flamme, en sortant de ce côté, gagne les parties hautes, mais on ne négligera pas pour cela les autres issues, vers lesquelles l'attaque se reportera dès que le danger aura été conjuré en avant.

103. Lorsqu'il existe une communication inté-

PRINCIPES D'EXTINCTION DE FEUX 197

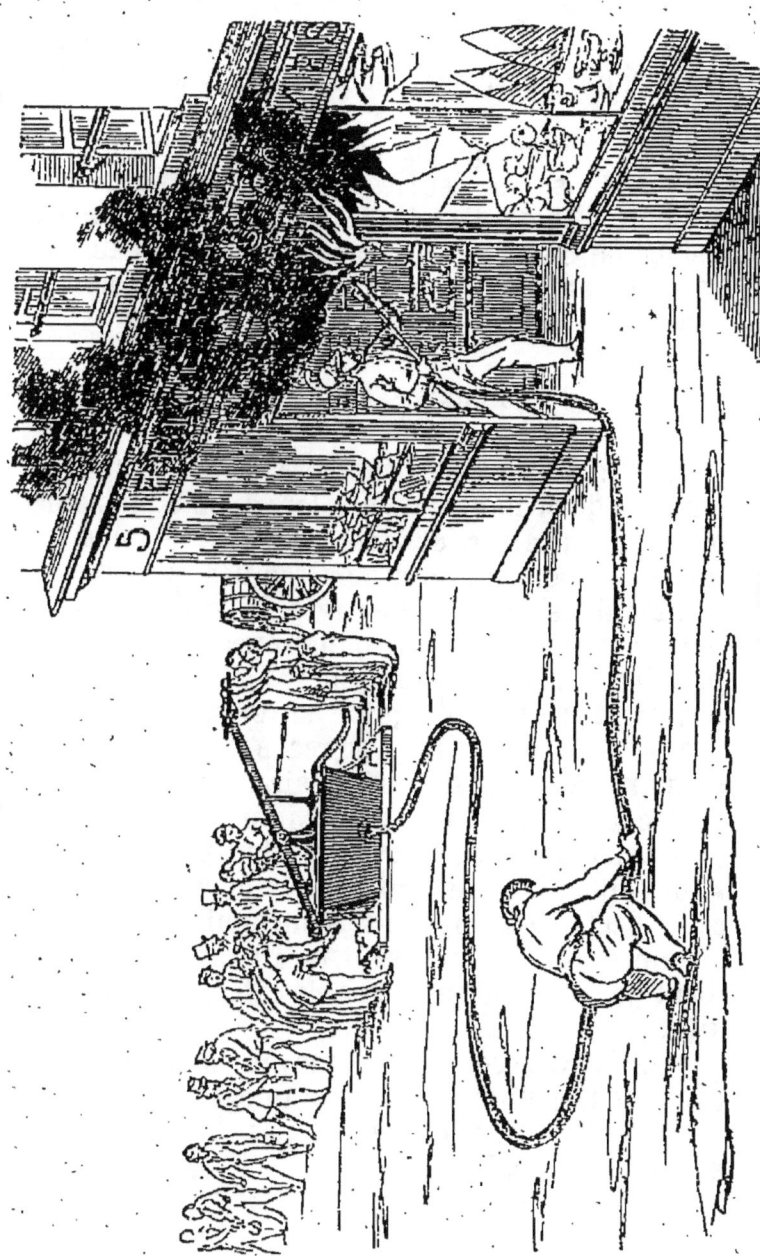

Fig. 143. Feux de rez-de-chaussées; Établissement horizontal.

rieure entre le rez-de-chaussée et l'étage supérieur, on fait l'établissement par cet étage pour redescendre au rez-de-chaussée par cette communication.

104. Le sauvetage des chevaux et animaux enfermés dans des écuries ou étables incendiées présente d'assez grandes difficultés. On a plus de chance de vaincre la résistance de ces animaux en leur bandant les yeux et en les faisant sortir à reculons.

FEUX DE CHAMBRES.

105. En faisant la reconnaissance ou l'attaque d'un feu de chambre, il faut, lorsqu'on a plusieurs pièces à traverser et qu'elles sont remplies de fumée, emporter une des extrémités du cordage. Comme dans les feux de caves, le cordage a pour but de tenir le chef en communication avec son premier servant, d'empêcher les portes de se fermer et de servir de guide en revenant.

106. Si, avant de faire sa reconnaissance le chef juge que la pompe sera nécessaire, il donne l'ordre au second servant de l'établir immédiatement.

107. L'établissement doit être fait par l'escalier; si des difficultés particulières s'y opposent, il faut avec l'échelle à crochets s'introduire dans une chambre voisine. Au besoin, on attaquerait directement par la fenêtre même de la chambre incendiée.

108. On a recours à ce moyen lorsqu'on doit avoir deux points d'attaque et que les dispositions de l'escalier ne permettent pas d'y établir la seconde pompe.

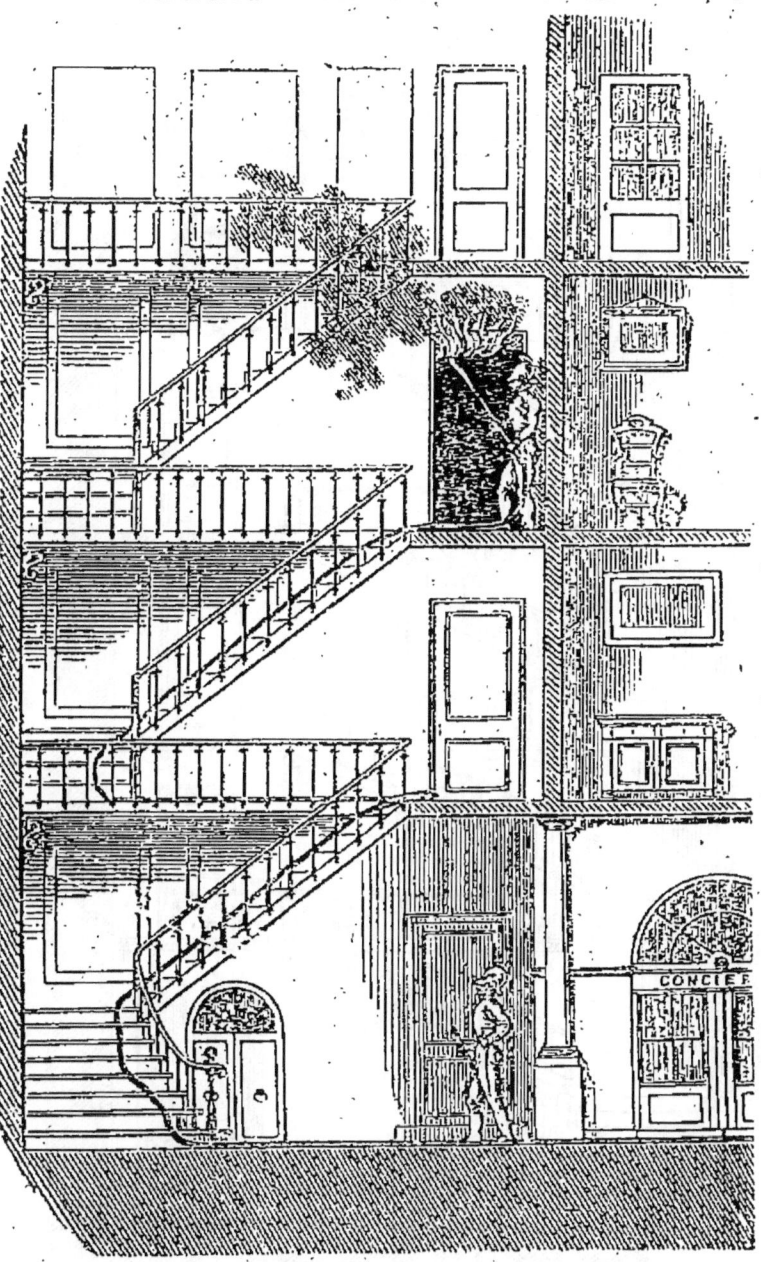

Fig. 114. Feux de chambres. Établissement horizontal et rampant.

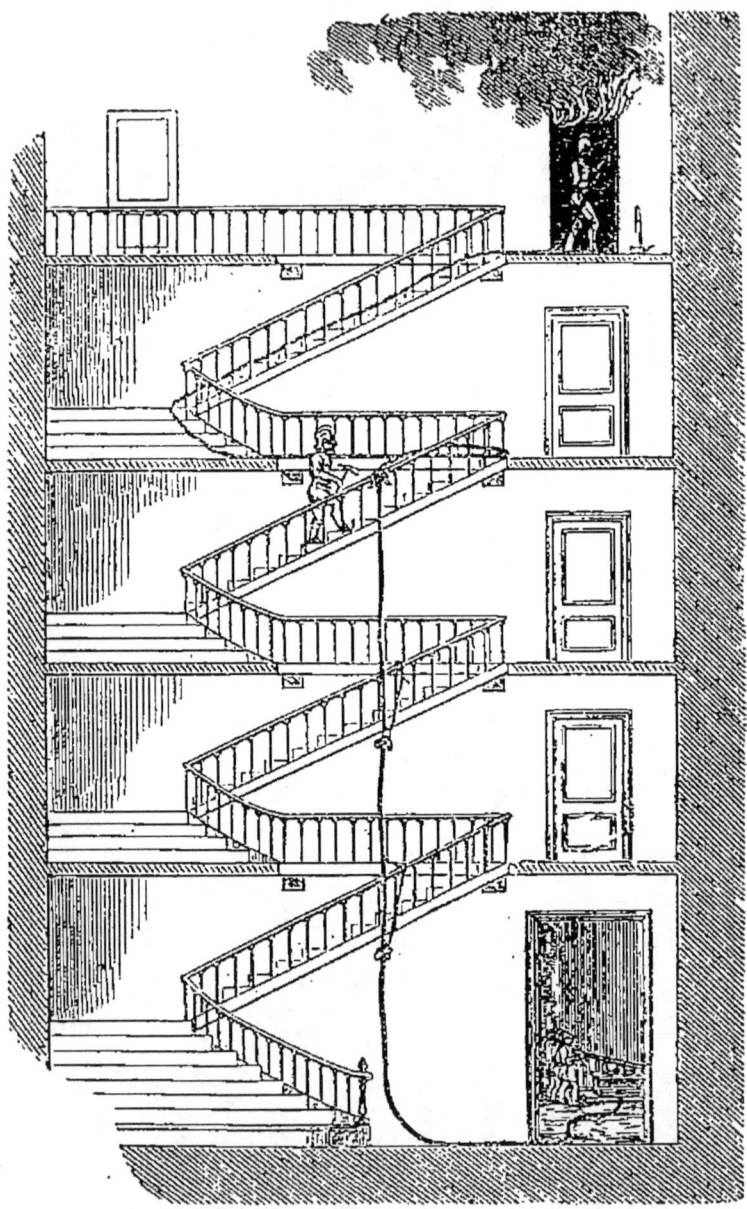

Fig. 115.
Feux de chambres. Établissement horizontal, vertical et rampant.

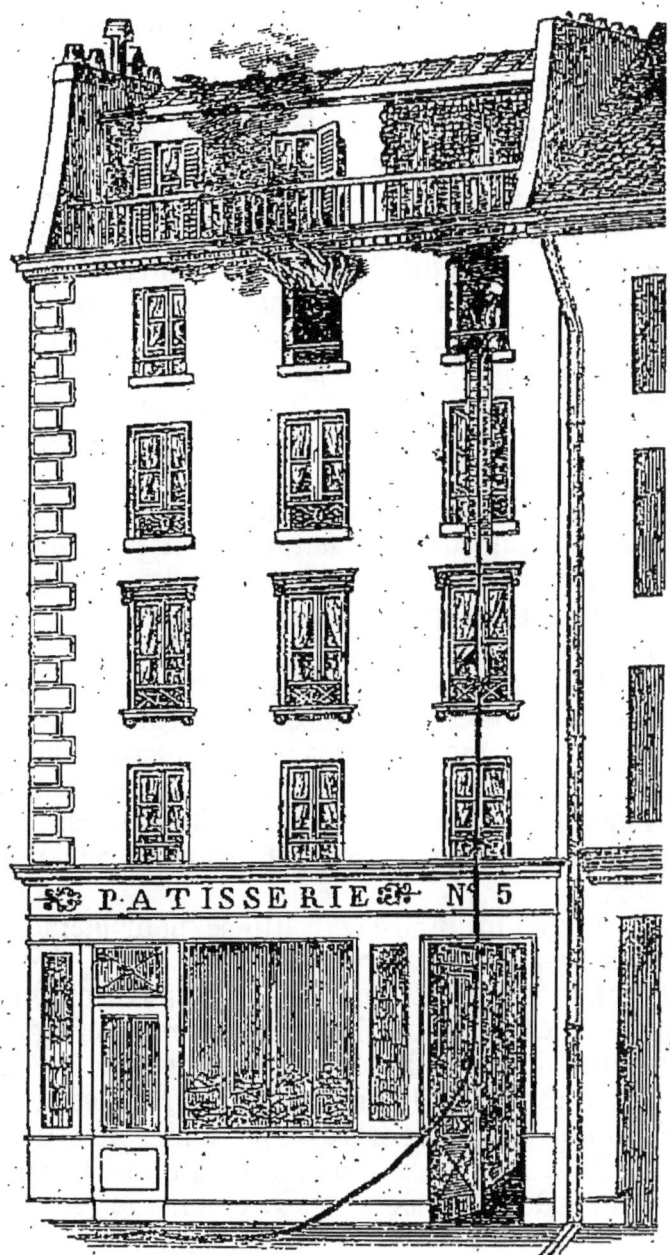

Fig. 116. Feux de chambres. Établissement extérieur vertical.

FEUX DE PRODUITS CHIMIQUES TELS QU'ESSENCES, ALCOOLS, ÉTHERS, HUILES DE PÉTROLE, ETC.

109. Les difficultés que l'on a pour éteindre les matières chimiques tiennent :

1º A l'inflammabilité extrême des substances ;
2º Au peu d'action de l'eau sur ces matières ;
3º Aux vapeurs que la plupart d'entre elles dégagent à la température ordinaire, et à plus forte raison, lorsqu'elles sont exposées à la chaleur d'un foyer d'incendie. Ces vapeurs, lorsqu'elles ne prennent pas feu de suite, forment avec l'air environnant des mélanges explosifs, comme cela a lieu avec le gaz d'éclairage.

110. En prévision de la gravité que peut prendre un incendie de cette nature, tout petit poste averti fait prévenir en partant la caserne la plus rapprochée ainsi que le poste voisin.

111. On ne doit pas attaquer ces feux avec le jet de la lance. L'extinction se fera en couvrant d'abord les matières avec des couvertures, du fumier, du fourrage, de la sciure, du sable, de la terre, etc., le tout fortement mouillé, avant d'être employé, et maintenu ensuite humide en faisant arriver l'eau par ricochet pour ne rien déplacer.

112. Le jet ordinaire sera utilisé pour éteindre et préserver les parties voisines.

113. Les tonnes et touries de matières chimiques non atteintes par le feu ne seront pas enlevées afin de ne pas augmenter l'incendie si on venait à les briser. Pour les garantir, on les couvrira d'une couche de terre ou de fumier mouillés.

114. Le déblai ne se fera que lorsqu'il ne restera plus trace de feu ni de chaleur, et lorsque tous les

gaz et les vapeurs inflammables auront été chassés par la ventilation. Si l'on n'a pas à sa disposition des lampes de mines, dites de sûreté, on ne devra pas faire usage de lumières.

115. Les sapeurs étant obligés, pour opérer l'extinction de ces feux, de s'approcher beaucoup du foyer de l'incendie, ils se garantiront de leur mieux la figure et les mains pour n'être pas atteints par les flammes et par les éclaboussures.

116. Généralement, les feux de produits chimiques se déclarent chez des personnes qui connaissent la manipulation de ces matières et les meilleurs moyens à opposer à leur combustion; suivant les circonstances, les sapeurs s'éclaireront des conseils de ces personnes, principalement pour savoir les objets qu'on pourrait enlever sans danger.

117. *Fuites de gaz.* Si l'incendie est alimenté par une fuite de gaz, on fera de suite aplatir le tuyau en avant de la fuite et fermer le robinet d'arrivée. Cette précaution est générale pour tous les feux dans des locaux éclairés au gaz.

118. L'eau est absolument sans effet sur une fuite de gaz enflammé; si l'on ne parvient pas à empêcher l'arrivée du gaz par les moyens déjà indiqués, il faut masquer la fuite avec des éponges, des linges, du mastic ou de la terre.

119. Ainsi qu'il a été dit plus haut, les dangers d'explosion résultent surtout de la non-inflammation immédiate du gaz et de son mélange avec l'air. Lorsqu'on entre dans une pièce où il existe une fuite de gaz, il faut ne pas approcher de lumières, et, avant tout, ouvrir portes et fenêtres pour bien ventiler la pièce.

120. *Amas de charbon.* Lorsque le feu s'est développé dans un amas considérable de charbon

de terre ou de bois, si l'on ne peut pas noyer rapidement toute la masse, l'eau des pompes se vaporise avant de pénétrer jusqu'au centre et produit des explosions qui écartent les parties embrasées, donnent accès à l'air et activent l'incendie. Il vaut mieux, dans ce cas, procéder par voie de déblai en étalant le charbon pour éteindre successivement les couches peu épaisses mises à découvert.

FEUX DE CHARPENTES.

121. Les feux de charpentes comprennent :

1° Les feux de planchers ;
2° Les feux de cloisons et de murs en pans de bois ;
3° Les feux de combles.

122. *Feux de planchers.* Les feux de planchers proviennent en général de vices dans la construction des cheminées et autres appareils de chauffage.

123. Lorsqu'un feu de cette espèce ne s'est pas encore fait jour, on réussit ordinairement à l'éteindre sans le secours des pompes. En arrivant, on se pourvoit d'une certaine quantité de seaux d'eau ; on s'assure de l'endroit principal du foyer que la chaleur fait facilement reconnaître en posant les mains sur le plancher ; puis on lève avec la hache le parquet ou le carrelage pour mettre les solives à nu, et, à mesure qu'on les découvre, on jette de l'eau sur les parties embrasées.

124. On doit s'attacher à préserver tout d'abord les poutres, les solives d'enchevêtrure et les chevêtres, parce que la chûte de ces différentes pièces entraînerait la ruine d'une partie ou de la totalité du plancher. En prévision d'un tel accident, on ne

laissera pas charger le plancher par des personnes inutiles, et l'on fera étayer à l'étage inférieur, qui sera aussi évacué.

125. Si la portion embrasée de pièces de bois repose sur un mur mitoyen, il faut faire surveiller le local correspondant, car le feu pourrait se communiquer de l'autre côté du mur.

126. On ne doit considérer le feu éteint que lorsqu'aucun point du plancher ne dénote plus de chaleur; en effet, il arrive souvent que le feu ayant couvé pendant plusieurs jours, a sauté, en laissant des intervalles intactes jusqu'à des endroits éloignés du foyer principal. En faisant le moins possible de dégâts, on n'hésitera donc pas à découvrir tout emplacement où l'on remarquerait une chaleur suspecte.

127. *Feux de cloisons et de murs en pans de bois.* Tant qu'ils se présentent dans le sens vertical, et qu'ils peuvent, par conséquent, se développer plus rapidement que les feux horizontaux dans les planchers, les feux de cloisons et de pans de bois ont une grande analogie avec les précédents. Ils proviennent presque toujours des mêmes causes, c'est-à-dire de vice de construction. Les moyens d'extinction et les précautions à prendre sont les mêmes.

128. Les pièces principales à préserver sont les poteaux et les sablières hautes ou basses.

129. *Feux de combles.* Pour la reconnaissance et l'attaque d'un feu de comble on opère d'une manière semblable à celle décrite pour les feux de chambres.

130. On veillera à tenir la pompe et les travailleurs à l'abri de la chute des matériaux qui se détachent facilement d'un comble incendié, et, pour éviter d'enlever les tuiles ou les ardoises avec le jet de la lance, on le dirigera de manière à n'atteindre la couverture qu'obliquement.

131. Les pièces principales à préserver dans un comble sont celles qui en soutiennent d'autres ou qui les lient entre elles; telles sont les fermes, qui supportent les pannes et le faîtage, et ces dernières pièces, qui relient les fermes, et portent à leur tour les chevrons, puis la couverture.

132. Pour éviter l'écroulement de ce plancher on prendra toutes les précautions prescrites aux paragraphes relatifs aux feux de planchers, et on procédera, sans perdre de temps, au déblai des décombres.

FEUX DE BATEAUX.

133. Les principes d'extinction de cette espèce de feu, assez rare à Paris, ne diffèrent pas de ceux déjà expliqués. L'attaque se fait de préférence avec la pompe aspirante, établie sur la berge. Si ce point est trop éloigné, ou si l'on est obligé d'attaquer du côté opposé, on place la pompe dans un large bateau plat, tel qu'un sablier peu élevé au-dessus de l'eau, et pouvant commodément recevoir les travailleurs.

134. A la dernière extrémité, on percerait le bateau incendié au-dessous de sa flottaison, pour l'emplir d'eau et le faire couler à fond.

GRANDS INCENDIES.

135. Les principes généraux et particuliers d'établissement et d'attaque, déjà donnés pour les différents feux, trouvent leur application dans les grands incendies; mais, comme il y a plus de dangers dans ceux-ci, et que l'espace envahi par

le feu est plus considérable, il est nécessaire de procéder avec beaucoup d'ordre et d'ensemble, afin que les secours ne se contrarient point.

136. En arrivant, l'officier commandant s'occupe des sauvetages ; il reconnait les établissements que les chefs de poste qui l'ont précédé ont pu faire. S'il s'en trouve d'inutiles ou de défectueux, il les fait supprimer ou rectifier ; il complète au besoin les attaques par de nouveaux établissements.

137. Il s'occupe de régulariser l'arrivage de l'eau d'alimentation des pompes. Dans le but d'éviter l'encombrement des chaines et des tonneaux, il a recours aux pompes alimentaires, et, autant que possible, à l'alimentation directe avec des demi-garnitures montées sur bouches d'eau. Dès qu'il le peut, il fait former le matériel de réserve en parc, sur un point rapproché qu'il désigne.

138. L'officier s'attache à pressentir les accidents et à mettre ses hommes à l'abri des éboulements qui sont d'autant plus à craindre que le travail s'est prolongé plus longtemps. Il apprécie l'opportunité d'étayer ou de faire tomber les parties menaçant ruines. Il fait tenir les travailleurs étrangers à l'écart des points dangereux indispensables à occuper, les sapeurs-pompiers devant toujours suffire à ces services. Il veille à ce qu'aucun sapeur ne reste inactif quand des étrangers travaillent, et renvoie le plus tôt possible, dans les casernes ou dans les postes, le personnel et le matériel dont il n'a plus besoin ; il exige de tous le silence et le calme nécessaires pour que les secours soient efficaces.

139. En résumé, l'officier commandant porte son attention sur l'ensemble des secours ; il ne s'occupe des détails confiés à ses subordonnés que

lorsqu'il est certain que ces détails ne lui feront pas perdre de vue quelque partie importante de sa surveillance.

140. Pendant et après l'extinction de l'incendie, l'officier prend tous les renseignements nécessaires à la rédaction du rapport et à l'établissement du plan qu'il doit y annexer. Il envoie chercher les rapports des chefs de poste qui ont concouru à l'extinction, pour les joindre à son rapport général après les avoir certifiés et rectifiés s'il y a lieu.

141. Le sous-officier chargé d'une pompe dirige le chef; pour cela il fait avec lui la reconnaissance de la partie de l'incendie dont l'attaque lui a été confiée par l'officier; il indique au chef la manière dont l'établissement doit être fait; surveille cet établissement, désigne les points sur lesquels il faut successivement se porter. Il ne prend pas la lance, elle est tenue par le chef ou par son premier servant. Le sous-officier veille à ce qu'aucun homme ne s'écarte de son poste sans ordre, et à ce qu'il le rejoigne immédiatement après l'accomplissement du service auquel on l'a employé momentanément. Il veille enfin à la bonne alimentation de la pompe, détail dont il est rigoureusement responsable.

142. Si par suite de l'arrivée des postes il y a moins de sous-officiers que de pompes établies, l'officier met plusieurs pompes sous la surveillance d'un même sous-officier.

143. Aussitôt qu'une pompe est inutile, le sous-officier va prendre les ordres de l'officier avant de démonter l'établissement.

144. Le sous-officier de police est spécialement chargé des tonneaux et du parc. Il fait ouvrir toutes les portes donnant accès à des puits, pompes ou réservoirs, et en cas de refus réclame l'assistance de la police; il fait ouvrir les bouches d'eau, y fait monter des tuyaux pour le remplissage des tonneaux, etc., il fait former les chaînes, leur distribue les seaux à incendie qu'il prend aux pompes et dans les coffrets des tonneaux ou qu'il envoie chercher dans les dépôts environnants ; il envoie aussi chercher à leurs stationnements les tonneaux d'arrosement et ceux des porteurs d'eau; enfin il est responsable de l'alimentation générale qu'il ne doit pas abandonner un seul instant pour s'occuper de l'attaque directe du feu.

145. Le sous-officier de police fait porter au parc formé par ses soins, sur le point que lui a désigné l'officier, tous les objets du matériel dont on ne se sert plus.

CONSIGNE SPÉCIALE

Pour le service permanent d'incendie dans les casernes et dans les postes de ville.

SERVICE DANS LES CASERNES.

I. Afin d'assurer les secours qui seraient réclamés le jour dans les casernes depuis le défilé de la garde montante jusqu'à l'appel du soir, il est établi dans chacune d'elles un piquet, placé sous le commandement de l'officier de garde d'incendie et composé d'un sous-officier, deux caporaux et douze sapeurs.

Lorsque la compagnie sort pour un exercice extérieur, un piquet spécial composé des employés et ordonnances est laissé dans la caserne avec ordre de prévenir sur le terrain d'exercice.

Si un avertissement d'incendie a lieu de jour

depuis le réveil jusqu'à la formation du piquet, le détachement est composé des hommes de repos présents ; ceux devant monter la garde ne marcheront au feu que dans le cas d'insuffisance des hommes de repos.

Les hommes présents au moment d'un avertissement se joignent au piquet si un service commandé ne s'y oppose pas. Dans tous les cas, ils restent immédiatement consignés à la caserne, ainsi que ceux qui rentreraient après le départ du piquet, pour fournir du renfort s'il en était demandé.

II. Les sapeurs-pompiers de tous grades qui, sans être de service, apprennent en ville l'existence d'un grand incendie, doivent, quand même ils auraient une permission, rentrer de suite à leur caserne. Cependant, si l'incendie éclate dans les environs du point de Paris où ils se trouvent, ils s'y transportent, disposent les premiers secours et font, par un moyen quelconque, prévenir la caserne ou le poste le plus rapproché.

III. Pour les secours réclamés la nuit, chaque compagnie est divisée en deux sections, chaque section à tour de rôle, marche à l'incendie.

Le premier, le troisième, le cinquième sergent et le fourrier sont attachés à la première section.

Le sergent-major, le deuxième sergent, le quatrième et sixième sergent sont attachés à la seconde section.

Sur les quatre sous-officiers d'une section, trois seulement sont désignés pour marcher.

Le sergent de semaine, qui reste toujours à la caserne, et les sous-officiers de service extérieur, sont remplacés par le quatrième sous-officier de la section, et, au besoin, par des sous-officiers de la section de repos.

IV. Chaque section est divisée en neuf escouades : deux sont affectées à la première pompe; deux à la seconde pompe; deux au premier tonneau; deux au second tonneau ; et enfin une au chariot d'incendie.

Un sous-officier a le commandement de la première pompe; un autre celui de la seconde; et un troisième, dit sous-officier de police, a le commandement des deux tonneaux et du chariot d'incendie. La section est commandée par l'officier de garde d'incendie.

Un tableau conforme au modèle ci-dessous, affiché au corps de garde de la caserne indique la composition de la section d'incendie.

RÉGIMENT DE SAPEURS-POMPIERS DE PARIS

Caserne   e **Section.**

De service pour l'incendie :

M..............., officier de garde d'incendie.
Les sous-officiers { .... 1re pompe.
                .... 2e pompe.
                .... Tonneaux et chariot.
Les escouades nos .... 1re pompe.
—   nos .... 1er tonneau.
—   nos .... 2e pompe.
—   nos .... 2e tonneau.
—   nos .... chariot d'incendie.

Ces désignations changent toutes les fois que l'on a été au feu, afin que chacun puisse, à son tour, acquérir de l'expérience dans les différentes parties du service.

Une section éveillée n'est supposée avoir marché que si elle est sortie de la caserne.

DEVOIRS DU CAPORAL DE GARDE AU QUARTIER.

I. De jour ou de nuit, lorsque le caporal de garde est averti pour un feu de cheminée, il part avec deux hommes de sa garde et le matériel nécessaire et fait prévenir l'officier de garde d'incendie et le sergent de semaine, pour que l'on fasse compléter le poste. Il les fait aussi prévenir dès sa rentrée, établit son rapport et le remet le plus tôt possible au sergent-major.

II. Lorsque le caporal de garde est averti pour un incendie, autre qu'un feu de cheminée, il sonne l'alarme, partout si l'avertissement a lieu de jour, ou, à moins d'ordre contraire, dans la section marchante seulement, si l'avertissement a lieu de nuit. En même temps, il fait sortir le matériel par les hommes de sa garde, qui, en attendant le sergent de semaine, disposent ce matériel dans l'ordre suivant :

> Une pompe aspirante ;
> Un tonneau ;
> Une pompe foulante ;
> Un second tonneau ;
> Le chariot d'incendie ;
> L'appareil à feux de caves.

La nuit on allume les torches.

Après avoir sonné, le caporal se rend à la porte de la caserne, qu'il ouvre ; il y attend les ordres de l'officier de garde d'incendie avec la personne qui est venue prévenir, et un sapeur de garde désigné pour aller faire le premier avertissement à l'état-major du régiment.

III. De nuit, si l'avertissement fait connaître un incendie dans le voisinage immédiat de la caserne, et pour l'extinction duquel il n'y a pas encore de secours, le caporal sonne et part de suite avec la première pompe et deux hommes de sa garde accompagnés de la personne qui a fait l'avertissement. Il laisse au plus ancien sapeur tous les renseignements à transmettre à l'officier de garde d'incendie, puis ce sapeur fait allumer les torches et disposer le surplus du matériel dans l'ordre suivant :

Un tonneau;
Une pompe ;
Un second tonneau;
Le chariot d'incendie, etc.

Il se rend ensuite à la porte de la caserne pour l'ouvrir, y attendre l'officier de garde d'incendie et lui donner tous les renseignements qu'a laissés le caporal avant de partir.

IV. Si le caporal est averti pour un sauvetage quelconque, il s'y rend immédiatement avec deux hommes de sa garde, munis d'une pompe, de l'appareil à feux de caves, et de deux cordages; en partant il fait prévenir l'officier de garde d'incendie, qui le rejoint sur le lieu de l'accident, et le sergent de semaine qui fait compléter le poste.

DEVOIRS DU SERGENT DE SEMAINE.

I. Le sergent de semaine réunit le piquet à l'heure prescrite.

Il se rend dans la cour aussitôt l'avertissement d'un incendie; il organise le départ, fait placer les hommes aux pompes et aux tonneaux qu'ils doivent traîner, suivant les postes qui leur ont été assignés à l'avance et d'après les indications du tableau affiché au corps de garde. La nuit, il désigne des sapeurs pour porter les torches. Il veille à ce que le caporal et les sapeurs de garde exécutent ce qui leur est prescrit par la présente consigne, et à ce que tout se passe en silence, avec calme, sans confusion, mais avec la plus grande célérité. Lorsque le départ est prêt, il rejoint le caporal de garde à la porte de la caserne, pour recevoir les derniers ordres de l'officier et ne laisser sortir que le personnel et le matériel jugés nécessaires.

II. Le sergent de semaine fait ensuite remplacer les hommes de garde partis au feu ou en ordonnance. Ces premiers devoirs remplis, il monte dans les chambrées, s'assure que tous les hommes du piquet ou de la section marchante sont partis ou prêts à partir avec le matériel dont le départ n'a pas été ordonné. La nuit, il fait un contre-appel des escouades qui n'ont pas dû bouger; puis il se rend au corps de garde pour recevoir plus promptement les ordres de l'officier qui commande sur le lieu de l'incendie, soit qu'il s'agisse d'occuper des postes dégarnis, soit qu'il s'agisse d'envoyer des renforts.

III. Le sergent de semaine prend note exacte des heures de départ et de rentrée ainsi que de la composition de chaque détachement. Il vérifie et compte le matériel ramené, reçoit à leur rentrée la déclaration des sapeurs qui ont eu des effets détériorés au feu, et constate ces dégradations avant que les réclamants montent dans leurs chambrées. Aussitôt que l'officier de garde d'incendie rentre, le sergent de semaine lui rend compte de tous ces détails.

IV. Dans tout ce service, le sergent de semaine est aidé par le caporal de semaine. Ce dernier est chargé de faire sortir les hommes punis de la salle de police pour qu'ils partent au feu.

DEVOIRS DE L'OFFICIER DE GARDE D'INCENDIE.

I. L'officier de garde d'incendie est chargé de la surveillance de tout le service relatif aux incendies, personnel et matériel.

A la caserne, et sur le lieu de l'incendie, il prend l'initiative et la responsabilité des dispositions à ordonner.

II. L'officier de garde s'assure que le caporal de garde et le sergent de semaine comprennent bien leurs devoirs en cas d'incendie, et que le tableau indiquant la composition de la section marchante est exact. Il veille, au moment de l'appel du soir, à ce que tout le monde, particulièrement dans la section marchante, place ses effets de manière à ne pas perdre un instant pour les trouver si l'on sonne au feu.

III. L'officier de garde d'incendie se rend à tous les incendies, autres que les feux de cheminées, pour lesquels il sort des secours de la caserne.

IV. Le départ n'a lieu que par les ordres de l'officier de garde d'incendie, qui, après avoir été renseigné sur la nature du feu, fixe le nombre de pompes, de tonneaux etc., que l'on emmènera, et envoie aussitôt une première ordonnance à l'état-major du régiment, pour informer le colonel du départ du détachement. Ce sapeur devra pouvoir répéter tous les renseignements donnés devant lui à l'officier de garde par la personne qui sera venue faire l'avertissement. Toutefois, l'officier de garde d'incendie ne devra pas retarder le départ pour recueillir les renseignements qu'il a à envoyer au colonel.

V. Si au moment de sortir de la caserne l'officier de garde était certain du lieu de l'incendie, et que cet incendie eût réellement de la gravité, il enverrait faire immédiatement tous les avertissements qui suivent d'ordinaire la reconnaissance, etc., il recommanderait à l'ordonnance de l'état-major de dire : « *La caserne est sortie pour un grand feu, il ne sera pas envoyé de seconde ordonnance.* »

VI. Dès que l'officier de garde d'incendie est prévenu qu'une pompe d'un petit poste a manœuvré, il se transporte de suite au lieu incendié pour vérifier l'extinction du feu et examine si l'établissement a été bien fait. La pompe du poste est remplacée par une autre de la caserne et renvoyée à l'état-major.

VII. L'officier de garde se transportera également à tout incendie relativement grave qu'un poste aurait éteint sans le secours de la pompe. Il ira, dans tous les cas, reconnaître les extinctions d'incendies quelconques, même les feux de cheminées, dans les édifices publics, palais, ministères, théâtres, etc. Enfin, si l'officier de garde est prévenu pour un sauvetage quelconque, il se transporte sur le lieu de l'accident.

VIII. Parmi les officiers présents à la caserne, celui qui doit prendre la première garde d'incendie remplace l'officier de garde appelé à l'extérieur. Il surveille le service du sergent de semaine.

IX. Lorsque tout le matériel n'aura pas été ramené à la caserne par les détachements, l'officier de garde renverra sur le lieu de l'incendie, le sous-officier de police avec les hommes de corvée pour rechercher les agrès manquants.

X. L'officier de garde envoie le plus tôt possible une ordonnance dans les postes qu'il sait avoir été au feu, pour prendre les rapports des chefs de poste qu'il doit joindre au sien, après les avoir examinés et visés.

SERVICE DANS LES POSTES DE VILLE.

Extrait de la consigne générale des postes.

Art. 4. Le matériel et les remises seront visités tous les jours et nettoyés à fond. — Le chef de poste, en prenant la garde, signalera, sur le cahier qui y est déposé et sur son rapport, l'état dans lequel il aura trouvé et laissé le poste. — Dès son arrivée, le chef de poste et les servants placeront leurs casques et leurs ceintures sur une tablette du poste, puis ils se nettoieront ensuite.

Art. 7. Le chef de poste fait, aussitôt son arrivée au corps de garde, la théorie aux sapeurs de garde avec lui sur les divers feux, les fonctions que chaque servant doit être appelé à remplir, et en les faisant changer alternativement de fonctions. Il indique aux hommes où se trouvent les bouches d'eau, soit de l'établissement, soit des localités avoisinant le poste.

Art. 8. A la nuit close, le chef de poste fait ranger les bancs et autres objets qui pourraient intercepter le passage de la pompe, et il veille à ce que rien ne puisse retarder le départ. — Il fait aussi prendre les effets de nuit. — Le lendemain matin, il fait reprendre les effets avec lesquels les hommes ont monté la garde, dès que le poste est nettoyé.

Art. 9. Dès que le chef de poste est averti pour un incendie, il doit s'y rendre aussi vite que possible avec la pompe. Dès qu'il a fait sa reconnaissance et qu'il a reconnu la nécessité de mettre la pompe en manœuvre, il s'adresse au chef de la police pour le prier de faire avertir le plus promptement possible la caserne la plus rapprochée ou l'état-major du corps (si l'état-major est plus près). Il fait également prévenir le commissaire de police du quartier, pour toute espèce de feu. — Si le feu présente quelque gravité, bien qu'il ait été éteint avec des seaux d'eau, le chef de poste fera prévenir l'officier de garde de la caserne la plus rapprochée.

Art. 10. Les deux cordages devront être placés de chaque côté de la bâche de la pompe. — Pour toute espèce de sauvetage le chef de poste devra emmener la pompe, le flambeau et l'appareil, s'il y en a un dans le poste, et, au besoin, il en ferait demander un au poste le plus voisin.

Art. 11. Toutes les fois qu'une pompe aura été mise en manœuvre et que le feu aura été éteint avant l'arrivée de la compagnie que le chef de poste a dû faire prévenir, ainsi qu'il est dit plus haut, l'établissement ne devra être démonté que sur l'ordre de l'officier de la caserne la plus voisine, qui a été prévenu à cet effet.

Art. 12. Lorsqu'un chef de poste, arrivant sur le lieu de l'incendie, y trouvera un poste de sapeurs déjà établi, il devra se mettre en rapport avec le chef de ce poste, et, si sa présence n'est pas nécessaire, il devra se retirer promptement et retourner à son poste.

Art. 13. Les renseignements sur la nature du feu, etc. (indiquer sur le rapport si le mobilier et la maison sont assurés et à quelle compagnie), seront mis sur le rapport par le chef du poste qui sera arrivé le premier ; ce rapport sera dressé immédiatement après la rentrée du chef de poste ; les autres chefs de postes indiqueront seulement sur leurs rapports l'heure du départ, le lieu de l'incendie, l'heure de leur rentrée au corps de garde et tout ce qui s'est passé avant l'arrivée de l'officier.

Art. 14. Le chef de poste remettra les rapports d'incendie à l'ordonnance envoyée par l'officier qui a été au feu. — Les rapports des feux de cheminées seulement seront remis au bureau du sergent-major à la garde descendante, pour être soumis au visa de l'officier d'incendie qui fera prendre les renseignements qu'il jugera nécessaires.

Art. 15. Les caporaux signaleront sur leurs rapports si des hommes ont été blessés, et dans quelle circonstance, pendant l'incendie ; ils indiqueront aussi si des effets ont été détériorés.

CONSIGNE POUR LES ÉTABLISSEMENTS PUBLICS.

Lorsqu'un incendie quelconque (y compris les feux de cheminées) se manifestera dans un Ministère, aux Tuileries, au Palais-Royal, au Louvre, au Sénat, au Palais législatif, à la Banque, au Magasin de campement militaire, au Garde-meuble, au Magasin à fourrages, à la Halle aux vins, à l'Hôtel-de-ville, à la Préfecture de police, aux Arts et métiers, à la Manutention militaire, à l'Imprimerie Impériale, au Mont-de-piété, à l'Élysée, au Palais des beaux-arts, ou dans un théâtre quelconque, enfin dans les édifices appartenant à l'État ou à la Ville, le chef de poste qui sera appelé pour l'éteindre fera immédiatement prévenir l'officier de semaine de la caserne la plus rapprochée du lieu du sinistre.

TITRE V

Description des diverses parties de la construction intérieure d'un théâtre et machines principales dont il est équipé. Établissements fixes et consigne générale pour les sapeurs-pompiers qui y sont de service.

CHAPITRE Ier

DESCRIPTION INTÉRIEURE.

1. Pour compléter l'instruction du sapeur-pompier, et pour le mettre à même d'agir avec intelligence dans un moment de danger, on a jugé convenable de lui donner quelques idées succinctes de la construction particulière des théâtres, et de lui faire connaître la nomenclature des principales machines dont ils sont équipés. Cette nomenclature fait l'objet des six articles suivants, savoir :

1° Les combles.
2° Les ponts à demeure et les ponts volants.
3° Les planchers latéraux ou corridors des cintres.
4° La scène ou le théâtre proprement dit.
5° Les dessous.
6° Un aperçu de la manière dont sont suspendues e équipées les toiles de plafond.

222 TITRE V

ARTICLE PREMIER.

COMBLES.

2. L'intérieur d'un théâtre, en général, doit être considéré d'abord comme une cage de quatre

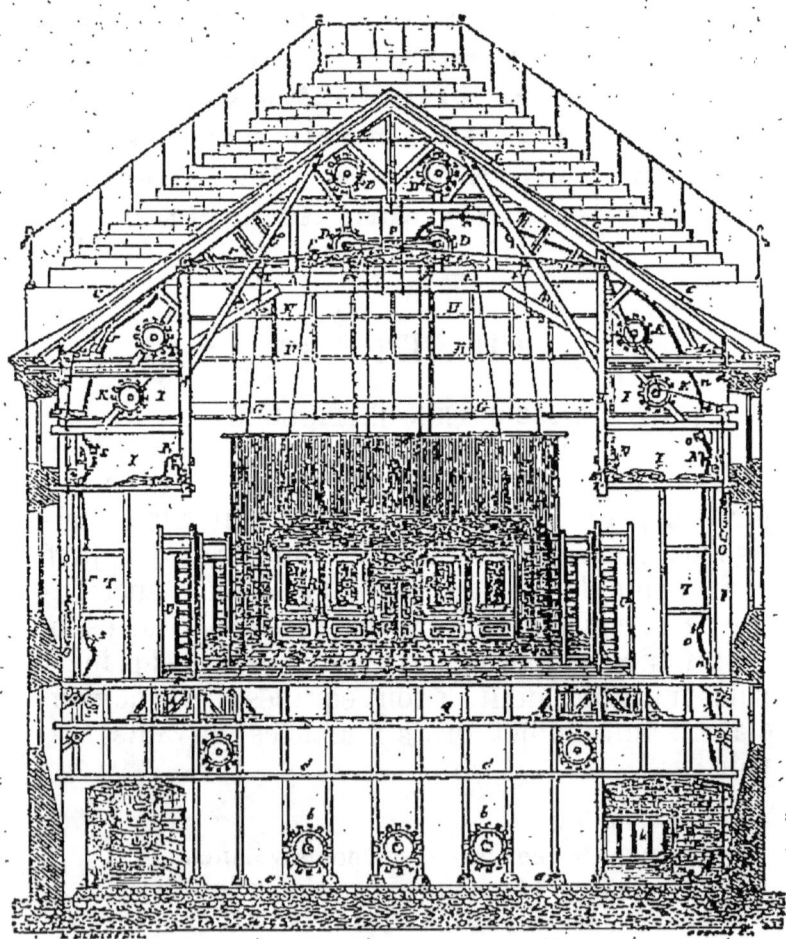

Fig. 117. Description intérieure d'un théâtre.

murs, dont celui de l'avant-scène s'élève au-dessus des combles pour séparer la salle du théâtre et couper la communication d'un comble à l'autre, si le feu venait à se manifester à l'un d'eux; ce mur est ordinairement terminé par des degrés praticables de chaque côté afin de présenter, en cas d'incendie, un accès facile aux sapeurs-pompiers et une liberté suffisante à leur manœuvre. Au milieu de ce mur se trouve une ouverture dont la largeur et la hauteur sont celles nécessaires pour la scène; cette ouverture est fermée pendant le jour et la nuit, après la représentation, par un rideau métallique à mailles, qui a pour but d'arrêter momentanément les flammèches qui pourraient passer du théâtre à la salle et réciproquement, et de donner le temps de prendre des dispositions d'attaque pour préserver une partie de l'édifice en cas d'incendie.

3. Les murs sont surmontés de fermes en bois ou en fer qui sont plus élevées que celles des combles ordinaires, attendu qu'il se trouve deux planchers dans la hauteur, l'un posé sur les grands entraits, l'autre sur les seconds.

4. Des jours ou croisées sont ménagés dans les combles pour éclairer les deux hauteurs de planchers; ces issues offrent en même temps des moyens de retraite pour gagner les cheneaux dans un moment de danger.

5. Le plancher inférieur posé sur les grands entraits se nomme gril, ainsi appelé parce qu'il est à claire-voie, et que les planchers qui le composent sont établis à distances égales. Ils portent des moufles, treuils, tambours et cordages; et à ses solives sont fixés les crochets de fer qui suspendent les toiles, les moufles pendantes, les ponts à

demeure et les ponts volants. Les cintres ou corridors latéraux sont aussi suspendus à ce dernier.

Le second plancher, dans la hauteur du comble, est placé sur le deuxième entrait; il est fait en gril et semblable au précédent.

ARTICLE II.

PONTS A DEMEURE ET PONTS VOLANTS.

6. Les ponts à demeure sont des madriers portés par des étriers en bois et fixés aux solives du gril par des étriers en fer; sur les étriers en bois sont attachés à hauteur convenable, et de chaque côté du pont, des appuis ou garde-fous en bois ou en cordage.

7. Les ponts volants ne sont soutenus que par des étriers en cordages, et ils n'ont d'autre appui ou garde-fou qu'une corde tendue d'un étrier à l'autre. Leurs étriers sont suspendus aux mêmes solives que les ponts à demeure.

8. Ces ponts servent de voie de communication aux machinistes pour se rendre plus promptement d'un poste à l'autre; ils servent aussi à régler toutes les toiles et à faciliter les premiers secours dans le cas où il s'agirait, soit de détacher ou de couper les faux cordages, soit d'éteindre à la main quelques parties de rideaux ou de plafonds qui seraient atteints par le feu.

ARTICLE III.

PLANCHERS LATÉRAUX OU CORRIDORS DES CINTRES.

9. Les planchers latéraux ou corridors des cintres sont au nombre de quatre dans les théâtres

de premier ordre, deux de chaque côté, et de deux seulement dans les théâtres ordinaires. Ils sont suspendus au comble par un bout, au moyen des aiguilles ou supports boulonnés sur le grand entrait; l'autre bout porte dans les murs et y est retenu par des ancres en fer. C'est après les pièces pendantes que sont assemblées les solives de ces planchers.

10. Le plus bas de ces corridors n'est chargé que des fils de retraite ou cordages. Toutes les machines du haut se lâchent de ce corridor.

11. Le second corridor au-dessus du précédent est beaucoup plus chargé; il porte tous les contre-poids, les treuils et leurs équipages.

12. De chaque côté des corridors sont établies des galeries en charpente. Sur le devant et entre les pièces pendantes sont pratiquées des échelles fixes au moyen desquelles on monte aux différents étages des ponts et même sur le grand gril.

13. Dans toute la longueur et de chaque côté du plancher du premier corridor sont assemblées des entretoises sur lesquelles sont fixées les chevilles dites de retraite, où viennent s'arrêter les fils de manœuvre.

ARTICLE IV.

SCÈNE OU THÉATRE PROPREMENT DIT.

14. Cette partie, considérée comme sol, est un plancher dont la longueur commence à la rampe des lumières et se termine au mur du fond; la largeur est d'un mur latéral à l'autre. Il est en pente vers la scène sur le sens de sa longueur.

15. Les quatre côtés du théâtre sont ainsi dénommés :

Avant-scène.
Lointain.
Côté cour.
Côté jardin [1].

16. Le côté cour est à la gauche de l'acteur en scène faisant face au public; le côté jardin est à sa droite. Le point de centre des côtés latéraux et dans toute leur élévation se nomme trumeau.

17. Le haut et les côtés de l'ouverture de la scène sont décorés par une bande de draperie figurée appelée manteau d'arlequin; elle est construite en tôle, accompagne et encadre le rideau.

18. Entre la ligne de tombée du rideau et le premier plan de châssis, cette draperie est mobile et élargit ou rétrécit à volonté l'ouverture de la scène.

19. Entre le théâtre et les cintres il n'existe que des caisses pour recevoir et conduire les contrepoids; ces caisses ou cheminées, ainsi dénommées parce qu'elles en ont à peu près la forme, sont du haut en bas fixées aux murs.

20. Le plancher s'ouvre dans toutes ses parties; il est divisé par trappes et par plans. Les autres parties, dans la ligne des châssis, sont composées de grands ou petits trapillons. Les petits ferment les ouvertures appelées costières servant au passage des faux châssis et des mâts à chevilles, qui portent les feuilles de décorations; les grands ferment celles qui servent au passage des fonds ou fermes qui montent des dessous.

21. Ces trappes sont disposées sur des sablières,

[1]. Ces deux dernières dénominations ont été prises sur la disposition du théâtre des Tuileries, attendu que l'un de ses côtés donne sur la cour et l'autre sur le jardin.

de manière qu'elles peuvent être retirées à la main une à une ou se retirer dans leur ensemble, soit à droite, soit à gauche, sous les autres trappes.

22. Enfin les autres parties, telles que celles des côtés et celles de l'avant-scène, sont à demeure et faites comme tous les planchers de ce genre.

23. Au fond du théâtre et dans toute sa largeur, il existe ordinairement un couloir de service.

24. Dans toutes les parties latérales sont établies des cloisons à claire-voie pour recevoir en dépôt les châssis de décoration.

25. Les décorations qui se plantent sur le plancher du théâtre consistent en fermes, châssis, terrains, montagnes, etc. Toutes ces décorations sont couronnées par les toiles de frises, et fermées par les rideaux de fond.

ARTICLE V.

DESSOUS.

26. La charpente des différents planchers des dessous est divisée par rues et repose sur des plates-formes posées sur des parpaings ou dés de pierre. Sur ces plates-formes s'élèvent des poteaux qui portent les sablières du premier plancher en montant.

27. Sur les sablières sont emmanchés les poteaux qui portent le second plancher; ils sont coiffés par la sablière qui porte le roulement des chariots.

28. Enfin, les poteaux qui portent les sablières des planchers du théâtre sont emmanchés de la manière suivante.

29. C'est dans la hauteur du plancher du pre-

mier dessous que se trouvent tous les détails du service.

30. Sur les sablières du bas de ce plancher sont encastrées les lames de fer sur lesquelles roulent les chariots.

31. Les écartements d'une rue à l'autre sont maintenus dans le vide des trappes par des entretoises en bois servant de solives pour tous les planchers, et fixées entre les sablières par des crampons de fer qui entrent dans des gâches arrêtées sur ces sablières.

ARTICLE VI.

APERÇU SUR LA MANIÈRE DONT SONT SUSPENDUS ET ÉQUIPÉS LES RIDEAUX ET LES TOILES DU PLAFOND.

32. Toutes les toiles qui couronnent les décorations du théâtre et qu'on distingue en général sous le nom de plafonds pour les palais et appartements, et sous celui de bandes d'air pour les autres usages, ainsi que les petits rideaux, sont tendus dans toute leur largeur sur des perches et suspendus dans leur longueur par des cordages.

33. Ces cordages sont fixés d'un bout aux solives du gril par des crochets de fer, au moyen d'une boule; l'autre bout du même cordage est attaché à demeure à la perche qui porte le bout supérieur de la toile : ils se nomment cordes mortes ou faux cordages parce qu'ils restent aux toiles et ne servent qu'à régler la hauteur des toiles qu'ils portent.

34. Des cordages appelés fils de manœuvre

sont également attachés d'un bout, comme les faux cordages, à la perche du rideau; mais au lieu de venir de l'autre bout se fixer sur les crochets de fer, ils passent dans les moufles pendantes, viennent se réunir dans les moufles d'appel et sont arrêtés sur les chevilles de retraite.

35. Les grands rideaux qui ferment le théâtre dans sa hauteur et sa largeur présentant une grande surface et étant d'un poids plus considérable, sont tendus sur trois perches, deux aux extrémités et une au milieu; comme le gril n'est pas assez élevé pour faire disparaître, dans toute leur hauteur, ces rideaux dans les frises, les fils de manœuvres, au lieu d'être attachés à la perche supérieure, comme pour les plafonds, sont fixés par un bout à la perche du milieu. Lorsqu'on enlève ces rideaux, tout le tirage ayant lieu dans cette partie, ils se replient sur eux-mêmes, et ce n'est que lorsque la perche supérieure touche le gril qu'on met en retraite sur les poignées.

36. Ces rideaux étant trop pesants pour être enlevés ou baissés à la main, les fils de manœuvre sont équipés de manière qu'après avoir passé dans les moufles à plat fixées sur le gril, ils viennent s'enrouler autour des tambours avant de passer dans les moufles d'appel et sont mis en mouvement par les fils d'équipe des contre-poids.

37. Il en est de même pour les grands plafonds de bois ou de tout autre objet d'un grand poids.

38. Les espaces n'étant pas toujours proportionnés aux points où sont suspendues les toiles qui doivent descendre entre un châssis et l'autre, et les crochets qui les suspendent étant peu distancés les uns des autres, il en résulte que la masse des

frises est quelquefois tellement compacte que, dans un commencement d'incendie, il serait très-difficile, pour ne pas dire impossible, d'y diriger le jet d'une lance.

39. Pour rendre cette opération plus facile, il faudrait promptement lâcher les fils de poignées du rideau attaqué et manœuvrer sur les parties enflammées, en attendant qu'on pût détacher ou couper les faux cordages pour le faire tomber entièrement.

40. Ces sortes d'accidents ne peuvent généralement arriver que pendant les représentations ; alors les machinistes, qui connaissent tous les équipements des fils et des faux cordages de chaque toile, peuvent prêter leurs concours aux sapeurs pour faire tomber les parties qui seraient atteintes par le feu.

CHAPITRE II

ÉTABLISSEMENTS FIXES.

41. Lorsqu'un incendie se déclare dans un théâtre, les progrès du feu peuvent être tellement rapides qu'il faut, pour les maîtriser dès leur principe, que les secours soient instantanés. Pour arriver à ce résultat, on a jugé indispensable d'organiser dans chaque théâtre un service de surveillance de jour et de nuit, et d'y placer des établissements fixes et un matériel tels que les sapeurs-pompiers de service puissent agir promptement. Ces secours sont l'objet de cinq articles, savoir :

1° Réservoirs supérieurs et inférieurs.
2° Pompes à incendie.

3° Colonnes d'ascension.
4° Colonnes en charge et colonnes à compression d'air.
5° Pompes de renfort.

ARTICLE PREMIER.

RÉSERVOIRS SUPÉRIEURS ET INFÉRIEURS.

42. Les réservoirs supérieurs sont situés dans les combles et placés assez ordinairement à cheval sur le gros mur qui sépare la salle du théâtre : ils sont remplis au moyen des pompes de la cave et alimentent les colonnes en charge.

43. Les réservoirs inférieurs sont établis dans les parties souterraines du bâtiment, soit en dessus, en contre-bas, ou au niveau du sol des caves ; ils sont ordinairement remplis par des conduits d'eau de ville, et reçoivent, ainsi que les puits qui en tiennent lieu, les tuyaux d'aspiration des pompes qu'ils alimentent.

ARTICLE II.

POMPES A INCENDIE.

44. Les pompes sont placées dans un lieu voûté appelé *cave*, pour que les sapeurs chargés de la manœuvre soient à l'abri du danger en cas d'incendie, et qu'ils puissent agir le plus longtemps possible avec sécurité.

45. Elles aspirent dans les réservoirs inférieurs au moyen d'un siphon [1] ou d'un aspiral ordinaire,

---

1. *Explication du siphon et de son effet.*
Le siphon est un tube en plomb recourbé, dont un bout plus court que l'autre plonge dans le réservoir, tandis que l'autre vient se raccorder par un embranchement à l'aspiral de la pompe.
C'est à la pression de l'atmosphère qu'est due l'action du siphon.

suivant qu'elles sont situées à côté ou au-dessus des réservoirs; elles alimentent ainsi les établissements d'ascension et les réservoirs supérieurs.

46. Dans certaines localités, elles peuvent aspirer également sur les conduites d'eau de ville.

47. Les pompes qui aspirent au moyen d'un siphon ou celles dont la partie inférieure de l'aspiral qui plonge dans un réservoir en contre-bas du sol est garnie d'un clapet, peuvent être rendues foulantes en démontant le chapeau couvert vissé sur la courbe d'aspiration et faisant ensuite remplir la bâche d'eau.

48. Celles dont l'aspiral est dépourvu du clapet peuvent être rendues foulantes par le même moyen mais en démontant, au préalable, l'aspiral et le remplaçant par le chapeau couvert.

ARTICLE III.

COLONNE D'ASCENSION.

49. Les colonnes d'ascension sont des conduits en

Les premiers coups de piston de la pompe forment le vide. La pression de l'atmosphère sur la surface de l'eau du réservoir force alors celle-ci à entrer dans le siphon, d'où elle se rend dans les cylindres pour passer ensuite dans le récipient.

Une fois l'eau arrivée dans la branche la plus longue du siphon, elle coulera d'elle-même et sans manœuvrer, jusqu'à ce que le niveau de l'eau atteigne l'orifice de la branche la plus courte; alors on viderait le réservoir ou à peu près, si la branche est près du fond du réservoir.

Pour éviter ces inconvénients on a percé un trou à la courbure supérieure du siphon; ce trou est fermé par un chapeau couvert qu'il faut avoir soin d'ôter lorsqu'on veut rompre la colonne.

L'air extérieur, pénétrant dans le siphon par cette ouverture, vient faire équilibre avec celui qui pèse sur la surface de l'eau du réservoir et l'écoulement est interrompu.

ÉTABLISSEMENTS DANS LES THÉATRES

plomb qui, montés sur le tuyau de sortie des pompes, traversent la voûte de la cave et conduisent l'eau dans les réservoirs supérieurs; ces conduits,

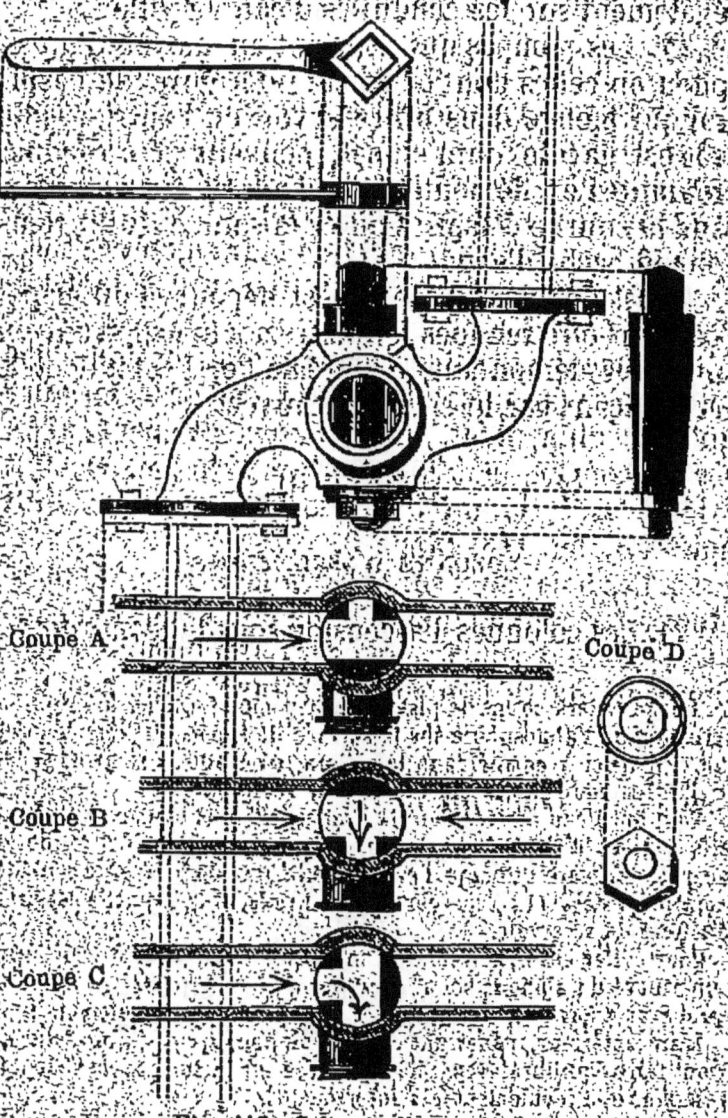

Fig. 118. Colonne d'ascension.

au lieu d'être continus, sont interrompus au théâtre et à chaque étage des cintres par un boisseau ou robinet à trois eaux dont l'orifice à pas de vis reçoit une demi-garniture armée d'une lance.

50. La figure 118, coupe A représente la disposition d'un robinet d'ascension lorsqu'il est fermé.

51. Dans cette position, la branche du boisseau doit être placée vers le côté d'où vient l'eau.

52. En ramenant la branche du boisseau du côté de la sortie, on fait faire 1/4 de tour aux ouvertures et l'écoulement de l'eau a lieu par l'établissement, fig. 118, coupe C.

53. Quelquefois les colonnes d'ascension sont mises en communication avec le fond des réservoirs qu'elles alimentent. L'établissement peut alors servir comme établissement en charge. On fait faire pour cela un demi tour à la branche du boisseau, fig. 118, coupe B.

54. Ces boisseaux sont placés dans des petites armoires fermant à clef, afin que les sapeurs de service puissent seuls y toucher. Ces armoires contiennent, outre la demi-garniture, une hache et une éponge à main pour éteindre le feu dès sa naissance lorsqu'il n'a pas atteint assez de développement pour qu'on ait recours à la manœuvre.

55. Dans l'intérieur de ces armoires se trouve une bascule servant à faire mouvoir les fils des sonnettes des armoires inférieures et correspondant jusqu'à la cave, en sorte que si à un établissement d'ascension quelconque le sapeur en faction a besoin d'eau, il lui suffit d'appuyer sur la bascule pour faire manœuvrer la pompe.

ARTICLE IV.

COLONNES EN CHARGE ET COLONNES A COMPRESSION D'AIR

56. Les colonnes en charge sont des conduits en plomb qui, piqués sous le fond des réservoirs supérieurs, descendent l'eau pour alimenter les établissements en charge et fournissent des jets provisoires plus ou moins élevés, suivant la hauteur des réservoirs au-dessus des orifices d'écoulement.

57. Ces tuyaux de descente sont, de même que les colonnes d'ascension, interrompus à chaque étage inférieur par des boisseaux, sur la sortie desquels est montée une demi-garniture armée d'une lance. Comme ils sont continuellement en charge, il suffit pour s'en servir de déployer les boyaux et de tourner la branche du boisseau devant soi pour que l'eau arrive à la lance.

58. A la sortie du réservoir, ces conduits ont un robinet de barrage pour permettre de vider la colonne en temps de gelée et faciliter les réparations.

59. Les boisseaux de ces colonnes sont, comme ceux des établissements d'ascension, renfermés dans des armoires.

60. Dans quelques théâtres, les établissements en charge sont remplacés par un appareil à compression d'air à trois atmosphères, donnant un jet très élevé pendant l'espace de dix minutes environ, et pouvant être d'un secours très efficace, attendu qu'on s'en sert comme d'une colonne en charge.

61. Cet appareil, inventé par le capitaine Guérin, du corps des sapeurs-pompiers de Paris, se compose

ainsi qu'on le voit dans la figure ci-après, d'un réservoir A que l'on remplit d'eau, ainsi que la colonne placée dessous avec laquelle il communique; d'un autre réservoir D que l'on remplit

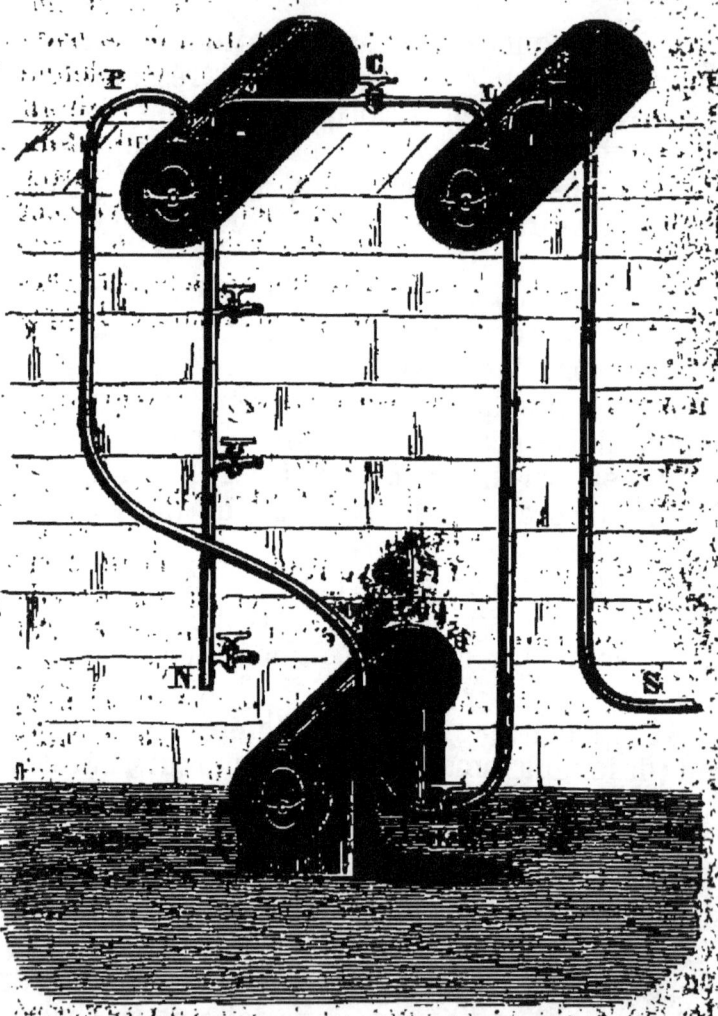

Fig. 149. Appareil à compression d'air.

également, ainsi que la colonne placée en dessous. La pression de cette colonne comprime l'air renfermé dans le réservoir F, et, attendu que ce réservoir est en communication avec le réservoir A, la surface de l'eau dans celui-ci reçoit la même pression. L'air se comprime en raison de la hauteur de la colonne qui le presse. Si cette colonne a une hauteur de 20 mètres, l'air se réduit au tiers de son volume; or, dans ce cas, il faudrait un réservoir trois fois plus grand que les autres pour le contenir d'abord; mais ici l'on a évité cet inconvénient; on a ajouté des robinets, une colonne verticale et une autre horizontale, qui servent, ainsi qu'on va le voir, pour charger l'appareil.

MOYENS A EMPLOYER POUR CHARGER L'APPAREIL.

Le robinet K barrera la colonne.
Les robinets C, B, la laisseront ouverte.
On suppose qu'au moyen d'une pompe en communication avec le tuyau S B, l'eau arrivera dans le réservoir D, et descendra en K; elle déplacera l'air qui passera par le tuyau M L, et se mettra en équilibre dans les deux autres réservoirs; elle passera ensuite par le tuyau L M, descendra en N, et déplacera l'air qui ira se comprimer en F en passant par le tuyau P O. Lorsque le réservoir A sera plein, l'appareil sera chargé. Ensuite, on fermera le robinet C de manière à barrer la colonne M L, et l'on ouvrira le robinet B de manière à mettre la surface de l'eau contenue en D en communication avec l'air extérieur; ensuite on ouvrira le robinet K, afin de laisser agir le poids de la colonne D K sur l'air renfermé en F.

On voit que l'air, qui d'abord remplissait trois réservoirs de la même capacité, se trouve comprimé dans un seul, et par conséquent est réduit au tiers de son volume. Cette condition est aussi celle d'une masse d'air qui supporte le poids d'une colonne d'eau de 20 mètres de hauteur, sur laquelle presse l'atmosphère; on peut donc mettre la surface de l'eau renfermée en D, en communication avec l'air extérieur sans qu'il y ait de réaction à ce point.

Lorsque l'eau renfermée en A sera dépensée, l'eau renfermée en D sera descendue en F, alors on videra le réservoir F par le robinet K.

Il résulte de toutes ces dispositions, que la pression en F et en A sera la même, et toujours égale à peu près tant qu'il y aura de l'eau en A et en D. Cette pression sera toujours mesurée par la différence de hauteur des deux surfaces en D et en F. Plus cette différence sera grande, plus l'air sera comprimé en F; mais il est facile de voir que 20 mètres présentent une pression bien suffisante, puisqu'elle agit dans la partie supérieure du réservoir A.

62. On pourrait substituer à la pression hydraulique une pression d'air, mais elle ne serait pas constante. Il est vrai que l'on pourrait comprimer l'air de telle sorte, que son minimum de pression fût égal à la pression produite par une colonne d'eau de 20 mètres de hauteur, mais alors tout l'appareil supporterait une pression double, et il faudrait par conséquent donner plus de résistance aux réservoirs et aux tuyaux; mais les boyaux en cuir qui, tous les jours éprouvent des frottements et sont exposés à la sécheresse et à la poussière, ne

seraient pas toujours en assez bon état pour résister à des pressions aussi fortes.

63. Les théâtres de la Porte-Saint-Martin, du Châtelet et Lyrique, sont pourvus d'appareils établis d'après ce système.

64. Une légère modification a été apportée dans la manière de charger les appareils à compression d'air de l'Opéra-Comique et de la Gaîté. On emploie une pompe spéciale pour comprimer l'air dans la tonne inférieure ; mais, dans tous les cas, l'appareil une fois chargé, son fonctionnement est exactement le même que celui de l'appareil Guérin.

ARTICLE V.

POMPES DE RENFORT.

65. Indépendamment des secours dont il vient d'être parlé, les cintres sont pourvus de pompes de renfort garnies d'un boyau à spirale armé d'une lance ; elles sont alimentées par les colonnes en charge ou par les réservoirs supérieurs. Ces pompes portent différents noms : les unes se manœuvrent au moyen d'un balancier, telles sont les pompes suisses, etc. ; d'autres sont à volant et se manœuvrent en tournant une manivelle, telles sont les pompes parisiennes.

66. Le mécanisme de ces pompes donne à leur jet une force plus grande que celle d'une colonne en charge, surtout si cet établissement est rapproché du réservoir. Un seul homme pouvant au besoin les manœuvrer, elles sont d'une grande utilité pour arrêter un commencement d'incendie.

TABLEAU

DES SECOURS CONTRE L'INCENDIE

DANS LES THÉATRES DE PARIS

OPÉRA

EMPLACEMENTS des secours	POMPES A INCENDIES	POMPES suisses ou parisiennes		ÉTABLISSEMENTS				NOMBRE DE RÉSERVOIRS et capacité de chacun d'eux exprimée en litres		PORTES de retraite		Total des établissements par théâtre	Bornes-Fontaines
		Cour	Jardin	Cour		Jardin		Inférieurs	Supérieurs	Cour	Jardin		
				d'ascension	de chute	d'ascension	de chute						
Cave	4	»	»	2	»	2	»	1 puits 6 mètres de profondeur		1	1		40
3e dessous	»	»	»	»	1	»	»			»	1		
Vestibule sous le parterre	»	»	»	»	»	»	1			»	»		
1er dessous	»	»	»	»	1	»	1			4	2		
2e dessous	»	»	»	»	»	»	1			1	2		
Scène	»	»	»	2	1	2	1			2	3	41	
Couloir du lointain	»	»	»	»	»	»	2			»	»		
Magasin de décors	»	»	»	»	»	»	2			2	3		
1er pont	»	1	1	2	2	2	2			2	2		
2e pont	»	1	1	2	1	2	1			2	2		
Coupole	»	1	»	1	»	1	»		2 de 2,800	2	2		
Combles	»	»	»	1	»	1	»			2	2		

SERVICE POUR LES BALS

DÉSIGNATION DES POSTES	Officiers	Sous Officiers	Caporaux	Sapeurs	Total
En surveillance par tout le théâtre	1	2	»	»	3
Au foyer	»	»	»	2	2
Au vestiaire	»	»	»	4	4
Répartis dans la salle	»	»	1	5	6
Sur le théâtre (scène) derrière	»	»	»	2	2
Au premier pont	»	»	1	3	4
Au deuxième pont	»	»	1	3	4
Aux grils	»	»	»	1	1
Dans les dessous	»	»	»	1	1
Aux troisièmes loges	»	»	»	2	2
Aux premières loges	»	»	»	1	1
A la coupole	»	»	»	1	1
A la cave pour le service des pompes	»	»	3	22	25
Totaux	1	2	6	44	53

OPÉRA

COMPOSITION DU SERVICE		OFFICIER	SOUS-OFFICIERS	CAPORAUX	SAPEURS	TOTAL
	Hommes de grand'garde.	»	1	1	12	14
	» de représentation.	1	1	3	24	29
FACTIONNAIRES	de jour et de nuit sur la scène.	»	»	»	1	1
	de nuit dans les dessous.	»	»	»	1	1
	» au 1er pont lointain cour.	»	»	»	1	1
	» en ronde dans les ponts et les dessous.	»	»	»	1	1
FACTIONNAIRES pendant la représentation	sur la scène, avant-scène côté cour.	»	»	»	1	1
	» » côté jardin.	»	1	1	»	2
	» au lointain côté jardin.	»	»	»	1	1
	» » côté cour.	»	»	»	1	1
	au 1er pont, avant-scène côté jardin.	»	»	»	1	1
	» au trumeau »	»	»	»	1	1
	» au lointain »	»	»	»	1	1
	» avant-scène côté cour.	»	1	»	1	2
	» au trumeau »	»	»	»	1	1
	» au lointain »	»	»	»	1	1
	au 2e pont, avant-scène côté jardin.	»	»	»	1	1
	» au trumeau »	»	»	»	1	1
	» au lointain »	»	»	»	1	1
	» avant-scène côté cour.	»	»	»	1	1
	» au trumeau »	»	»	»	1	1
	» au lointain »	»	»	»	1	1
	au gril.	»	»	1	»	1
	à la coupole.	»	»	»	2	2
	dans les dessous.	»	»	»	2	2
	à la cave pour le service des pompes.	»	»	1	11	12
	Totaux.	»	2	3	30	35

ITALIENS

EMPLACEMENTS des secours	POMPES A INCENDIES	POMPES suisses ou parisiennes		ÉTABLISSEMENTS				NOMBRE DE RÉSERVOIRS et capacité de chacun d'eux exprimée en litres		PORTES de retraite		Total des établissements par théâtre	Bornes-Fontaines
				Cour		Jardin							
		Cour	Jardin	d'ascension	de chute	d'ascension	de chute	Inférieurs	Supérieurs	Cour	Jardin		
Cave	2	»	»	1	»	1	»	2 de 10,000		1	»		6
2e dessous	»	1	»	»	1	»	1			1	3		
Scène	»	»	»	1	1	1	1			2	2		
1er étage	»	»	»	»	1	»	2			»	»		
2e étage	»	»	»	»	1	»	2			»	»	} 28	
1er pont	»	1	1	1	1	1	1			1	1		
3e pont	»	»	»	1	1	1	1			»	»		
1er gril	»	2	»	»	1	»	»		2 de 14,000	1	1		
2e gril	»	»	»	»	»	»	»			»	»		
Combles	»	»	»	1	»	1	»			»	»		

ITALIENS

COMPOSITION DU SERVICE		OFFICIERS	SOUS-OFFICIERS	CAPORAUX	SAPEURS	TOTAL
	Hommes de grand'garde	»	»	1	4	5
	» de représentation	»	1	1	8	10
FACTIONNAIRES	De jour sur la scène	»	»	»	1	1
	De nuit »	»	»	»	1	1
	» en ronde dans les ponts et les dessous	»	»	»	1	1
FACTIONNAIRES pendant la représentation	sur la scène, avant-scène côté cour	»	1	»	»	1
	» » côté jardin	»	»	1	»	1
	» au lointain »	»	»	»	1	1
	au 1er pont, avant-scène	»	»	»	1	1
	» » côté cour	»	»	»	1	1
	au 3e pont, avant-scène côté jardin	»	»	»	1	1
	» » côté cour	»	»	»	1	1
	à la cave pour le service des pompes	»	»	1	7	8
TOTAUX		»	1	2	12	15

SERVICE POUR LES BALS

DÉSIGNATION DES POSTES	Officiers	Sous Officiers	Caporaux	Sapeurs	Total
En surveillance dans tout le théâtre	1	1	»	»	2
Dans la salle	»	»	1	3	4
Au foyer	»	»	»	1	1
A la hauteur des quatrièmes loges	»	»	»	1	1
Aux ponts, un de chaque côté	»	»	»	2	2
A la cave, dont 2 détachés dans les dessous	»	»	1	9	10
Autour du bal un factionnaire de la grand'garde	»	»	»	»	»
TOTAUX	1	1	2	16	20

COMÉDIE FRANÇAISE

EMPLACEMENTS des secours	POMPES A INCENDIES	POMPES suisses ou parisiennes		ÉTABLISSEMENTS				NOMBRE DE RÉSERVOIRS et capacité de chacun d'eux exprimée en litres		PORTES de retraite		Total des établissements par théâtre	Bornes-Fontaines
				Cour		Jardin							
		Cour	Jardin	d'ascension	de chute	d'ascension	de chute	Inférieurs	Supérieurs	Cour	Jardin		
Cave....	2¹	»	»	»	»	»	»	»	»	»	»		2
Sous le vestibule.	»	»	»	»	»	»	»	1 de 2,850	»	»	»		
Vestibule .	»	»	»	1	1	1	1	1 de 5,550	»	»	»		
Scène ...	»	»	»	1	2	1	1		1 de 15,847	3	»		
1er étage .	»	»	»	»	»	»	»			»	»		
Escalier D.	»	»	»	»	5²	»	»			»	»	25	
1er pont. .	»	»	»	»	1	1	2			2	»		
2e pont. .	»	»	»	1	1	»	»			1	1		
Couloir des cloches .	»	»	»	»	»	»	»	1 de 800	»	»	»		
Coupole. .	»	1	1	»	»	»	»		2 de 2,000	1	1		
Combles.	»	»	»	2³	»	1³	»			»	»		

4 bouches d'eau dépendant du service municipal.

¹ Ces deux pompes sont à volant.

² Un établissement à chaque étage.

³ Ces établissements sont des pas de vis pour monter des demi-garnitures.

COMÉDIE FRANÇAISE

COMPOSITION DU SERVICE		OFFICIERS	SOUS-OFFICIERS	CAPORAUX	SAPEURS	TOTAL
	Hommes de grand'garde. . . .	»	»	1	4	5
	» de représentation. . .	»	1	1	6	8
FACTIONNAIRES	de jour sur la scène.	»	»	»	1	1
	de nuit »	»	»	»	1	1
	» en ronde dans les ponts et les dessous.	»	»	»	1	1
FACTIONNAIRES pendant la représentation	sur la scène, avant-scène côté cour .	»	1	»	»	1
	» » côté jardin.	»	»	1	»	1
	au 1ᵉʳ pont, côté jardin. . . .	»	»	»	1	1
	au 2ᵉ pont, côté cour.	»	»	»	1	1
	à la coupole.	»	»	»	1	1
	à la cave pour la manœuvre des pompes.	»	»	1	6	7
	TOTAUX.	»	1	2	10	13

OPÉRA-COMIQUE

EMPLACEMENTS des secours	POMPES A INCENDIES	POMPES suisses ou parisiennes		ÉTABLISSEMENTS				NOMBRE DE RÉSERVOIRS et capacité de chacun d'eux exprimée en litres		PORTES de retraite		Total des établissements par théâtre	Bornes-Fontaines
		Cour	Jardin	Cour		Jardin		Inférieurs	Supérieurs	Cour	Jardin		
				d'ascension	de chute	d'ascension	de chute						
Cave	2	»	»	1	»	1	»	1 de 17,760		2	3		6
3e dessous	»	»	»	»	»	»	»	1 à air		»	»		
2e dessous	»	»	»	»	1	»	»			»	»		
1er dessous	»	»	»	»	»	»	1¹			»	»		
Scène	»	»	»	1	1	1	1¹			2	1	} 14	
1er pont	»	»	»	1	1	1	1¹			1	1		
2e pont	»	»	»	»	1¹	»	»			»	1		
Gril	»	»	»	»	»	»	1¹		1 pr. l'app.	»	1		
Coupole	»	»	»	»	»	»	»		1 de 1,980	»	1		

¹ Établissement de l'appareil à compression.

OPÉRA-COMIQUE

COMPOSITION DU SERVICE		OFFICIERS	SOUS-OFFICIERS	CAPORAUX	SAPEURS	TOTAL
	Hommes de grand'garde.	»	»	1	4	5
	» de représentation.	»	1	1	6	8
FACTIONNAIRES	de jour sur la scène.	»	»	»	1	1
	de nuit	»	»	»	1	1
	» en ronde dans les ponts, les dessous, etc.	»	»	»	1	1
FACTIONNAIRES pendant la représentation	sur la scène, avant-scène côté cour.	»	1	»	»	1
	» » côté jardin.	»	»	1	»	1
	» au lointain côté cour.	»	»	»	1	1
	» » côté jardin.	»	»	»	1	1
	au premier pont côté cour.	»	»	»	1	1
	» côté jardin.	»	»	»	1	1
	au gril.	»	»	»	1	1
	à la cave pour la manœuvre des pompes.	»	»	1	5	6
	TOTAUX.	»	1	2	10	13

SERVICE POUR LES BALS

DÉSIGNATION DES POSTES	Officiers	Sous Officiers	Caporaux	Sapeurs	Total
En surveillance dans le théâtre.	1	1	»	»	2
Dans la salle, avant-scène jardin.	»	»	1	»	1
» » cour.	»	»	»	1	1
» à l'entrée de la salle.	»	»	»	2	2
Au foyer.	»	»	»	1	1
Aux troisièmes loges.	»	»	»	1	1
A la coupole.	»	»	»	1	1
A la cave pour le service des pompes.	»	»	1	6	7
TOTAUX.	1	1	2	12	16

LYRIQUE

| EMPLACEMENTS des secours | POMPES A INCENDIES | POMPES suisses ou parisiennes | | ÉTABLISSEMENTS | | | | NOMBRE DE RÉSERVOIRS et capacité de chacun d'eux exprimée en litres | | PORTES de retraite | | Total des établissements par théâtre | Bornes-Fontaines |
| | | | | Cour | | Jardin | | | | | | | |
		Cour	Jardin	d'ascension	de chute	d'ascension	de chute	Intérieurs	Supérieurs	Cour	Jardin		
Cave	2	»	»	»	2	»	1 de 5,000		1	1		2
3e dessous	»	»	»	»	»	»	»	1 à air		»	»		
2e dessous	»	»	»	»	1	»	»			»	»		
1er dessous	»	»	»	»	»	1			»	»		
Scène	»	»	»	1	2[1]	1	2[1]			2	2		
1er pont	»	»	»	»	2[1]	»	2[1]			2	2		
2e pont	»	»	»	1	»	1	»			»	»	49	
3e pont	»	»	»	»	»	»	1			»	»		
1er gril	»	»	»	»	1	»	»		1 de 2,300	»	»		
2e gril	»	»	»	1	»	»	»			»	»		
Coupole	»	»	»	»	1	»	»			1	1		
2e étage escalier des loges	»	1[2]	1[2]	»	»	»	»			»	»		

4 bouches d'eau dépendant du service municipal.

[1] Établissement doublé, colonne de chute et colonne à compression d'air.
[2] Pompe d'alimentation des réservoirs en zinc.
A la coupole, côté jardin, un réservoir cylindrique.
Au troisième pont, au lointain, côté cour, un réservoir cylindrique.

ODÉON

EMPLACEMENTS	POMPES A INCENDIES	Cour	Jardin	d'ascension	de chute	d'ascension	de chute	Intérieurs	Supérieurs	Cour	Jardin	Total	Bornes-Fontaines
Cave	2	»	»	1	»	1	»	1 de 1,700		1	»		4
Scène	»	»	»	1	1	1	1			»	»		
1er pont	»	1	1	1	1	1	1			1	1	14	
Gril	»	»	»	1	»	1	»			1	1		
Couloir au-dessus du gril	»	»	»	»	»	»	»		2 de 1,847	»	»		

6 bouches d'eau dépendant du service municipal.

LYRIQUE

COMPOSITION DU SERVICE		OFFICIERS	SOUS-OFFICIERS	CAPORAUX	SAPEURS	TOTAL
	Hommes de grand'garde	»	»	1	2	3
	» de représentation . . .	»	1	2	9	12
FACTIONNAIRES	de jour sur la scène	»	»	»	1	1
	de nuit »	»	»	»	1	1
	» en ronde	»	»	»	1	1
FACTIONNAIRES pendant la représentation	sur la scène, avant-scène côté jardin .	»	1	»	»	1
	» » côté cour .	»	»	»	1	1
	» au lointain côté jardin .	»	»	1	»	1
	» » côté cour .	»	»	»	1	1
	au premier pont côté jardin . .	»	»	»	1	1
	» côté cour . .	»	»	»	1	1
	au deuxième pont côté jardin . .	»	»	1	»	1
	au gril	»	»	»	1	1
	à la cave pour la manœuvre des pompes	»	»	1	6	7
	Totaux	»	1	3	11	15

ODÉON

COMPOSITION DU SERVICE		OFFICIERS	SOUS-OFFICIERS	CAPORAUX	SAPEURS	TOTAL
	Hommes de grand'garde	»	»	1	3	4
	» de représentation . . .	»	1	1	8	10
FACTIONNAIRES	de jour sur la scène	»	»	»	1	1
	de nuit »	»	»	»	1	1
FACTIONNAIRES pendant la représentation	sur la scène côté cour	»	1	»	»	1
	» côté jardin . . .	»	»	1	»	1
	au premier pont côté cour . . .	»	»	»	1	1
	» côté jardin . .	»	»	»	1	1
	au gril	»	»	»	1	1
	à la cave pour la manœuvre des pompes	»	»	1	8	9
	Totaux	»	1	2	11	14

PORTE SAINT-MARTIN

EMPLACEMENTS des secours	POMPES A INCENDIES	POMPES suisses ou parisiennes		ÉTABLISSEMENTS				NOMBRE DE RÉSERVOIRS et capacité de chacun d'eux exprimée en litres		PORTES de retraite		Total des établissements par théâtre	Bornes-fontaines
				Cour		Jardin							
		Cour	Jardin	d'ascension	de chute	d'ascension	de chute	Inférieurs	Supérieurs	Cour	Jardin		
Cave...	2	»	»	1	»	1	»	1 de 5,000		1	1	}	3
3e dessous.	»	»	»	»	»	»	»	1 à air		1	1	}	
2e dessous.	»	»	»	»	»	»	1¹			1	»	}	
1er dessous.	»	»	»	»	»	»	»			2	»	}	
Scène...	»	»	»	1	1	1	1¹			2	2	} 17	
1er pont...	»	2²	»	1	»	1	1¹		1 de 2,173	»	»	}	
Gril,...	»	»	»	1	»	»	»		1 pr. l'app.	1	»	}	
Coupole..	»	»	»	1	»	»	1¹			2	»	}	
Combles..	»	»	»	1³	»	1³	»			»	»	}	

¹ Établissement à compression.

² Pompe Japy dans l'escalier de l'administration au 5ᵉ étage, et un établissement en charge au 3ᵉ étage.

³ Pas de vis donnant sur le comble.

PORTE-SAINT-MARTIN

COMPOSITION DU SERVICE		OFFICIERS	SOUS-OFFICIERS	CAPORAUX	SAPEURS	TOTAL
Hommes de grand'garde		»	»	1	4	5
» de représentation		»	1	2	6	9
FACTIONNAIRES	de jour sur la scène	»	»	»	1	1
	de nuit sur la scène	»	»	»	1	1
	» en ronde dans les ponts, les dessous, etc.	»	»	»	1	1
FACTIONNAIRES pendant la représentation	sur la scène avant-scène côté jardin	»	1	»	»	1
	» au lointain »	»	»	»	1	1
	» au trumeau »	»	»	»	1	1
	» au trumeau côté cour	»	»	1	»	1
	au premier pont côté jardin	»	»	»	1	1
	» côté cour	»	»	»	1	1
	dans les couloirs des loges côté cour	»	»	»	1	1
	à la coupole	»	»	1	»	1
	à la cave pour manœuvrer la pompe	»	»	1	5	6
TOTAUX		»	1	3	10	14

SERVICE DES BALS

DÉSIGNATION DES POSTES	Officiers	Sous Officiers	Caporaux	Sapeurs	Total
En surveillance dans tout le théâtre	1	2	»	»	3
Dans la salle	»	»	1	1	2
Première galerie	»	»	1	1	2
Deuxième galerie	»	»	»	2	2
Troisème galerie	»	»	»	2	2
Quatrième galerie	»	»	»	2	2
Sur le théâtre (scène) derrière la décoration	»	»	»	2	2
Au premier pont cour et jardin	»	»	»	2	2
A la coupole	»	»	1	»	1
A la cave pour manœuvrer les pompes	»	»	1	5	6
Au poste de grand'garde pour prendre la faction après le bal	»	»	»	1	1
TOTAUX	1	2	4	18	25

CHATELET

EMPLACEMENTS des secours	POMPES A INCENDIES	POMPES suisses ou parisiennes		ÉTABLISSEMENTS				NOMBRE DE RÉSERVOIRS et capacité de chacun d'eux exprimée en litres		PORTES de retraite		Total des établissements par théâtre	Bornes-fontaines
				Cour		Jardin							
		Cour	Jardin	d'ascension	de chute	d'ascension	de chute	Intérieurs	Supérieurs	Cour	Jardin		
Cave...	2	»	»	1	»	1	»	1 de 6,800		1	1		4
3e dessous.	»	»	»	»	»	»	»			1	1		
2e dessous.	»	»	»	1	1	1	»			1	1		
1er dessous.	»	»	»	»	»	»	»			»	»		
Scène...	»	»	»	1	2[1]	»	2[1]			1	1		
1er pont.	»	»	»	»	2[2]	»	2[2]			1	1	} 20	
2e pont...	»	»	»	1	»	»	»			1	»		
3e pont...	»	»	»	»	»	1	1[3]			»	1		
Gril...	»	»	»	1	»	»	»	1 de 3,000		»	»		
Combles,	»	»	»	»	»	1[3]	»			»	»		
2e étage escalier des loges...	»	1[4]	1[4]	»	»	»	»			»	»		

2 bouches d'eau au service municipal.

[1] Établissement à compression.

[2] Établissement double. Col. de chute et col. à compression.

[3] Pas-de-vis.

[4] Pompe d'alimentation du réservoir de service du 3e pont.

CHATELET

COMPOSITION DU SERVICE		OFFICIERS	SOUS-OFFICIERS	CAPORAUX	SAPEURS	TOTAL
Hommes de grand'garde. . .		»	»	1	4	5
» de représentation. .		»	1	2	8	11
FACTIONNAIRES	de jour sur la scène. . . .	»	»	»	1	1
	de nuit »	»	»	»	1	1
	» en ronde. . . .	»	»	»	1	1
FACTIONNAIRES pendant la représentation	sur la scène, avant-scène côté jardin.	»	1	»	»	1
	» » côté cour.	»	»	1	»	1
	» au lointain côté jardin.	»	»	»	1	1
	» » côté cour.	»	»	»	1	1
	au premier pont côté jardin. .	»	»	»	1	1
	» côté cour. .	»	»	»	1	1
	en surveillance à la coupole. .	»	»	1	»	1
	dans les dessous.	»	»	»	1	1
	à la cave pour la manœuvre des pompes.	»	»	1	7	8
Totaux.		»	1	3	12	16

SERVICE POUR LES BALS

DÉSIGNATION DES POSTES	Officiers	Sous Officiers	Caporaux	Sapeurs	Total
En surveillance dans tout le théâtre.	1	1	»	»	2
Dans la salle, avant-scène jardin. .	»	»	1	»	1
» » cour. .	»	»	»	1	1
» à droite du grand escalier.	»	»	»	1	1
» à gauche » » .	»	»	»	1	1
Au premier pont avant-scène jardin.	»	»	»	1	1
Au deuxième pont avant-scène cour.	»	»	»	1	1
Coul. des faut., de balc. et du gr. foyer.	»	»	1	»	1
» » » » .	»	»	»	1	1
» du premier amphithéâtre. .	»	»	»	2	2
» du 2e amphit. et de la buvette.	»	»	»	2	2
» du 3e amphithéâtre. . . .	»	»	»	1	1
A la coupole.	»	»	1	»	1
A la cave pour la man. des pompes.	»	»	1	7	8
Au poste de grand'garde pour prendre la faction après le bal. . . .	»	»	»	1	1
Totaux. . . .	1	1	4	19	25

VAUDEVILLE

EMPLACEMENTS des secours	POMPES A INCENDIE	POMPES suisses ou parisiennes		ÉTABLISSEMENTS				NOMBRE DE RÉSERVOIRS et capacité de chacun d'eux exprimée en litres		PORTES de retraite		Total des établissements par théâtre	Bornes-Fontaines
		Cour	Jardin	Cour		Jardin		Inférieurs	Supérieurs	Cour	Jardin		
				d'ascension	de chute	d'ascension	de chute						
Cave	1	»	»	»	1	»	»	1 de 920 l plus 1 puits		»	»	} 13	4
2e dessous	»	»	»	»	»	»	»			»	1		
1er dessous	»	»	»	»	»	»	1			»	»		
Scène	»	»	»	1	1	»	1			»	1		
1er pont	»	»	»	1	1	»	1			»	1		
Gril	»	1	1	»	1	1	»		2 de 4,566	»	1		
Coupole	»	»	»	»	»	1	»			»	»		
Combles	»	»	»	»	»	1	»			»	»		

AMBIGU

Cave	1	»	»	1	»	»	»	2 de 2,793		1	»	} 13	7
3e dessous	»	»	»	»	»	»	1			»	»		
1er dessous	»	»	»	»	1	»	»			»	»		
Scène	»	»	»	1	1	»	1			»	»		
1er pont	»	»	»	1	1	»	1			»	»		
1er Gril	»	»	»	1	1	»	»			»	»		
2e Gril	»	»	»	»	»	»	»		1 de 3,724	»	»		
Combles	»	»	»	1	»	»	»			»	»		
Couloirs	»	»	»	»	»	»	1			»	»		

1 Établissement alimenté par la colonne de ville.

VAUDEVILLE

COMPOSITION DU SERVICE		OFFICIERS	SOUS-OFFICIERS	CAPORAUX	SAPEURS	TOTAL
Hommes de grand'garde		»	»	1	3	4
» de représentation		»	1	1	6	8
FACTIONNAIRES { de jour sur la scène		»	»	»	1	1
de nuit »		»	»	»	1	1
FACTIONNAIRES pendant la représentation { sur la scène, avant-scène côté cour		»	1	»	»	1
» » côté jardin		»	»	1	»	1
» » lointain jardin		»	»	»	1	1
au premier pont côté cour		»	»	»	1	1
» côté jardin		»	»	»	1	1
au gril		»	»	»	1	1
à la cave pour la manœuvre des pompes		»	»	1	5	6
Totaux		»	1	2	9	12

AMBIGU

COMPOSITION DU SERVICE		OFFICIERS	SOUS-OFFICIERS	CAPORAUX	SAPEURS	TOTAL
Hommes de grand'garde		»	»	1	2	3
» de représentation		»	1	1	8	10
FACTIONNAIRES { De jour sur la scène		»	»	»	1	1
De nuit »		»	»	»	1	1
FACTIONNAIRES pendant la représentation { sur la scène, avant-scène côté jardin		»	1	»	»	1
» » côté cour		»	»	1	»	1
au 1er pont, avant-scène jardin		»	»	»	1	1
» » côté cour		»	»	»	1	1
dans le premier dessous côté cour		»	»	»	1	1
à la cave pour manœuvrer les pompes		»	»	1	7	8
Totaux		»	1	2	10	13

GYMNASE

EMPLACEMENTS des secours	POMPES A INCENDIES	POMPES suisses ou parisiennes		ÉTABLISSEMENT				NOMBRE DE RÉSERVOIRS et capacité de chacun d'eux exprimée en litres		PORTES de retraite		Total des établissements par théâtre	Bornes-Fontaines
				Cour		Jardin							
		Cour	Jardin	d'ascension	de chute	d'ascension	de chute	Inférieurs	Supérieurs	Cour	Jardin		
Cave...	1	»	»	1	»	»	»	1 de 8960		»	»		2
2e dessous.	»	»	»	»	»	»	»			»	1		
1er dessous.	»	»	»	»	»	»	1			»	»		
Scène...	»	»	»	1	»	»	1			»	1	} 8	
1er pont.	»	»	1	1	»	»	1			1	1		
1er gril.	»	»	»	1	»	»	»			»	»		
2e gril...	»	»	»	»	»	»	»		1 de 8,160	»	»		

VARIÉTÉS

Cave...	»	»	»	»	»	1	»	1 de 7040		»	»		3
Scène...	»	»	»	»	1	»	»			»	2		
1er pont.	»	»	»	»	1	»	»			1	»		
s. la coup.	»	»	»	»	»	»	»		1 de 1,134	»	»	} 6	
Gril...	»	»	»	»	»	1	»			1	1		
Coupole...	1	1	»	»	»	1	»			»	1		
Combles..	»	»	»	»	»	1	»			»	1		

[1] Établissement pouvant à volonté être alimenté par la colonne de ville ou par le réservoir supérieur.

GYMNASE

COMPOSITION DU SERVICE		OFFICIERS	SOUS-OFFICIERS	CAPORAUX	SAPEURS	TOTAL
	Hommes de grand'garde. . .	»	1	»	2	3
	» de représentation. .	»	1	1	5	7
FACTIONNAIRES	de jour sur la scène. . . .	»	»	»	1	1
	de nuit »	»	»	»	1	1
FACTIONNAIRES pendant la représentation	sur la scène, avant-scène côté jardin.	»	1	»	»	1
	» » » cour.	»	»	1	»	1
	au 1er pont, avant-scène côté jardin.	»	»	»	1	1
	2e pont, avant-scène côté cour.	»	»	»	1	1
	A la cave pour la manœuvre de la pompe.	»	»	1	5	6
	Totaux.	»	1	2	7	10

VARIÉTÉS

COMPOSITION DU SERVICE		OFFICIERS	SOUS-OFFICIERS	CAPORAUX	SAPEURS	TOTAL
	Hommes de grand'garde. . .	»	»	1	2	3
	» de représentation. .	»	1	1	5	7
FACTIONNAIRES	de jour sur la scène. . . .	»	»	»	1	1
	de nuit »	»	»	»	1	1
FACTIONNAIRES pendant la représentation	sur la scène avant-scène côté cour.	»	1	»	»	1
	» » — jardin.	»	»	1	»	1
	Au 1er pont avant-scène côté cour.	»	»	»	1	1
	» » — jardin.	»	»	»	1	1
	A la cave pour la manœuvre de la pompe.	»	»	1	5	6
	Totaux.	»	1	2	7	10

GAITÉ

EMPLACEMENTS des secours	POMPES À INCENDIES	POMPES suisses ou parisiennes		ÉTABLISSEMENTS				NOMBRE DE RÉSERVOIRS et capacité de chacun d'eux exprimée en litres		PORTÉS de retraite		Total des établissements par théâtre	Bornes-Fontaines
				Cour		Jardin							
		Cour	Jardin	d'ascension	de chute	d'ascension	de chute	Inférieurs	Supérieurs	Cour	Jardin		
Cave...	2	»	»	»	»	»	»	1 à air.	2 de chacun 4,908 l.	1	1	} 19	2
3e dessous.	»	»	»	1	»	1	»			»	1		
2e dessous.	»	»	»	»	»	»	»			1	1		
Scène...	»	»	»	1	1¹	1	1¹			1	2		
1er pont...	»	»	»	1	»	1	»			1	1		
2e pont...	»	»	»	»	»	»	»			1	1		
3e pont...	»	»	»	1¹	»	1¹	»			1	1		
Gril...	»	»	»	1¹	1	1¹	»	1 de 2,800		»	»		
Salle (3e galerie).	»	»	»	1	»	1¹	»	1 de 1,900		»	»		
Coupole...	»	»	»	»	»	»	»			1	2		
Escalier des loges...	»	»	»	»	4²	»	»			»	»		

¹ Établissement à compression.
² Les colonnes de chute sont au rez-de-chaussée, au 2e étage, au 3e étage et au 4e étage.

PALAIS-ROYAL

Cave...	1	»	»	1	»	»	»	1 de 14090		2	»	} 5	1
1er dessous	»	»	»	»	»	»	»			1	1		
Scène...	»	»	»	1	»	»	1			2	1		
1er pont...	»	»	1	1	»	»	»			2	»		
Gril...	»	»	»	»	»	»	»	1 de 6650		»	»		

1 bouche d'eau au service municipal.

GAITÉ

COMPOSITION DU SERVICE		OFFICIERS	SOUS-OFFICIERS	CAPORAUX	SAPEURS	TOTAL
	Hommes de grand'garde	»	»	1	3	4
	» de représentation	»	1	1	9	11
FACTIONNAIRES	De jour sur la scène	»	»	»	1	1
	De nuit sur la scène	»	»	»	1	1
FACTIONNAIRES pendant la représentation	Sur la scène, avant-scène côté jardin	»	1	»	»	1
	» » côté cour	»	»	1	»	1
	» au lointain côté jardin	»	»	»	1	1
	au premier pont côté cour	»	»	»	1	1
	» côté jardin	»	»	»	1	1
	troisième pont côté jardin	»	»	»	1	1
	dans le troisième dessous	»	»	»	1	1
	à la cave pour la manœuvre des pompes	»	»	1	7	8
	Totaux	»	1	2	12	15

PALAIS-ROYAL

COMPOSITION DU SERVICE		OFFICIERS	SOUS-OFFICIERS	CAPORAUX	SAPEURS	TOTAL
	Hommes de grand'garde	»	»	1	2	3
	Hommes de représentation	»	1	1	5	7
FACTIONNAIRES	de jour sur la scène	»	»	»	1	1
	de nuit »	»	»	»	1	1
FACTIONNAIRES pendant la représentation	Sur la scène, avant-scène côté jardin	»	1	»	»	1
	» côté cour	»	»	1	»	1
	au premier pont côté jardin	»	»	»	1	1
	» côté cour	»	»	»	1	1
	au poste pour la manœuvre de la pompe	»	»	1	5	6
	Totaux	»	1	2	7	10

PRINCE-IMPÉRIAL.

EMPLACEMENTS des secours	POMPES A INCENDIES	POMPES suisses ou parisiennes		ÉTABLISSEMENTS				NOMBRE DE RÉSERVOIRS et capacité de chacun d'eux exprimée en litres		PORTES de retraite		Total des établissements par théâtre	Bornes-Fontaines
		Cour	Jardin	Cour		Jardin				Cour	Jardin		
				d'ascension	de chute	d'ascension	de chute	Inférieurs	Supérieurs				
Cave....	1	»	»	1	»	»	»	1 citerne		»	1	} 11	4[3]
1er dessous.	»	»	»	1	»	»	»			»	1		
2e dessous.	»	»	»	1	»	»	1			2	»		
Scène...	»	»	»	1	1	»	1			1	1		
Pont....	»	»	»	1	1	»	1		1[2] de 2,000	1	2		
Gril....	»	»	1[1]	1	»	»	»		1 de 2,000				

[1] Établissement, système Porte.

[2] Ces deux réservoirs communiquent entre eux.

[3] Deux de ces bouches d'eau sont dans les écuries au niveau du sol. Neuf trappes donnent accès à des échelles pour aller visiter les dessous des gradins des 1er et 2e amphithéâtres.

FOLIES-DRAMATIQUES.

EMPLACEMENTS	POMPES A INCENDIES	Cour	Jardin	Cour d'asc.	Cour de chute	Jardin d'asc.	Jardin de chute	Inférieurs	Supérieurs	Cour	Jardin	Total	Bornes-Fontaines
Cave...	1	»	»	1	»	»	»	1 de 3,360		1	»	} 10	2
1er dessous	»	»	»	1	»	»	»			1	»		
2e dessous.	»	»	»	1	»	»	»			1	1		
Scène...	»	»	»	1	1	»	1			2	1		
1er pont..	»	»	»	1	»	»	1			1	1		
2e pont..	»	»	1[1]	1	»	»	»			»	»		
Gril....	»	»	»	1	»	»	»		2 de 5,000	1	1		
Coupole.	»	»	1[2]	»	»	»	»		1 de 3,200				

[1] et [2] Pompe système Japy.

PRINCE-IMPÉRIAL.

COMPOSITION DU SERVICE		OFFICIERS	SOUS-OFFICIERS	CAPORAUX	SAPEURS	TOTAL
	Hommes de grand'garde.	»	»	1	2	3
	» de représentation.	»	1	1	3	5
FACTIONNAIRES	de jour sur la scène.	»	»	»	1	1
	de nuit sur la scène.	»	»	»	1	1
FACTIONNAIRES pendant la représentation	sur la scène, avant-scène côté cour.	»	1	»	»	1
	» » côté jardin.	»	»	1	»	1
	au 1er pont, côté cour.	»	»	»	1	1
	» côté jardin.	»	»	»	1	1
	au poste pour la manœuvre de la pompe.	»	»	1	3	4
	Totaux.	»	1	2	5	8

FOLIES-DRAMATIQUES.

COMPOSITION DU SERVICE		OFFICIERS	SOUS-OFFICIERS	CAPORAUX	SAPEURS	TOTAL
	Hommes de grand'garde.	»	»	1	2	3
	» de représentation.	»	1	1	5	7
FACTIONNAIRES	de jour sur la scène.	»	»	»	1	1
	de nuit sur la scène.	»	»	»	1	1
FACTIONNAIRES pendant la représentation	sur la scène, avant-scène côté jardin.	»	»	»	»	1
	» avant-scène côté cour.	»	1	1	»	1
	au 1er pont, côté jardin.	»	»	»	1	1
	» côté cour.	»	»	»	1	1
	au poste pour la manœuvre de la pompe.	»	»	1	5	6
	Totaux.	»	1	2	7	10

BOUFFES.

EMPLACEMENTS des secours	POMPES À INCENDIES	POMPES suisses ou parisiennes		ÉTABLISSEMENTS				NOMBRE DE RÉSERVOIRS et capacité de chacun d'eux exprimée en litres		PORTES de retraite		Total des établissements par théâtre	Bornes-Fontaines
				Cour		Jardin							
		Cour	Jardin	d'ascension	de chute	d'ascension	de chute	Inférieurs	Supérieurs	Cour	Jardin		
Cave...	1	»	»	»	»	1	»	1 puits.		»	1	⎫	»
2e dessous.	»	»	»	»	»	»	»			1	1	⎪	»
1er dessous	»	»	»	»	»	»	»			»	1	⎬ 6	»
Scène...	»	»	»	»	1	1	»			3	2	⎪	»
2e pont.	»	1	»	»	1	»	»			1	1	⎪	»
Coupole.	»	»	»	»	1	»	»	2¹ de ch. 1,500.		9	»	⎭	»

¹ Ces deux réservoirs s'alimentent l'un par l'autre.
Il y a un robinet de ville sur la scène au trumeau lointain, et un à l'entrée des artistes.

DÉJAZET.

1er dessous	1	»	»	»	»	1	1¹	1 de 5,000		»	1	⎫	2
Scène...	»	»	»	»	1	»	»			1	1	⎪	
1er pont..	»	»	»	»	1	»		1² de 1,000		»	1	⎬ 5	
Coupole. .	»	»	»	»	1	»	»			1	1	⎭	

¹ Etablissement en charge sous le plancher de la scène, alimenté par le réservoir en zinc.

² Réservoir en zinc.

BOUFFES.

COMPOSITION DU SERVICE		OFFICIERS	SOUS-OFFICIERS	CAPORAUX	SAPEURS	TOTAL
	Hommes de grand'garde. . . .	»	»	1	2	3
	» de représentation. . .	»	»	»	»	»
FACTIONNAIRES	de jour sur la scène. . . .	»	»	»	1	1
	de nuit sur la scène. . . .	»	»	»	1	1
FACTIONNAIRES pendant la représentation	sur la scène avant-scène, côté jardin.	»	»	1	»	1
	» avant-scène, côté cour.	»	»	»	1	1
	au premier pont côté jardin. .	»	»	»	1	1
	TOTAUX. . . .	»	»	1	2	3

DÉJAZET.

COMPOSITION DU SERVICE		OFFICIERS	SOUS-OFFICIERS	CAPORAUX	SAPEURS	TOTAL
	Hommes de grand'garde. . . .	»	»	1	2	3
	» de représentation. . .	»	»	»	»	»
FACTIONNAIRES	de jour sur la scène. . . .	»	»	»	1	1
	de nuit sur la scène. . . .	»	»	»	1	1
FACTIONNAIRES pendant la représentation	sur la scène avant-scène, côté jardin.	»	»	1	»	1
	» avant-scène, côté cour.	»	»	»	1	1
	au 1er pont côté cour. . . .	»	»	»	1	1
	TOTAUX. . . .	»	»	1	2	3

BEAUMARCHAIS

EMPLACEMENTS des secours	POMPES A INCENDIES	POMPES suisses ou parisiennes		ÉTABLISSEMENTS				NOMBRE DE RÉSERVOIRS et capacité de chacun d'eux exprimée en litres		PORTES de retraite		Total des établissements par théâtre	Bornes-fontaines
				Cour		Jardin							
		Cour	Jardin	d'ascension	de chute	d'ascension	de chute	Inférieurs	Supérieurs	Cour	Jardin		
Cave...	1	»	»	1	»	»	»	1 de 3,000		»	»	} 9	
2e dessous.	»	»	»	»	»	»	»			»	»		
Scène...	»	»	»	1	1	»	1			2	2		
1er pont.	»	1	»	»	»	1	1		1 de 1,350	»	1		
1er Gril...	»	»	»	»	»	»	»		1 de 1,350	»	1		
Coupole..	»	»	1	1	»	»	»			»	2		

CLUNY

Cave...	1	»	»	»	»	»	»	1 de 2,945		1	1	} 4	
1er dessous	»	»	»	»	»	»	»			1	1		
Scène...	»	»	»	»	1	1	»			»	1		
1er pont.	»	»	»	»	1	»	»			1	1		
Gril....	»	»	»	»	»	»	»			1	1		
Comble..	»	»	»	»	»	»	»			1	1		
Salle au vestibule du 3e étage.	»	»	»	»	»	1		1 de 2,000	»	»			

BEAUMARCHAIS

COMPOSITION DU SERVICE		OFFICIERS	SOUS-OFFICIERS	CAPORAUX	SAPEURS	TOTAL
	Hommes de grand'garde	»	»	1	2	3
	» de représentation	»	»	»	1	1
FACTIONNAIRES	de jour sur la scène	»	»	»	1	1
	de nuit »	»	»	»	1	1
FACTIONNAIRES pendant la représentation	sur la scène avant-scène côté jardin	»	»	1	»	1
	» » côté cour	»	»	»	1	1
	au 1er pont côté jardin	»	1	»	1	1
	à la coupole	»	»	»	1	1
	Totaux	»	»	1	3	4

CLUNY

COMPOSITION DU SERVICE		OFFICIERS	SOUS-OFFICIERS	CAPORAUX	SAPEURS	TOTAL
	Hommes de grand'garde	»	»	1	2	3
	» de représentation	»	»	»	»	»
FACTIONNAIRES	de jour sur la scène	»	»	»	1	1
	de nuit »	»	»	»	1	1
FACTIONNAIRES pendant la représentation	sur la scène avant-scène côté cour	»	»	1	»	1
	» » » jardin	»	»	»	1	1
	au premier pont côté cour	»	»	»	1	1
	Totaux	»	»	1	2	3

PRINCE-EUGÈNE

EMPLACEMENTS des secours.	POMPES À INCENDIES	POMPES suisses ou parisiennes		ÉTABLISSEMENTS				NOMBRE DE RÉSERVOIRS et capacité de chacun d'eux exprimée en litres		PONTES de retraite		Total des établissements par théâtre	Bornes-Fontaines
				Cour		Jardin							
		Cour	Jardin	d'ascension	de chute	d'ascension	de chute	Inférieurs	Supérieurs	Cour	Jardin		
Cave...	1	»	»	1	»	»	»	1 de 2,000		»	2	⎫	1
2e dessous.	»	»	»	»	»	»	1			»	2	⎪	
1er dessous.	»	»	»	»	»	»	1			»	1	⎪	
Scène...	»	»	»	»	»	1	1			2	2	⎬ 5	
1er pont.	»	»	»	»	»	»	»			2	»	⎪	
Gril...	»	»	»	»	»	»	»			»	»	⎪	
Coupole...	»	»	»	»	»	»	1		2 de 1,050	»	1	⎭	

Les deux réservoirs de la coupole s'alimentent l'un par l'autre.

MENUS-PLAISIRS

Cave...	1	»	»	1	1	»	»	1 de 1,750		»	»	⎫
Dessous.	»	»	»	»	»	»	1			1	1	⎪
Scène...	»	»	»	1	1	»	1		2 de 1,300 chacun	2	1	⎬ 11
Pont...	»	»	1 1	1	»	»	»			»	»	⎪
Gril...	»	»	»	1	»	»	»			1	»	⎪
Combles.	»	»	»	2 2	»	»	»			»	»	⎭

PRINCE-EUGÈNE

COMPOSITION DU SERVICE		OFFICIERS	SOUS-OFFICIERS	CAPORAUX	SAPEURS	TOTAL
	Hommes de grand'garde	»	»	1	1	2
	» de représentation	»	»	»	1	1
FACTIONNAIRES	de jour sur la scène	»	»	»	»	»
	de nuit »	»	»	»	1	1
FACTIONNAIRES pendant la représentation	sur la scène, avant-scène côté jardin	»	»	1	»	1
	au premier pont côté cour	»	»	»	1	1
	à la coupole	»	»	»	1	1
	Totaux	»	»	1	2	3

MENUS-PLAISIRS

		OFFICIERS	SOUS-OFFICIERS	CAPORAUX	SAPEURS	TOTAL
	Hommes de grand'garde	»	»	1	2	3
	» de représentation	»	»	»	1	1
FACTIONNAIRES	de jour sur la scène	»	»	»	1	1
	de nuit »	»	»	»	1	1
FACTIONNAIRES pendant la représentation	sur la scène, avant-scène côté cour	»	»	1	»	1
	sur la scène, avant-scène côté jardin	»	»	»	1	1
	au premier pont côté cour	»	»	»	1	1
	au premier pont côté jardin	»	»	»	1	1
	Totaux	»	»	1	3	4

LAFAYETTE

EMPLACEMENTS des secours.	POMPES A INCENDIES	POMPES suisses ou parisiennes		ÉTABLISSEMENTS				NOMBRE de réservoirs et capacité de chacun d'eux exprimée en litres		PORTES de retraite		Total des établissements par théâtre	Bornes-Fontaines
				Cour		Jardin							
		Cour	Jardin	d'ascension	de chute	d'ascension	de chute	Inférieurs	Supérieurs	Cour	Jardin		
Cave.	1	»	»	»	»	1¹	»	1 de 1,450		»	»		1
2e dessous.	»	»	»	»	»	»	»			»	1	3	
Scène.	»	»	»	»	»	1¹	»			»	1		
1er pont.	»	»	»	»	»	1¹	»		1 de 1,750	»	1		
Gril.	»	»	»	»	»	»	»			»	»		

¹ Établissement d'ascension ou en charge suivant la manière dont on tourne la branche du boisseau.

ATHÉNÉE

EMPLACEMENTS des secours.	POMPES A INCENDIES	POMPES suisses ou parisiennes		ÉTABLISSEMENTS				NOMBRE de réservoirs et capacité de chacun d'eux exprimée en litres		PORTES de retraite		Total des établissements par théâtre	Bornes-Fontaines
				Cour		Jardin							
		Cour	Jardin	d'ascension	de chute	d'ascension	de chute	Inférieurs	Supérieurs	Cour	Jardin		
Dessous (couloir).	»	»	»	»	»	»	»	1		»	»		
Scène (Av.-scène)	»	»	»	»	1	»	»			»	»		
Salle (Av.-scène).	»	»	»	»	1	»	1			»	»	10	»
Vestiaire (salle).	»	»	»	»	»	»	»	1		»	»		
Couloir de la salle à haut. du 1er étage.	»	»	»	»	1	»	1			»	»		
Couloir de la salle à haut. de la rue.	»	»	»	»	1	»	1			»	»		
Cintre.	»	»	»	»	1	»	1			»	»		

Tous les établissements sont en charge sur la ville.
Deux bouches d'eau au service municipal.

LAFAYETTE

COMPOSITION DU SERVICE		OFFICIERS	SOUS-OFFICIERS	CAPORAUX	SAPEURS	TOTAL
Hommes de grand'garde		»	»	1	1	2
» de représentation		»	»	»	»	»
FACTIONNAIRES	de jour sur la scène	»	»	»	»	»
	de nuit	»	»	»	1	1
FACTIONNAIRES pendant la représentation	sur la scène côté jardin	»	»	1	»	1
	au premier pont côté jardin	»	»	»	1	1
Totaux		»	»	1	1	2

ATHÉNÉE

COMPOSITION DU SERVICE		OFFICIERS	SOUS-OFFICIERS	CAPORAUX	SAPEURS	TOTAL
Hommes de grand'garde		»	»	1	2	3
» de représentation		»	»	»	»	»
FACTIONNAIRES	de jour sur la scène	»	»	»	1	1
	de nuit	»	»	»	1	1
FACTIONNAIRES pendant la représentation	sur la scène avant-scène, jardin	»	»	»	1	1
	» avant-scène, cour	»	»	1	»	1
	1er pont, avant-scène, cour	»	»	»	1	1
Totaux		»	»	1	2	3

TITRE V

CONSIGNE GÉNÉRALE

POUR LES SAPEURS-POMPIERS DE SERVICE DANS LES THÉATRES.

Art. 1er. Les postes de grand'garde ne portent pas de secours à l'extérieur ; en cas d'incendie à proximité d'un théâtre, les sapeurs doivent utiliser tous les moyens de secours pour protéger l'établissement confié à leur garde.

Les chefs de postes ne doivent recevoir aucun étranger, pas même de parents, dans leurs corps de garde, et ils ne peuvent s'écarter de leurs postes, sous aucun prétexte, sans encourir les peines portées par le Code de justice militaire.

Art. 2. A l'arrivée de la garde montante, les caporaux relèvent les factionnaires, ensuite ils vérifient ensemble si tous les objets du matériel portés sur l'inventaire déposé dans le poste, sont placés où ils doivent être, s'ils sont en bon état. Ils prennent note des objets manquants ou détériorés pour en rendre compte à qui de droit.

Art. 3. Immédiatement après le départ de la garde descendante, le chef de poste doit faire connaître aux hommes de service les pompes, les établissements, les réservoirs, les robinets de barrage du gaz et des eaux, en un mot tous les secours qui sont à leur disposition et le parti qu'on peut en tirer. Il leur montre l'emplacement des compteurs et l'itinéraire des rondes. Il leur apprend comment les pompes et les colonnes en charge sont alimentées et le moyen de rendre foulantes les pompes aspirantes ; il leur fait aussi connaître l'emplacement des bornes-fontaines qui environnent le théâtre, et s'assure en même temps qu'elles sont en charge. L'hiver, lorsque les bouches d'eau sont barrées, il est défendu de toucher aux carrés qui doivent rester ouverts; il montre les diverses issues, les portes de retraites et les portes de fer destinées à isoler, en cas de feu, les diverses parties du théâtre et de la salle; enfin il ne doit rien omettre pour que les sapeurs placés sous ses ordres soient en état de le seconder en cas d'incendie.

Art. 4. Lorsque le caporal s'absente de son poste pour faire cette visite, il doit en prévenir le factionnaire.

Art. 5. Le caporal de grand'garde fait prévenir le commissaire de police des répétitions qui doivent avoir lieu avec lumières à la rampe et aux portants. En attendant sa décision sur la nécessité d'un détachement de service, il fait occuper les postes des pompes parisiennes et des colonnes en charge. Dans le cas où le luminaire serait complet, c'est-à-dire, avec portants, herses, rampes lustres ou pièces d'artifice, il s'opposera à ce que la répétition commence avant la décision de ce magistrat.

Art. 6. Tous les matins, à huit heures, l'eau des seaux sera renouvelée, les demi-garnitures des colonnes en charge repliées, les matelas battus, le poste balayé et nettoyé. Les mercredis et samedis, les couvertures seront secouées et battues, les vitres nettoyées toutes les fois qu'elles sont malpropres.

Art. 7. Les détachements de service dans les théâtres pour la représentation doivent toujours être arrivés un quart d'heure avant l'ouverture des bureaux de recette.

Art. 8. Avant l'ouverture des bureaux, le caporal de grand'garde, sur l'ordre du sous-officier commandant, conduit les factionnaires à tous les établissements, leur donne la consigne, fait humecter les éponges, examine lui-même, si, à chaque poste, le boisseau est en état, la clef bien tournée, les boyaux bien placés; il fait sonner aux établissements d'ascension et rend ensuite compte au chef du détachement du résultat de sa visite. Le sous-officier envoie en même temps le caporal de représentation s'assurer si les bornes-fontaines sont en charge ou si le carré est bien tourné lorsqu'elles sont barrées; il se rend ensuite à la cave pour entendre fonctionner la correspondance des sonnettes et attend le retour de ce caporal pour lui donner la consigne.

Art. 9. Quand les postes sont pris, le sous-officier monte au réservoir supérieur, fait sonner du poste le plus rapproché pour faire manœuvrer, afin de s'assurer que les pompes fonctionnent bien, et fait remplir les réservoirs, s'il y a lieu; puis il fait sonner de nouveau pour faire cesser la manœuvre. Il visite tous les établissements, fait essayer les pompes parisiennes ou suisses, répéter les consignes aux factionnaires et redescend ensuite à la cave pour s'assurer si tout est en bon état.

Art. 10. Pendant la représentation, le chef de détachement visite plusieurs fois tous les postes, et lorsqu'il envoie toucher le montant de la quittance du service, il ne quitte pas la scène d'où il exerce une surveillance générale.

Art. 11. Le spectacle terminé, le sous-officier, accompagné du caporal de grand'garde, fait une ronde dans les dessous du théâtre, afin de s'assurer qu'aucune lampe ne reste allumée et qu'il n'y a aucun danger d'incendie. Il exige que tous les châssis ou feuilles de décorations soient enlevées de dessus les faux châssis.

Le caporal de représentation va relever les factionnaires et ne les ramène au théâtre qu'après l'extinction des lumières, après avoir fait développer les boyaux des colonnes en charge et s'être assuré qu'il n'y a aucun danger d'incendie. Les boyaux des colonnes d'ascension et les appareils à compression d'air ne seront établis qu'en cas de feu. Dans les théâtres où il n'y pas de sapeurs en faction sur la scène, le sous-officier en fait monter un de la cave pour surveiller, tandis qu'il fait sa ronde. Ce n'est qu'après l'entière extinction des lumières du théâtre et de la salle, et le rideau de fer baissé, que le détachement de représentation se retire.

Art. 12. Après le départ du détachement, le chef de poste de grand'garde, assisté du concierge du théâtre, fait la ronde générale.

Art. 13. Pendant la nuit, toutes les armoires seront ouvertes; pendant le jour, les boyaux sont repliés et les armoires fermées, à l'exception d'une des armoires des colonnes en charge sur le théâtre et de celle où se trouve la bascule de la sonnette d'alarme.

Art. 14. Pendant le jour et la nuit, le temps de la représentation excepté, une sentinelle en tenue de feu est placée sur le théâtre. Elle a dans sa poche une clef de toutes les armoires; une hache, un seau et une éponge à main sont déposés près de la lampe de nuit. Après le spectacle, le compteur des rondes doit être placé près du factionnaire.

Art. 15. Dans les théâtres où il y a un caporal

et quatre sapeurs de grand'garde, il y a deux factionnaires pendant la nuit, l'un sur la scène, l'autre toujours en ronde dans toutes les parties du théâtre ; le caporal ne fait que des rondes ; en outre, il pose et relève les factionnaires.

La première ronde avec le compteur sera faite par le caporal, les autres seront faites par le 2me sapeur en ronde aux heures indiquées par la consigne.

Art. 16. Dans les théâtres où la grand'garde est composée d'un caporal et de trois sapeurs, le caporal avant de commencer sa ronde, place le factionnaire sur le théâtre pour 2 heures ; il fait lui-même des rondes avec le compteur aux heures prescrites et suivant l'itinéraire tracé.

Art. 17. Dans les théâtres où la grand'garde n'est composée que d'un caporal et de deux sapeurs, le caporal, après la ronde terminée avec le concierge, prend la faction pendant 2 heures ; il fait la première ronde au compteur à l'heure prescrite d'après la consigne, les autres sont faites par les sapeurs.

Art. 18. Dans les théâtres où la grand'garde n'est composée que d'un caporal et un sapeur, il n'y a pas de factionnaires pendant le jour ; des rondes seront faites d'heure en heure, et lorsqu'il n'y a pas de jeu le soir, le factionnaire est placé à la nuit tombante ; lorsqu'il y a jeu, le caporal prend la 1re faction, après avoir fait sa ronde, et il alterne de deux heures en deux heures avec le sapeur jusqu'au jour. Les rondes au compteur sont faites par le caporal et le sapeur aux heures prescrites.

Art. 19. Les sous-officiers et caporaux de service dans les théâtres devront, pour s'assurer si la colonne en charge fonctionne bien, démonter la demi-garniture avant de tourner la branche du boisseau, afin qu'il ne coule pas d'eau dedans. A cet effet, ils prendront un seau vide et ils le placeront devant la sortie.

FACTIONNAIRES PLACÉS AUX ÉTABLISSEMENTS.

Art. 20. Pendant le spectacle et particulièrement pendant les changements de décorations, les factionnaires s'occupent de surveiller les portants de lumières, les herses, les robinets de gaz et les pièces d'artifice.

Si une fuite de gaz venait à se déclarer et si le factionnaire n'avait pas à sa portée un robinet de barrage ou du blanc de céruse pour la boucher, il aplatirait le tuyau, s'il est en plomb, avec l'extrémité du manche de la hache.

Les factionnaires ne doivent laisser déposer devant les armoires ni décorations, ni autres accessoires. Ils empêcheront de fumer, de circuler avec du feu sans qu'il soit couvert, et avec des lumières autres que des lampes qui ne seraient pas renfermés dans une lanterne. S'ils éprouvaient quelques difficultés pour l'exécution de ces dispositions, ils en préviendraient immédiatement le chef du détachement, qui en référerait au commissaire de police de service.

Si le feu se manifeste sans gravité à portée du factionnaire, il se sert pour l'éteindre de son seau et de son éponge à main. Si ces moyens sont insuffisants, il opère de la manière suivante selon le poste qu'il occupe, mais en se servant toujours de préférence de la colonne d'ascension.

Art. 21. Pour se servir de la colonne d'ascension,

le factionnaire sonne en appuyant fortement trois fois sur la bascule, il tourne la branche du boisseau en l'amenant vers lui, développe les boyaux en évitant les plis et les coudes, et dirige l'eau sur le feu. Le feu éteint ou n'étant plus à sa portée, il ferme le boisseau et ne démonte sa demi-garniture que sur l'ordre verbal du chef de détachement.

Art. 22. Si le coup de sonnette partait de l'établissement supérieur à celui qu'il occupe, il se porterait promptement à la pompe suisse, ou à défaut, à la colonne en charge.

Art. 23. Pour se servir de la pompe suisse, on ouvre et on fixe les branches du balancier, on appelle les travailleurs, on tourne le robinet et on développe les boyaux en se dirigeant sur le feu.

Art. 24. Pour se servir d'une pompe parisienne, on place un travailleur à la manivelle du volant et on lui indique de quel côté il doit tourner; on ouvre le robinet et on développe les boyaux en se dirigeant sur le feu.

Art. 25. Pour se servir d'un appareil à compression d'air ou d'une colonne en charge simple, le factionnaire développe les boyaux, tourne doucement la branche du boisseau et se porte doucement à la lance.

Art. 26. Pendant les grands froids, si la surface de l'eau dans les réservoirs était gelée, on ferait casser la glace.

Art. 27. Si le feu se déclare dans une partie quelconque du théâtre ou des cintres, les boyaux de tous les établissements en général devront être développés et disposés à fonctionner au besoin; mais on ne se servira que de l'établissement à portée du feu.

CAPORAL DE REPRÉSENTATION A LA CAVE.

Art. 28. Le caporal de représentation, chef de poste à la cave, après s'être assuré que les bornes-fontaines sont en charge, fait placer ses hommes à chaque extrémité du balancier et leur donne un numéro d'ordre. Pour l'essai des pompes, il fait manœuvrer au premier coup de sonnette et cesser au second. Il rend compte au chef du détachement de l'état du matériel et des détériorations ou accidents qui seraient survenus aux pompes pendant la manœuvre. Il vide ensuite les colonnes d'ascension à hauteur de la scène à peu près. Après le jeu, les colonnes d'ascension sont vidées entièrement.

Art. 29. Si pendant le jeu, on sonne à la cave, le caporal fait manœuvrer sans interruption la pompe dont la sonnette aurait été entendue et ne ferait cesser cette fois la manœuvre que sur l'ordre verbal du chef de détachement.

SENTINELLES DE JOUR ET DE NUIT.

Art. 30. Si le feu se manifeste dans quelque partie du théâtre ou de la salle, le factionnaire sonne de suite la sonnette d'alarme pour avertir les sapeurs de grand'garde. En attendant leur arrivée, il emploie tous les secours qui sont à sa disposition, c'est-à-dire les colonnes en charge, à compression d'air ou de ville.

Art. 31. Pendant le jour et la nuit (le temps de la représentation excepté), dès que la sonnette d'alarme se fait entendre, le caporal suivi de toute sa garde se transporte vivement auprès de la sentinelle, reconnaît le feu, et si cela est nécessaire, le fait attaquer avec le jet provenant des colonnes en charge, ou à compression d'air ou de ville. Il avertit les employés logés dans l'intérieur du théâtre, fait prévenir immédiatement la caserne du corps la plus rapprochée, les postes environnants, le commissaire de police du quartier, et réunit le plus de monde possible pour faire manœuvrer les pompes, en attendant l'arrivée des secours extérieurs.

Art. 32. Le caporal de grand'garde ne devra jamais détacher aucun de ses hommes pour aller en ordonnance, soit à l'état-major, soit à la caserne.

Art. 33. Les caporaux et sapeurs de grand'garde dans un théâtre sont prévenus qu'ils ne doivent, sous aucun prétexte, faire isolément des rondes dans les loges de la salle, le parterre et l'orchestre, ni des visites dans les loges des artistes. Dans le cas où par une circonstance quelconque, ils pourraient penser que leur présence est nécessaire soit dans l'intérieur de la salle, soit dans les loges d'artistes, les factionnaires avertiront le chef du poste, lequel se rendra près du concierge pour le requérir de l'accompagner dans sa tournée.

Art. 34. Dès qu'une dégradation quelconque se manifestera dans un théâtre, le chef du poste en préviendra de suite l'inspecteur du matériel, afin que la réparation soit exécutée immédiatement, si cela est possible, et il rendra compte à l'officier de ronde à son passage dans la soirée.

Art. 35. Tant que les postes de cave ne sont pas occupés par les sapeurs de service, les ouvertures doivent, autant que possible, rester ouvertes, afin d'en renouveler l'air.

Art. 36. Toutes les fois que des travaux s'exécuteront dans un théâtre, les chefs de poste devront en rendre compte; en outre, ils feront surveiller les ouvriers et plus particulièrement ceux qui seront obligés de faire usage de feu.

TITRE VI

Description de la borne-fontaine, du poteau d'arrosement, des bouches de secours placées aux fontaines publiques et sous les trottoirs.

Tableaux indiquant leur emplacement ainsi que celui des réservoirs et bassins qui alimentent la ville de Paris.

PREMIÈRE PARTIE

BORNE-FONTAINE ET POTEAU D'ARROSEMENT.

BORNE-FONTAINE. [1]

A, Corps de la borne-fontaine en fonte recouvrant tout le système.

B, Couvercle à charnière s'ouvrant au moyen de la clef à panneton pour découvrir l'intérieur de la borne-fontaine.

C, Cylindre à épaulements placés l'un sur l'autre et formant la conduite d'eau.

D, Carré du boisseau qui est placé à l'intérieur du cylindre. Ce carré, qui se tourne au moyen de

---

[1] Les nombreuses démolitions qui ont lieu dans Paris, occasionnent un déplacement considérable de bornes-fontaines, bouches d'eau, conduites, etc., qui ne met plus le *Manuel* en concordance avec les situations exactes. On ne saurait donc, quant à présent, et en raison des démolitions à exécuter ultérieurement, assigner les emplacements définitifs de secours d'eau.

la clef de borne-fontaine, fait mouvoir le boisseau, qui, lorsqu'il présente sa partie vide à la sortie, y laisse arriver l'eau.

E, Masque de fonte qui cache le pas de vis de la sortie, lequel masque doit être démonté pour adapter les boyaux au pas de vis.

F, Sortie formant pas de vis, sur laquelle est monté le masque de fonte pour l'écoulement de l'eau dans le ruisseau, et destiné à recevoir la boîte à vis des boyaux.

G, Régulateur formant quart de cercle placé derrière le carré du robinet; ce régulateur, tourné de gauche à droite, donne passage à l'eau à divers degrés.

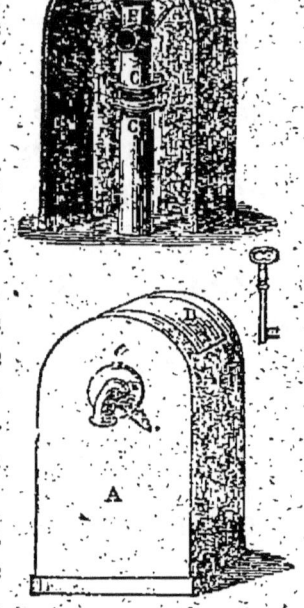

Fig. 120. Borne-fontaine.

a, Boulon percé d'un œil pour recevoir une clavette e et destinés tous deux à maintenir le masque de fonte après la borne-fontaine.

MOYENS DE SE SERVIR DE LA BORNE-FONTAINE.

1. Pour se servir de la borne-fontaine, il faut :
1° Ouvrir le couvercle B avec la clef à panneton;
2° Tourner le carré D du boisseau au moyen de la clef de borne-fontaine;
3° Si l'eau ne vient pas avec assez d'abondance, tourner à droite avec le croissant de la clef de borne-fontaine le régulateur G placé derrière le

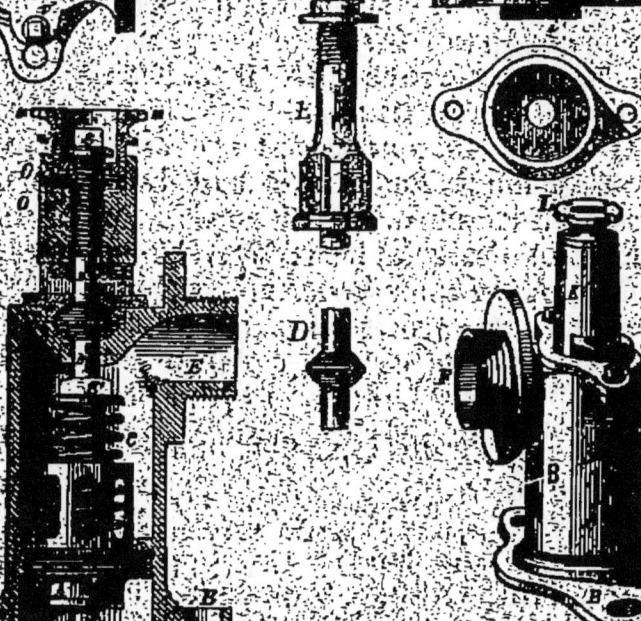

Fig. 121. Borne-fontaine.

cylindre C; alors l'eau arrivant à la bouche, on peut faire des batardeaux ou prendre de l'eau avec des seaux.

2. Mais s'il s'agit de monter une demi-garniture pour alimenter une pompe ou remplir des tonneaux, il faut, avant de tourner le carré D du boisseau, enlever le masque de fonte E[1] qui cache le pas de vis F, et monter sur ce pas de vis le raccord de la demi-garniture.

DESCRIPTION DU ROBINET DE BORNE-FONTAINE DIT RÉGULATEUR.

A, Soupape à ressort.
D, Enveloppe évidée de la soupape.
E, Tige de la soupape.
C, Ressort à boudin.
E', Tête de la tige sur laquelle s'exerce la pression pour opérer l'ouverture de la soupape.
D', Tige mobile enveloppée d'étouffes en f.
B, Cylindre s'ajustant en B', avec le tuyau d'eau, et qui reçoit la soupape et son enveloppe. Ce cylindre communique avec F, sortie d'eau portant le pas de vis des demi-garnitures du corps : entre les parois de ce cylindre et l'enveloppe évidée de la soupape, il y a un espace vide d'environ 1 centimètre de large pour le passage de l'eau.
G, Vis à tête de compas destinée à fixer l'enveloppe évidée à l'écrou h du cylindre.
C, Rebord à oreilles du cylindre, destiné à re-

---

[1] Pour démonter le masque de fonte, il faut, d'abord enlever une clavette qui est dans l'intérieur de la borne-fontaine et qui est attachée par une chaîne; retirer le boulon qui était traversé par la clavette, placer le croissant de la clef autour du masque, de manière que le talon du croissant entre dans le vide laissé par le boulon, puis tourner à gauche pour démonter le masque.

cevoir celui C' de la gaine du régulateur qui y est fixé par les vis V et V'.

I et I, Évidements destinés à recevoir la tige mobile D' et les étouffes f.

K, Gaine du régulateur.

L, Régulateur qui se fixe à différentes hauteurs dans sa gaine au moyen de la vis e et de l'écrou c'. A cet effet, sa tête porte quatre coches m, m, m, m, destinées à recevoir les pointes m, m, de la clef H.

H, Clef portant à sa partie inférieure un canon carré destiné à s'appliquer exactement sur la tête de la vis G.

G, Vis de pression portant une vis G' qui s'appuie sur un rebord intérieur du régulateur.

MANIÈRE DE SE SERVIR DU ROBINET DIT RÉGULATEUR.

3. Le robinet étant en place et fixé au moyen des oreilles B B, on ouvre comme à l'ordinaire la borne-fontaine; puis, si l'eau ne coule pas, après avoir ôté le nez et fixé la demi-garniture avec la clef H, qu'on tourne de gauche à droite, on exerce, au moyen de la vis G, une pression sur la tige mobile D D, qui elle-même presse la tête E' de la tige de la soupape, de manière à opérer la contraction du ressort C C, d'où il résulte l'ouverture de la soupape en A. (La clef doit être tournée jusqu'à ce que la tête G' de la vis de pression soit arrêtée par le rebord interne du régulateur.) L'eau s'introduisant alors par les ouvertures dans les évidements X X de la tige de la soupape et Y Y de son enveloppe, se répand dans l'intervalle qui existe entre l'enveloppe et le cylindre, et enfin s'échappe par l'ouverture E. On suppose ici que le régulateur est tout à fait descendu, c'est-à-dire

que son rebord externe O touche l'extrémité O de sa gaîne; s'il n'en était pas ainsi, la soupape ne pourrait s'ouvrir qu'en partie. Il faut donc, avant tout, à l'aide des points M M de la clef, qu'on place dans les coches $m\ m$ du régulateur, descendre tout à fait ce dernier, afin d'avoir tout le jeu possible.

POTEAU D'ARROSEMENT.

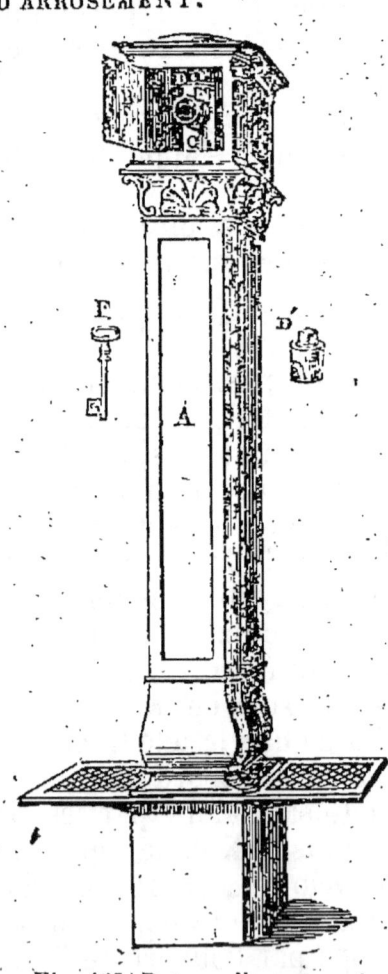

Fig. 122. Poteau d'arrosement.

A, Boîte creuse servant d'enveloppe, dans laquelle est placé perpendiculairement le tuyau de conduite destiné à alimenter la sortie.

B, Petite porte qui masque le pas de vis.

C, Cylindre creux adapté au tuyau de conduite et renfermant le boisseau.

D, Boisseau terminé par un carré et qui se tourne au moyen de la clef de borne-fontaine pour donner passage à l'eau, tournant de droite à gauche.

E, Sortie par laquelle l'eau s'écoule lorsque le boisseau D est ouvert, et destiné à recevoir le raccord du boyau de dégorgement pour emplir les tonneaux.

F, Clef pour ouvrir la petite porte B.

G', Clef de borne-fontaine pour ouvrir en tournant le carré D du boisseau.

D', Boisseau placé à l'intérieur du cylindre C.

MOYENS DE SE SERVIR DU POTEAU D'ARROSEMENT.

4. Pour faire usage des poteaux d'arrosement, il faut :

1º Ouvrir la petite porte B avec la clef à panneton ;

2º Monter la pièce à poteaux sur le pas de vis de la sortie E ;

3º Monter ensuite le raccord de la demi-garniture sur celui de la boîte à vis ;

4º Ouvrir le carré D du boisseau avec le canon de la clef de borne-fontaine qu'on introduit par la petite porte B.

5. On remarquera que quelques poteaux d'arrosement ont un couvercle qui s'ouvre en dessus du poteau au moyen de la clef à panneton ; et, dans ce cas, c'est par cette ouverture qu'on introduit la clef de borne-fontaine pour tourner le carré du boisseau.

DEUXIÈME PARTIE

DESCRIPTION DES BOUCHES D'EAU PLACÉES AUX FONTAINES PUBLIQUES ET SOUS LES TROTTOIRS.

BOUCHES AUX FONTAINES PUBLIQUES.

A, Plaque servant de porte, qui s'ouvre au moyen de la clef à panneton.

B, Sortie formant pas de vis destiné à recevoir la boîte des demi-garnitures.

C, Conduite d'eau.

D, Carré du boisseau qui se tourne au moyen de la clef de borne-fontaine.

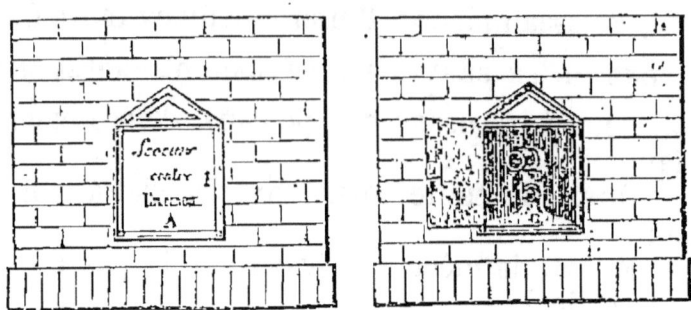

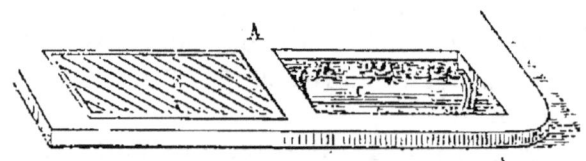

Fig. 123. Bouches d'eau.

ANCIENNES BOUCHES SOUS LES TROTTOIRS.

A, Trottoirs.
B, Regard dans lequel passe la conduite d'eau.
C, Conduite d'eau.
D, Chapeau couvert monté sur un pas de vis.
E, Boisseau terminé par un carré qui s'ouvre pour l'écoulement de l'eau dans le ruisseau.
F, Boisseau terminé par un carré.
G, Couvercle qui cache le regard B.

MOYENS DE SE SERVIR DES BOUCHES D'EAU PLACÉES : 1° AUX FONTAINES PUBLIQUES ; 2° SOUS LES TROTTOIRS.

1° *Aux fontaines publiques et à divers endroits.*

6. Ces bouches d'eau, placées aux fontaines pu-

bliques, à environ 1ᵐ 50 de hauteur, se reconnaissent en ce qu'elles sont masquées par une plaque sur laquelle est écrit : *Secours contre l'incendie*.

7. Pour s'en servir, il faut d'abord ouvrir avec la clef à panneton la plaque formant porte ; monter ensuite la demi-garniture sur le pas de vis de la sortie et tourner le carré du boisseau avec la clef de borne-fontaine.

2º *Sous les trottoirs.*

8. Dans les rues de Paris où l'emplacement ne permet pas de mettre des bornes-fontaines, on a placé sous les trottoirs des bouches d'eau pour l'assainissement des rues.

9. Pour faire usage de ces bouches, il faut d'abord ouvrir, au moyen de la clef à panneton, le couvercle G que l'on trouve sur le bord du trottoir. Ce couvercle étant renversé, on aperçoit deux carrés et un chapeau couvert.

10. Si on veut faire écouler l'eau dans le ruisseau pour obtenir un batardeau, il suffit d'ouvrir les carrés E et F.

11. Mais si l'on veut alimenter une pompe à incendie ou remplir des tonneaux, il faut fermer le carré F, démonter le chapeau couvert D et monter une demi-garniture sur le pas de vis, fermer le carré E et rouvrir ensuite le carré F. Les carrés D, E, F se tournent au moyen de la clef de borne-fontaine.

Ces bouches tendent à disparaître et sont remplacées par celles *fig.* 124 et 125.

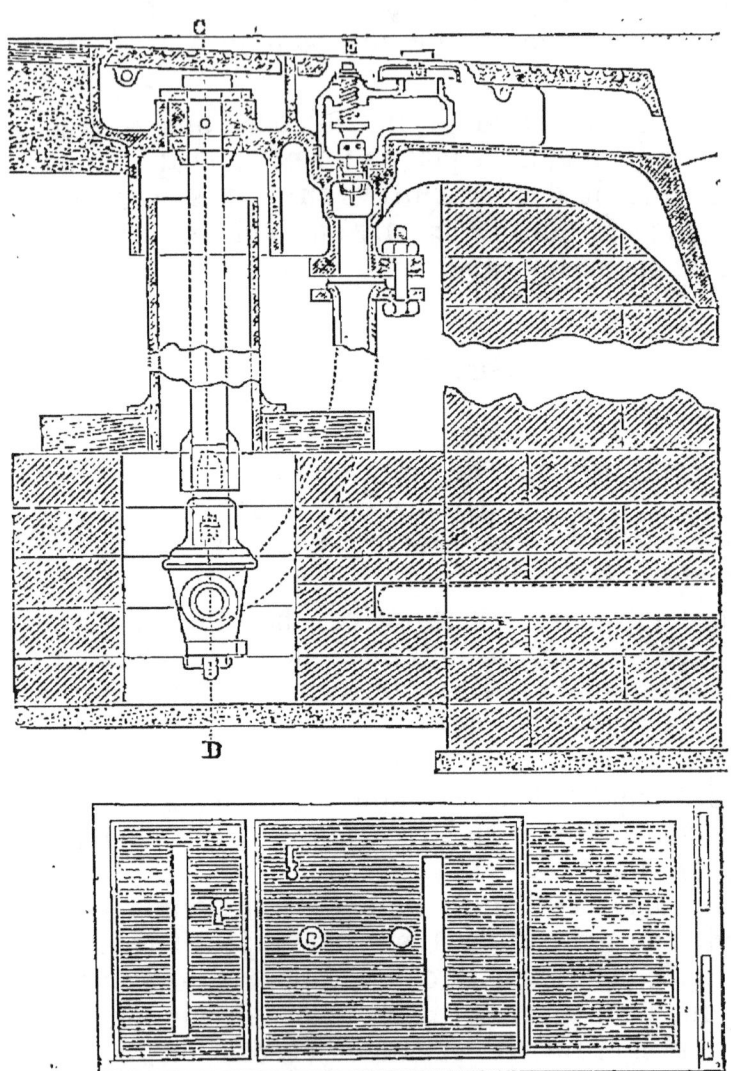

Fig. 124. Bouches d'eau.

BOUCHES D'EAU 291

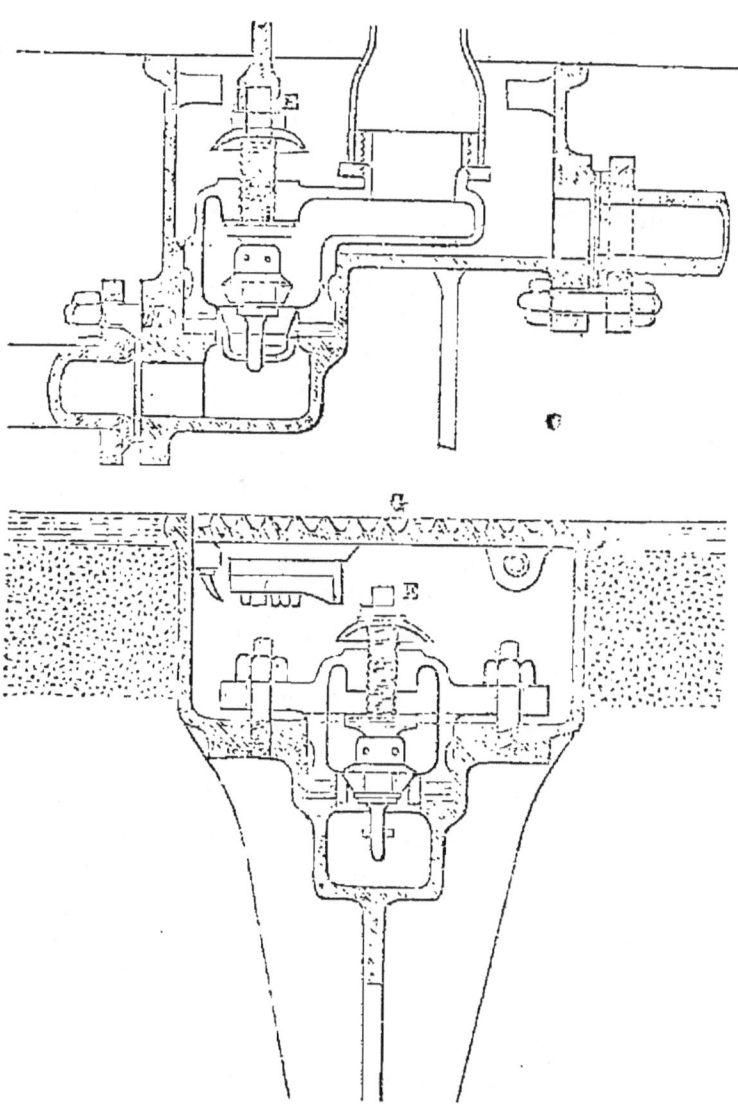

Fig. 125. Bouches d'eau.

ROBINETS SOUS BOUCHES A CLEFS.

12. Beaucoup de bornes-fontaines et de bouches d'eau sont garnies de robinets placés sur la

portion du tuyau qui porte l'eau de la conduite principale à la borne-fontaine. Ces robinets sont placés sous le pavé à une profondeur que la gelée atteint rarement; ils servent, quand on les ferme, à empêcher l'eau de monter dans le tuyau ascendant de la borne-fontaine, et servent aussi à faire écouler l'eau qui était dans cette partie ascendante, de manière que la branche étant vide ne peut être atteinte par la gelée.

13. Pour ouvrir la bouche à clef, il faut, avec une grande clef de fontainier, tourner de gauche à droite le robinet sous terre; alors l'eau monte à la bouche de la borne-fontaine et s'écoule assez rapidement pour ne pas être saisie par la gelée.

14. La plupart des bornes-fontaines des théâtres sont garnies de robinets d'arrêt et de décharge. Les clefs de ces robinets sont dans les postes ou chez les concierges; il est essentiel que les caporaux de grand'garde sachent où sont ces clefs et en fassent usage pour barrer les robinets au commencement des gelées et les ouvrir au dégel.

15. Pour barrer une borne-fontaine, il faut: 1º enlever le tampon de la bouche à clef, placé ordinairement en avant et à 1^m 65 environ de la borne-fontaine : ce tampon se soulève au moyen d'un crochet de fer; 2º ouvrir le robinet de la borne-fontaine pour laisser écouler un peu d'eau; 3º tourner de droite à gauche, au moyen d'une longue clef de fontainier, le robinet qui est sous terre jusqu'à ce que l'eau ne coule plus par la bouche de la borne-fontaine; 4º remettre le tampon; 5º fermer le couvercle de la borne-fontaine en laissant le robinet ouvert. En principe général, l'ouverture des robinets sous terre se fait en

suivant le sens des aiguilles d'une montre; la fermeture a lieu dans le sens contraire. On observera aussi de ne jamais manœuvrer à la fois le robinet de barrage et le robinet d'écoulement. Pour avoir de l'eau en temps de gelée et de barrage on n'a qu'à tourner le robinet sous bouche à clef, et, en temps ordinaire, il suffit d'ouvrir le robinet d'écoulement.

BOUCHES DE SECOURS, EN CAS D'INCENDIE, ÉTABLIES AUX FONTAINES PUBLIQUES, REGARDS, ETC., DANS L'INSPECTION DES EAUX.

Rue Colbert, dans la fontaine Colbert.

Rue de Viarmes, sur la fontaine de la halle aux blés.

Place du marché Saint-Honoré, sur la fontaine.

A l'angle des rues de l'Arbre-Sec et Saint-Honoré, sur la fontaine de l'Arbre-Sec.

Rue du Faubourg-Saint-Martin, 143 *bis*, vis-à-vis la rue de Chabrol, sur la fontaine des Récollets.

Rue Turenne, au coin de la rue Charlot, sur la fontaine.

Rue des Audriettes, angle de celle du Chaume, sur la fontaine des Audriettes.

Rue Saint-Martin, au coin de la rue Maubuée, sur la fontaine.

Rue Saint-Martin, angle de celle du Vert-Bois, sur la fontaine de la tour Saint-Martin.

Rue Turenne, 11, au Marais, sur la fontaine Saint-Louis.

Rue du Temple, 58, sur la fontaine Sainte-Avoye.

Rue Vieille-du-Temple, angle Poitou, sur la fontaine de l'Échaudé.

Rue des Prêtres-Saint-Paul, vis-à-vis la rue des Jardins, sur la fontaine Charlemagne.

Rue du Chaume, angle Paradis, sur le regard Soubise.

Boulevard de l'Hôpital, sur le bâtiment du chemin de fer d'Orléans.

Rue Saint-Hilaire, 2, vis-à-vis la rue Poliveau, sur la fontaine.

Rue de Lourcine, 62, sur le mur de la caserne, à droite de la porte d'entrée.

Rue Mouffetard, sur la fontaine, à l'angle de la rue du Pot-de-Fer.

Rue Saint-Victor, 23, sur le mur des bassins Saint-Victor.

Rue de la Montagne-Sainte-Geneviève, sur la fontaine publique.

Rue du Mont-Saint-Hilaire, 2, vis-à-vis la rue des Carmes.

Rue de la Vieille-Estrapade, sur les réservoirs.

Théâtre de l'Odéon, aux quatre angles.

Place Cambrai, à gauche de la fontaine publique.

Rue de l'École-de-Médecine, 26, sur la fontaine publique dite des Cordeliers.

Rue Childebert, 1, sur la fontaine de l'Abbaye.

Rue Taranne, 20, sur la fontaine publique.

Rue de Grenelle-Saint-Germain, 59, sur le pilastre à droite de l'hémicycle de la fontaine.

Rue de Sèvres, 60, à droite de la fontaine.

Rue de Vaugirard, 111, sur le mur des bassins.

Rue du Faubourg-Saint-Antoine, vis-à-vis l'hospice, sur la fontaine publique.

Rue Saint-Ambroise, angle de l'avenue Parmentier, sur le mur de l'abattoir.

Rue Saint-Maur, 33, angle des Amandiers, sur le mur des réservoirs.

Rue de la Roquette, 68, sur la fontaine publique.

Rue de Charonne, 61, sur la fontaine publique.

Rue de l'Orme, à la fontaine marchande.

Rue d'Ulm, à l'École normale.

Boulevard Richard Lenoir, 50.

Rue de Charenton, 87.

Marché aux veaux.

Rue Geoffroy-Saint-Hilaire, à la fontaine Poliveau.

Grande rue de Vaugirard, sur le mur de la mairie.

Rue de Paris-Charonne, 89.

Rue de Bagnolet, 13.

TABLEAU indiquant l'emplacement : 1° des fontaines publiques; 2° des fontaines marchandes; 3° des fontaines monumentales.

NOMS DES FONTAINES.	EMPLACEMENTS.	Nombre	COMMENT ELLES SONT ALIMENTÉES.
\multicolumn{4}{c}{1° FONTAINES PUBLIQUES.}			
De la Roquette..	Rue de la Roquette, près la Charbonnière.............	1	Aqueduc de ceinture.
Montreuil.......	— du faub. St-Antoine, près l'hospice St-Antoine......	1	Aqueduc.
Charenton	— de Charenton, près l'hospice des Orphelins........	1	id.
Boucherat	— Turenne, près la rue Charlot.	1	id.
Du Temple.....	— du Temple, adossée au Temple..................	2	id.
Des Audriettes ..	— des Vieilles-Audriettes.....	1	id.
De l'Échaudé....	— Vieille-du-Temple, près la rue de Poitou............	1	id.
Saint-Louis.....	— St-Louis, près la rue des Minimes................	1	id.
Sainte-Avoye....	— Ste-Avoye, près la rue Rambuteau...............	1	id.
Jarente.........	— Jarente................	1	id.
Des Tournelles..	— des Tournelles, près la Bastille................	1	id.
Charlemagne....	— Charlemagne	1	id.
Maubuée........	— Maubuée, près la rue St-Martin..................	1	id.
Salle-au-Comte .	— Salle-au-Comte.........	1	id.
Du Vertbois.....	— St-Martin, près les Arts-et-Métiers................	1	id.
Du marché Saint-Martin........	Place du marché Saint-Martin.	2	id.
De la Halle aux Blés...........	Rue de Viarmes, contre la Halle aux Blés............	1	id.
De l'Arbre-Sec..	— de l'Arbre-Sec, près la rue St-Honoré	1	id.
Colbert.........	— Colbert...............	1	id.
Des Moulins.....	— des Moulins, près la rue des Orties................	1	id.
Du Marché Saint-Honoré........	Sur le marché de ce nom......	1	id.
Castiglione......	Rue Castiglione, près la rue Saint-Honoré	1	id.
Du Gros-Caillou.	— St-Dominique, près l'Hôpital militaire	1	Réserv. Vaugirard.

NOMS DES FONTAINES.	EMPLACEMENTS.	Nombre.	COMMENT ELLES SONT ALIMENTÉES.
Égyptienne	Rue de Sèvres, près l'Hôpital des Incurables	1	Aqueduc de ceinture.
De Grenelle	— de Grenelle, près la rue du Bac	1	id.
Taranne	— Taranne, près la rue des Sts-Pères	1	Rés. Racine.
De l'Abbaye	— Childebert, près la rue d'Erfurt	1	id.
Saint-Germain	Marché Saint-Germain	1	id.
Garancière	Rue Garancière	1	id.
Des Cordeliers	— de l'Ecole-de-Médecine, près la rue du Paon	1	id.
Notre-Dame	Parvis N.-D., contre le jardin de l'Hôtel-Dieu	1	Rés. Saint-Victor.
Saint-Séverin	Rue St-Séverin, près la rue Saint-Jacques	1	Racine.
Des Carmes	Sur le Marché des Carmes	1	St-Victor.
Cambrai	Sur la place Cambrai	1	Panthéon.
Ste-Geneviève	Au haut de la rue de la Montagne-Sainte-Geneviève	1	id.
Des Capucins	Place des Capucins, en face de l'Hospice	1	id.
Du Pot-de-Fer	Rue du Pot-de-Fer, près la rue Mouffetard	1	id.
Poliveau	— Poliveau, près la rue Fer-à-Moulin	1	St-Victor.
Du Marché-aux Chevaux	Sur le Marché aux Chevaux	2	Panthéon.
Cuvier	Rue Cuvier, près la rue St-Victor	1	Bassins St-Victor.
Saint-Victor	— St-Victor, près la rue des Fossés-St-Bernard	1	id.
Du Marché des Blancs-Manteaux	Dans le Marché	2	Aqueduc.
De Charonne	Rue de Charonne, angle faubourg Saint-Antoine	1	id.
Du Marché-d'Auteuil	Dans le Marché	1	Source.
De la Mare, à Belleville	Rue de la Mare	1	id.
2° FONTAINES MARCHANDES.			
De l'Orme	Rue de l'Orme	1	Aqueduc de ceinture.

NOMS DES FONTAINES.	EMPLACEMENTS.	Nombre.	COMMENT ELLES SONT ALIMENTÉES.
De la Boule-Rouge	Rue de la Boule-Rouge	1	Rés. Passy.
De Courcelles	— de Courcelles	1	id.
Des Ménages	— de Sèvres, p. la r. de la Chaise	1	id.
Du Panthéon	Place du Panthéon	1	Bassins de l'Estrapade.
De Jussieu	Rue de Jussieu, près l'entrepôt des vins	1	id.
Saint-Martin	Place du marché St-Martin	1	R. de Passy.
Du Renard St-Merry	Rue du Renard Saint-Merry, 11	1	id.
De l'Université	Près le Corps législatif	1	id.
Delaborde (un poteau)	Place Delaborde	1	Source (Dhuisi).
Montreuil	Rue de Montreuil, angl. faub. St-Antoine	1	de Charon.
Picpus	Boulevard Picpus, n° 8	1	Source.
Gentilly	— d'Italie, n° 23	1	R. Gentilly.
Montrouge	Rue du Haut-Transit, 36	1	id.
Vaugirard	— du Transit, 35	1	id.
Passy	— des Réservoirs, 4	1	R. Passy.
Auteuil	Rue Boileau, 12 bis	1	Rés. Passy.
Courcelles-Monceau	Boulevard de Courcelles, 34	1	id.
Neuilly	Quai Bourdon, 18	1	Neuilly.
Capron	Rue Capron, 33	1	Source.
Blanche	Boulevard de Clichy, 22	1	id.
Isly	Rue de Tanger, 7	1	id.
Allemagne	— d'Allemagne, 101	1	id.
Chopinette	Boulevard de la Villette, 58	1	id.
Belleville	Rue de Charonne, 8	1	id.
Père-Lachaise	Boulevard Ménilmontant, 8	1	id.

Fontaines marchandes extra-muros.

Saint-Mandé	Rue de Charonne, n° 1	1	Charenton.
Charenton	— des 4 Vents, 13	1	id.
Clichy	— du Landy, 17	1	Passy.

3° FONTAINES MONUMENTALES.

De la rue de l'Arbre-Sec	Au coin des rues de l'Arbre-Sec et Saint-Honoré	1	Aqueduc.
Du Châtelet et du Palmier	Place du Châtelet	1	id.
Des Audriettes	Rue des Audriettes	1	id.

NOMS DES FONTAINES.	EMPLACEMENTS.	Nombre.	COMMENT ELLES SONT ALIMENTÉES.
Du Château-d'Eau	Boulevard du Temple, devant la rue Samson..................	1	Aqueduc.
Des Cordeliers...	Rue de l'École-de-Médecine.....	1	Passy.
Cuvier............	— Cuvier et Saint-Victor......	1	B. St-Victor
De la Concorde..	Place de la Concorde...........	2	Rés. Monceau.
Des Champs-Élysées............	Champs-Élysées................	4	Bass. Monceau.
Desaix............	Place Dauphine................	1	Racine.
Egyptienne.......	Rue de Sèvres.................	1	Vaugirard.
De l'Archevêché.	Jardin de l'Archevêché.........	1	Aq. de ceinture
De l'Echaudé....	Extrémité de la rue de Poitou....	1	id.
Gaillon...........	Carrefour Gaillon, angle des rues du Port-Mahon et de la Michodière.	1	Réserv. de Chaillot.
De Grenelle......	Rue de Grenelle-Saint-Germain...	1	id.
De la Halle aux Blés............	Rue de Viarmes................	1	id.
Louvois...........	Place Louvois..................	1	id.
Molière...........	Angle des rues Richelieu et Fontaine-Molière.................	1	id.
Des Innocents...	Au centre du Marché-des-Innocents......................	1	Aqueduc de ceinture.
Du Marché-St-Germain	Au centre de ce marché........	1	id.
Des Vosges.......	Place Royale...................	4	id.
Saint-Sulpice.....	Place Saint-Sulpice.............	1	id.
Saint-Dominique.	Rue St-Dominique (Gros-Caillou).	1	id.
Saint-Louis......	— St-Louis, au Marais........	1	id.
Du Palais de l'Industrie........	Devant le Palais de l'Industrie..	2	id.
François Ier.....	Place François Ier.............	1	id.
Saint-Georges...	Place Saint-Georges............	1	id.
Du Marché Saint-Martin........	Place du Marché-St-Martin.....	1	id.
Saint-Michel.....	Place Saint-Michel.............	1	id.
Richard-Lenoir..	Boulevard Richard-Lenoir.......	15	id.
De la Madeleine.	Place de la Madeleine..........	2	id.
Fontaines, gerbes dans les Squares	Square des Arts-et-Métiers.....	2	id.
	Place de la Réunion............	1	Charonne.
	Rond-Point de Saint-Cloud.....	1	Passy.
	Place de l'ancienne barrière de Courcelles..................	1	Aqueduc.
	Avenue de Lamothe-Piquet.....	4	id.
	Rond-Point des Champs-Élysées.	6	id.
	Place Malesherbes.............	2	Passy.
	— de la Mairie de Grenelle..	1	Aqueduc.
	— Soufflot..................	1	Panthéon.

TABLEAU indiquant l'emplacement des réservoirs et bassins qui alimentent la ville de Paris, la capacité de chacun d'eux, la manière dont ils sont alimentés, et les quartiers qu'ils approvisionnent.

INDICATION des établissements hydrauliques	EMPLACEMENTS	Capacité en mètres cubes, débit, etc.	De quelle manière ils sont alimentés.	QUARTIERS qu'ils approvisionnent	Dimensions des conduites principales
Canal de l'Ourcq et St-Martin.	Entre les barrières de Pantin et de la Villette (extra-muros).	500,000	Par la rivière de l'Ourcq et d'autres affluents.	L'hôpital St-Louis	0m.216
Aqueduc de ceinture...	Entre les barrières de la Villette et de Monceau.	50,000	Par le canal de l'Ourcq.	La rive droite et la rive gauche.	divers.
Aqueduc d'Arcueil	Près de l'Observatoire.	995	Par les sources.	Rive gauche.	0m.216
Puits de Grenelle...	A l'abattoir de Grenelle.	»	Nappe d'eau souterraine	Rive gauche.	0m.216
Source du Nord...	Belleville, Près Saint Gervais.	»	Par les sources.	Rive droite.	0m.216
Réservoirs de Ménilmontant..	Rue Saint-Fargeau.	100,000 28,500	Source. Rivière.		
Réservoirs de Belleville...	R. du Télégraphe	6,239 11,765	Source. Rivière.		
Passy......	Rue Villejust...	37,400	Id.		
—	Rue des Réservoirs, 4.	2,558	Id.		
Monceau...	Boulevard Batignolles.	10,000	Id.		
Racine.....	Rue Racine, 11.	4,121	Id.		
Saint-Victor	Rue Linné.....	6,754	Id.		
De Vaugirard......	R. Vaugirard, 111	8,880	Id.		
—	R. du Transit, 35	506	Id.		
Gentilly.....	Chemin des Prêtres.	6,693	Id.		
De Charonne.....	R. de Bagnolet, 13	5,657	Id.		
Montmartre	Passage Cottin, 3	947	Id.		
—	Rue Lepic.....	144	Id.		
Panthéon ..	Rue de la Vieille-Estrapade, 16.	3,815	Id.		

APPENDICE

MANOEUVRES EXTRAORDINAIRES
et principes particuliers pour remédier à divers accidents

MOYENS QU'ON PEUT EMPLOYER POUR METTRE UNE POMPE DANS UN BATEAU

On se procure un plat-bord assez long pour que l'une de ses extrémités, touchant à terre, son milieu porte sur le bord du bateau ; on fait glisser la pompe sur le plat-bord, jusqu'à ce que le milieu de sa longueur corresponde au point d'appui ; ensuite on fait basculer le plat-bord pour faciliter la descente de la pompe dans le bateau ; pendant cette opération on a soin de maintenir la pompe de manière qu'elle ne tombe ni d'un côté ni de l'autre du plat-bord.

Les moyens employés pour faire entrer une pompe dans un bateau peuvent servir aussi dans beaucoup d'autres cas, comme lorsqu'il faut la faire passer par une fenêtre de rez-de-chaussée, par-dessus une balustrade ou une éminence quelconque.

Les pompes aspirantes sont celles qu'on peut employer le plus avantageusement dans un bateau.

MANIÈRE DE TRANSPORTER UNE POMPE A UN ÉTAGE QUELCONQUE D'UN BATIMENT INCENDIÉ.

La pompe étant à terre, débarrassée de ses demi-garnitures et de tous ses agrès, le chef place les deux servants chacun à une chaîne de l'arrière, et s'adjoint un homme pour rester avec lui à l'avant; la pompe est tournée de manière à présenter l'arrière à la première marche de l'escalier; les deux servants prennent les chaînes assez loin de leur point d'attache, et, en montant de côté, ils soulèvent un peu la pompe en la tirant de manière à la faire glisser sur les arêtes des marches comme sur un plan incliné.

Le chef et l'homme qu'il s'est adjoint, placés l'un à droite et l'autre à gauche, ayant chacun une main sur le T du balancier qu'on a soin d'incliner vers l'avant de la pompe, et l'autre main sur le cordon de la bâche, aident le mouvement en poussant.

Pour descendre la pompe les quatre hommes se placent de la même manière que pour la monter; le chef et l'homme qui est près de lui tirent la pompe au lieu de la pousser, et les servants la retiennent au moyen des chaînes de l'arrière pour empêcher qu'elle ne descende avec trop de vitesse, et qu'elle ne blesse les hommes de l'avant.

Dans les édifices publics, tels que églises, palais, etc., lors des cérémonies exigeant un concours combiné de secours contre l'incendie, il peut arriver que l'exiguité des escaliers soit telle qu'on ne puisse monter une pompe garnie de ses agrès; on la démonte alors et on monte les pièces à l'endroit désigné pour son établissement; là, on la remonte d'après les principes prescrits dans cette leçon.

MANIÈRE DE RELEVER UNE POMPE RENVERSÉE AVEC SON CHARIOT

Lorsqu'une pompe est renversée avec son chariot, sans en être séparée, on relève l'une et l'autre en même temps; à cet effet, le chef se place vis-à-vis de la roue, du côté où la pompe est renversée, le premier servant à sa droite, le second à sa gauche, tous trois saisissent le balancier et lèvent ensemble. Lorsque l'inclinaison de la pompe permet au chef de s'approcher de la roue qui porte toute la charge, il en soutient la partie supérieure en la poussant jusqu'à ce que le chariot soit remis dans sa position. Pendant cette opération, une quatrième personne maintient la traverse pour éviter qu'elle ne se brise.

Si l'essieu vient à casser dans la chute ou pendant le trajet, le chef et les servants déchaînent la pompe et la posent sur les semelles du patin; les servants saisissent ensuite le cordage, le passent en l'enroulant une fois dans les poignées en fer qui se trouvent à l'avant, s'emparent de chaque extrémité et s'en servent pour continuer à traîner la pompe en se faisant aider. Le chef se porte en arrière, saisit les douilles du balancier pour diriger la marche et aider le mouvement.

Par cette mesure, l'arrivée d'une pompe n'est presque pas retardée.

Le chariot doit être remisé en lieu sûr par les soins du chef qui, préalablement, fait mettre le contenu du coffre et la hache dans la bâche, et fait placer et amarrer l'échelle à crochets sur la pompe.

RÉPARATIONS QU'ON PEUT AVOIR A FAIRE AUX POMPES

Les accidents les plus fréquents sont des crevasses qui ont lieu aux demi-garnitures le long des rivets, lorsqu'on manœuvre la pompe avec force. Pour y remédier, on emploie de la manière suivante les manchons placés dans le coffret :

Lorsqu'une fuite se déclare soit à l'emplacement des rivets, soit à une autre partie de la demi-garniture, on prend le manchon et on l'adapte de manière que la surface pleine soit bien adhérente à la partie crevassée du boyau.

Indépendamment de ces manchons, et pour y suppléer, dans le cas où il n'y en aurait point assez, chaque sapeur doit avoir dans la bombe de son casque une petite corde roulée qu'on appelle *filagore*, avec laquelle on fait une ligature qui consiste à plier en double l'une des extrémités de cette corde d'une longueur telle qu'étant posée sur le boyau, elle puisse couvrir la crevasse et la dépasser de chaque côté de 5 centimètres environ. On roule cette corde en hélice sur le boyau comme la corde d'un treuil se roule sur son arbre, de manière que chaque tour de la corde touche immédiatement celui qui le précède; elle forme ainsi un cylindre qui enveloppe la partie crevassée. On termine la ligature en introduisant ce qui reste de corde dans l'anneau formé par la partie doublée et en tirant sur l'autre extrémité pour consolider le système.

Il y a des cas où l'on peut réparer par le même

procédé une lance qui viendrait à crever, en mettant un cuir ou un linge sur le trou, puis en roulant en dessus la ligature; mais comme la forme conique de la lance pourrait permettre à la ligature de glisser vers la plus petite base du cône tronqué, on l'en empêche en fixant l'extrémité du filagore à la boîte de la lance, et le tendant le long de la lance jusqu'à 5 centimètres au-dessus de la crevasse; on fait ensuite la ligature comme il est dit plus haut.

Dans certains cas, on peut aussi employer la ligature pour consolider un levier qui éclaterait dans le sens de sa longueur.

Lorsque les raccordements sont difficiles à serrer ou à desserrer et qu'on n'a pas de tricoise, on se sert d'un ciseau et d'un marteau pour les faire tourner; à défaut de ces deux outils, on fait usage de tous ceux qui en peuvent tenir lieu. Une pièce de monnaie peut au besoin remplacer le ciseau et une masse quelconque de bois ou de pierre suppléer au marteau.

On est souvent obligé d'employer à la manœuvre des pompes de l'eau bourbeuse qui, après quelque temps, dépose assez de matières pour arrêter le jeu des clapets; alors il faut nettoyer la pompe par les moyens qu'on a indiqués, et, si l'on fait usage d'une pompe aspirante comme foulante, on ne doit pas oublier de mettre les tamis sur la bâche, car il suffirait d'une feuille d'arbre ou d'un morceau de linge pour couvrir une partie de la tête d'arrosoir et empêcher l'aspiration d'avoir lieu; il faut en outre de temps en temps passer la main autour de cette tête d'arrosoir pour en écarter tous les corps étrangers.

Lorsque l'eau sort de manière à indiquer que

l'orifice de la lance est obstrué par quelque corps étranger, on doit sur-le-champ faire cesser la manœuvre de la pompe et incliner la lance de manière que le petit bout soit plus bas que la boîte, et la démonter dans cette position, afin que le corps qui intercepte le passage de l'eau ne retombe pas dans le boyau; on souffle dans l'orifice pour en chasser ce qui peut s'y trouver, et quand le souffle ne suffit pas on y passe une baguette. Si l'on n'avait pas la précaution d'incliner la lance, le corps étranger rentrerait dans le boyau, reviendrait bientôt à l'orifice lorsqu'on reprendrait la manœuvre et l'on se trouverait forcé de recommencer l'opération. Si on négligeait de déboucher la lance et si l'on continuait la manœuvre de la pompe, on risquerait de faire crever les boyaux.

Lorsque les pistons ne remplissent pas parfaitement l'intérieur des corps de pompe, ce qui arrive souvent lorsque les doubles godets sont secs, au lieu d'être entièrement foulée dans le récipient, une partie de l'eau s'échappe par les intervalles qui se trouvent entre le cylindre et les pistons, et les travailleurs qui, dans les incendies, sont presque toujours des personnes de bonne volonté, se voient forcés de quitter la manœuvre à cause de l'eau qui jaillit continuellement sur eux. On remédie facilement à cet inconvénient en faisant un lien de paille ou de foin dont on entoure la tige du piston, sans la serrer, et de manière à couvrir la base supérieure du cylindre; on peut également employer une toile roulée pour le même objet.

Si le balancier se cassait trop près de son point d'appui, pour qu'il fût possible de s'en servir, on en détacherait la tige du piston du côté cassé, en laissant le piston dans le corps de la pompe, et la pompe n'agirait que d'un côté; elle aurait alors l'inconvénient de n'avoir plus un jet aussi fort, mais on ne serait pas forcé de cesser la manœuvre.

Lorsque la bâche est percée, on bouche le trou, s'il est possible, avec une matière que l'eau n'amollit pas, comme de la cire ou de la résine fondue; si le trou était un peu grand, on se procurerait un tampon quelconque pour le fermer.

Les pompes aspirantes sont plus sujettes à manquer que les autres à cause de l'aspiral qui souvent prend de l'air, soit par le raccordement, soit par les coutures quand elles sont desséchées si c'est par le raccordement, il suffit quelquefois de mettre de l'eau dans la bâche, de manière à le couvrir; si c'est par les coutures, il faut, s'il est possible, faire tremper l'aspiral dans l'eau, de manière que l'intérieur et les coutures ne permettent plus à l'air de passer.

Comme il arrive souvent que les coutures sont desséchées, il serait bon de commencer, dans tous les cas, par faire tremper les aspiraux avant de les monter, afin de ne pas être obligé de les démonter ensuite pour faire cette opération.

On peut, lorsqu'on n'a pas eu la précaution de faire tremper l'aspiral avant de le monter, et que les coutures sont desséchées, l'entourer de toiles mouillées que l'on fixe dessus au moyen de filagores.

Si l'air venait par un trou très-petit à la courbe d'aspiration, on remplirait la bâche, et la manœuvre en souffrirait peu, mais si le trou était grand, la pompe ne pourrait plus servir que comme foulante.

OBSERVATIONS. On ne doit entreprendre aucune des réparations indiquées ci-dessus que quand il faut moins de temps pour la faire que pour substituer à la partie qui manque une partie semblable, ou une pompe à celle à laquelle il est arrivé un accident.

QUESTIONNAIRE

Afin de ne pas donner trop d'extension à ce Questionnaire, on n'y a formulé que les questions les plus importantes; les Instructeurs auront à composer eux-mêmes les questions de détail en suivant l'ordre du Manuel et la forme indiquée.

TITRE PREMIER

NOMENCLATURE DU MATÉRIEL.

Quelles sont les parties principales de la pompe foulante ? (*Voir page 2 et suivantes.*)

Quelles sont les parties principales de la pompe aspirante ? (*P. 8 et suiv.*)

Quelles sont les parties principales du chariot de pompe ? (*P. 10 et suiv.*)

De quoi se compose une roue ? (*P. 13.*)

Quels sont les accessoires de la pompe ? (*P. 13.*)

Quelles sont les parties d'une échelle à crochets ? (*P. 15 et 16.*)

Quelles sont les parties principales du tonneau ? (*P. 18 et suiv.*)

Quels sont les accessoires du tonneau ? (*P. 20.*)

Quelles sont les parties principales du chariot à incendie ? (*P. 20 et suiv.*)

Quels sont les accessoires du chariot à incendie ? (*P. 22 et 23.*)

En quoi consiste l'appareil à feux de caves ? (*P. 23 et suiv.*)

De quoi se compose le matériel pour les feux de cheminées ? (*P. 25.*)

Expliquez le jeu de la pompe à incendie ? (P. 31 et suiv.)

Dans quel ordre doit-on monter une pompe à incendie et la démonter ? (P. 35 et 36.)

Comment une pompe est-elle armée sur son chariot ? (P. 37.)

Comment doit-on faire l'épreuve et la réception du matériel à incendie ? (P. 37.)

Quelles sont les précautions à prendre pour le nettoyage et l'entretien du matériel ? (P. 40 et suiv.)

TITRE II.

MANŒUVRE DE LA POMPE.

Les six leçons qui composent ce titre devant être apprises et récitées littéralement, ou commandées et exécutées, il n'y a pas lieu de formuler de questions.

TITRE III.

NOMENCLATURE DE CONSTRUCTION.

Quelles sont les principales constructions en matériaux incombustibles ? (P. 135 et suiv.)

Quelles sont les pièces principales d'un mur en pans de bois ? (P. 139 et suiv.)

Quelles sont les pièces principales d'un plancher ? (P. 143 et suiv.)

Qu'appelle-t-on vices de construction et quels sont-ils ? (P. 145.)

De quoi se compose un comble ? (P. 146 et suiv.)

Quelles sont les pièces qui composent une ferme ? (P. 149 et suiv.)

Quelles sont les différentes espèces de cheminées ? (P. 153 et 154.)

Quelles sont les parties qui composent une cheminée ? (P. 154 et suiv.)
De quoi se compose un calorifère ? (P. 156.)
Qu'est-ce qu'un compteur à gaz ? (P. 157.)

TITRE IV.

INSTRUCTION SUR L'EXTINCTION DES INCENDIES.

Quels sont les principes généraux d'extinction des incendies ? (P. 175.)
Que doit faire tout chef de poste, à l'égard des autres chefs de poste arrivés à l'incendie avant lui? (P. 176 et 177.)
Quels sont les éléments d'extinction du feu?(P.177)
Quelles sont les opérations préliminaires à l'extinction du feu ? (P. 178.)
Quel est le premier devoir du sapeur-pompier arrivant à l'incendie ? (P. 178.)
Quels sont les principes de sauvetage ? (P. 178.)
Comment passe-t-on d'une pièce dans une autre, s'il n'y a pas d'issue ? (P. 179.)
En quoi consiste la reconnaissance d'un feu ? (P. 179.)
Quelles sont les précautions à prendre pour faire la reconnaissance ? (P. 180.)
Quels avertissements doivent avoir lieu ? (P. 180.)
Qu'appelle-t-on faire un établissement ? (P. 181.)
Comment doit-il être pour être bien fait ? (P. 181.)
Combien y a-t-il de sortes d'établissements et quels sont-ils ? (P. 182.)
Quels sont les moyens d'alimenter la pompe ? (P. 183 et 184.)
Qu'appelle-t-on attaquer un feu ? (P. 185.)
Quelles sont les règles d'attaque d'un feu ? (Id.)

Quelles sont les opérations complémentaires ? (P. 187.)

Quelles sont les précautions à prendre pour le déblai ? (P. 187.)

Quelles sont les précautions à prendre pour la visite ? (P. 188.)

Combien y a-t-il de cas particuliers d'incendie, et quels sont-ils ? (P. 188.)

Quels sont les moyens à employer pour éteindre les feux sur les personnes ? (P. 188.)

Quel est le travail particulier du chef, du premier et du second servants pour l'extinction d'un feu de cheminée ? (P. 189 et 190.)

Quelles sont les précautions à prendre pour monter sur un toit ? (P. 191.)

Quelle est la première opération à faire en arrivant à un feu de cave ? (P. 192.)

Quelle est la seconde ? (P. 192.)

Combien y a-t-il de manières d'opérer l'extinction d'un feu de cave, et quelles sont-elles ? (P. 192 et suiv.)

Comment attaque-t-on un feu de rez-de-chaussée ? (P. 196.)

Quels sont les procédés de sauvetage pour les animaux ? (P. 198.)

Comment attaque-t-on un feu de chambre ? (P. 198.)

Quelles sont les difficultés d'extinction du feu de produits chimiques. (P. 202.)

Dans quelles conditions doit être fait le déblai de ces matières ? (P. 202 et 203.)

Quelle est la première opération à faire pour arrêter une fuite de gaz ? (P. 203.)

Quelles sont les précautions à prendre pou éviter les dangers d'explosion ? (P. 203.)

Comment opère-t-on l'extinction d'un feu d'amas de charbon ? (P. 204.)

Combien y a-t-il d'espèces de feux de charpentes ? (P. 204.)

Comment opère-t-on pour un feu de plancher ? (P. 204.)

Comment opère-t-on pour un feu de cloison ? (P. 205.)

Comment opère-t-on pour un feu de comble ? (P. 205 et 206.)

Quelles sont les pièces principales à conserver dans un feu de comble ? (P. 206.)

De quelle pompe se sert-on de préférence pour un feu de bateau ? (P. 206.)

Les principes particuliers à chaque espèce de feu s'appliquent-ils aux grands incendies ? (P. 206.)

Quels sont les moyens d'alimentation à préférer ? (P. 207.)

Quelles sont les précautions à prendre pour éviter le danger ? (P. 207.)

TITRE V

THÉATRES

Quelles sont les dénominations des diverses parties d'un théâtre ? (P. 221 *et suiv.*)

Quelle est la nature des établissements fixes dans les théâtres ? (P. 230 *et suiv.*)

Donnez l'explication du siphon et de son effet. (P. 231 et 232.)

Qu'est-ce qu'une colonne d'ascension et comment s'en sert-on ? (P. 232 *et suiv.*)

Qu'est-ce qu'une colonne en charge et comment s'en sert-on ? (P. 235.)

Qu'est-ce qu'une pompe Suisse et comment s'en sert-on? (P. 239.)

Qu'est-ce qu'une pompe Parisienne? (P. 239.)

Qu'est-ce qu'un appareil à compression? (P. 236 et 237.)

TITRE VI

BORNES-FONTAINES, BOUCHES D'EAU, ETC.

Comment se sert-on d'une borne-fontaine? (P. 282.)

Comment se sert-on du robinet dit régulateur? (P. 285.)

Comment se sert-on d'une bouche sous trottoir? (P. 289.)

Comment se sert-on d'un poteau d'arrosement? (P. 287.)

Comment barre-t-on une bouche d'eau? (P. 292.)

APPENDICE.

MANŒUVRES EXTRAORDINAIRES.

Comment place-t-on une pompe dans un bateau? (P. 301.)

Comment peut-on transporter une pompe à un étage quelconque? (P. 302.)

Comment relève-t-on une pompe renversée avec son charjot? (P. 303.)

Quelles sont les réparations que l'on peut avoir à faire aux pompes? (P. 304.)

Comment répare-t-on une fuite à une demi-garniture pendant la manœuvre? (P. 304.)

Comment répare-t-on une lance crevée pendant la manœuvre ? (*P.* 305.)

Comment répare-t-on un levier cassé pendant la manœuvre ? (*Id.*)

Comment peut-on serrer ou desserrer des raccords quand on n'a pas de tricoise ? (*Id.*)

Quelles précautions doit-on prendre quand on emploie de l'eau bourbeuse ? (*Id.*)

Que doit-on faire quand la lance est obstruée ? (*P.* 306.)

Que doit-on faire lorsque le balancier casse près de son point d'appui ? (*P.* 306 et 307.)

Que doit-on faire lorsque la bâche est percée ? (*P.* 307.)

FIN

TABLE

	Pages.
AVANT-PROPOS	I
NOTICE HISTORIQUE DU CORPS DES SAPEURS-POMPIERS DE LA VILLE DE PARIS	III
NOTICE CHRONOLOGIQUE DES PRINCIPAUX INCENDIES QUI ONT EU LIEU DANS LA VILLE DE PARIS	XXIX
TABLEAU CHRONOLOGIQUE PRÉSENTANT LE NOMBRE DES FEUX DE CHEMINÉES ET DES INCENDIES QUI SE SONT MANIFESTÉS CHAQUE ANNÉE DANS LA VILLE DE PARIS DE 1800 JUSQU'A 1867 INCLUSIVEMENT	LXXII

TITRE Ier.

NOMENCLATURE DU MATÉRIEL EN USAGE CONTRE LES INCENDIES.

Pompe foulante	1
Pompe aspirante	8
Chariot	10
Accessoires de la pompe	13
Tonneau	18
Accessoires du tonneau	20
Chariot à incendie	20
Accessoires du chariot à incendie	22
Appareil à feux de caves	23
Matériel pour les feux de cheminées	25
Renseignements divers sur le matériel	28
Explication du mécanisme des pompes à incendie	31
Principes pour démonter une pompe de toutes ses pièces et la remonter	35
Dispositions de l'armement d'une pompe sur son chariot	37
Epreuve et réception du matériel à incendie	37
Nettoyage et entretien du matériel	40

TITRE II.

MANŒUVRE DE LA POMPE, DE L'ÉCHELLE A CROCHETS, EMPLOI DU SAC, DES NŒUDS ET DE LA CEINTURE DE SAUVETAGE, AINSI QUE DE L'APPAREIL A FEU DE CAVE.

	Pages.
Règles générales et divisions de cette école.........	43
Première leçon...	46
Deuxième leçon..	56
Troisième leçon..	74
Quatrième leçon...	85
Cinquième leçon...	98
Sixième leçon...	104
Manœuvre des diverses échelles.......................	104
Emploi de l'appareil à feu de cave.....................	118
Emploi du sac de sauvetage.............................	121
Principes pour faire les divers nœuds employés au sauvetage; moyens de s'en servir................	126
Ceinture de sauvetage.....................................	127
Sauvetages dans les puits................................	128
Secours aux noyés et asphyxiés.......................	133

TITRE III

NOMENCLATURE DE CONSTRUCTION.

Constructions en matériaux incombustibles........	135
Murs en pans de bois......................................	139
Cloisons..	141
Planchers..	143
Combles..	146
Chauffage et éclairage.....................................	153
Cheminées...	153
Calorifères...	156
Fournils...	157
Éclairage...	157
Ordonnance concernant les incendies, du 11 décembre 1852..	158
Ordonnance de police, du 2 janvier 1867, concernant les huiles minérales, pétrole, etc............	169

TITRE IV.

INSTRUCTION SUR L'ATTAQUE DES FEUX DE TOUTE NATURE.

	Pages.
Principes généraux	175
Droits au commandement	177
Éléments d'extinction	17
Opérations préliminaires	178
Établissement des pompes et répartition des demi-garnitures	181
Alimentation des pompes	183
Règles générales d'attaque	185
Opérations complémentaires	187
Feux sur les personnes	188
Feux de cheminées	189
Feux de caves (extinction sans l'appareil)	192
Id. (extinction avec l'appareil)	194
Feux de rez-de-chaussées	196
Feux de chambres	198
Feux de produits chimiques, alcools, etc.	202
Feux de charpentes	204
Feux de bateaux	206
Grands incendies	206
Moyens employés dans les casernes pour accélérer le départ des secours	209
Devoirs du caporal de garde au quartier relativement aux incendies	212
Devoirs du sergent de semaine en cas d'incendie	213
Devoirs de l'officier de garde en cas d'incendie	215
Extrait de la consigne générale des postes	217

TITRE V

DESCRIPTION DES DIVERSES PARTIES DE LA CONSTRUCTION INTÉRIEURE D'UN THÉATRE; — ÉTABLISSEMENTS FIXES ET CONSIGNE GÉNÉRALE POUR LES SAPEURS-POMPIERS QUI Y SONT DE SERVICE.

Description intérieure	221
Combles	222

	Pages.
Ponts à demeure et ponts volants	224
Planchers latéraux	224
Scène	225
Dessous	227
Aperçu sur la manière dont sont suspendus et équipés les rideaux et les toiles de plafond. —	228
Établissement fixes	230
Réservoirs supérieurs et inférieurs	231
Pompes à incendie	231
Colonnes d'ascension	232
Colonnes en charge et colonnes à compression d'air	235
Pompes de renfort	239
Tableau des secours contre l'incendie et composition du service dans les théâtres de Paris. —	241
Consigne générale	272

TITRE VI

DESCRIPTION DE LA BORNE-FONTAINE, DU POTEAU D'ARROSEMENT, DES BOUCHES DE SECOURS, ETC.

Bornes-fontaines et poteaux d'arrosement	281
Bouches d'eau, fontaines publiques	287
Bouches sous les trottoirs	289
Bouches de secours en cas d'incendie établies aux fontaines publiques dans l'inspection des eaux	293
Tableau indiquant l'emplacement des fontaines publiques, fontaines marchandes, etc.	296
Tableau indiquant l'emplacement des réservoirs et bassins qui alimentent la ville de Paris	300

APPENDICE

Manœuvres extraordinaires	301
Questionnaire	309

FIN DE LA TABLE

POISSY. — TYP. BOURET.

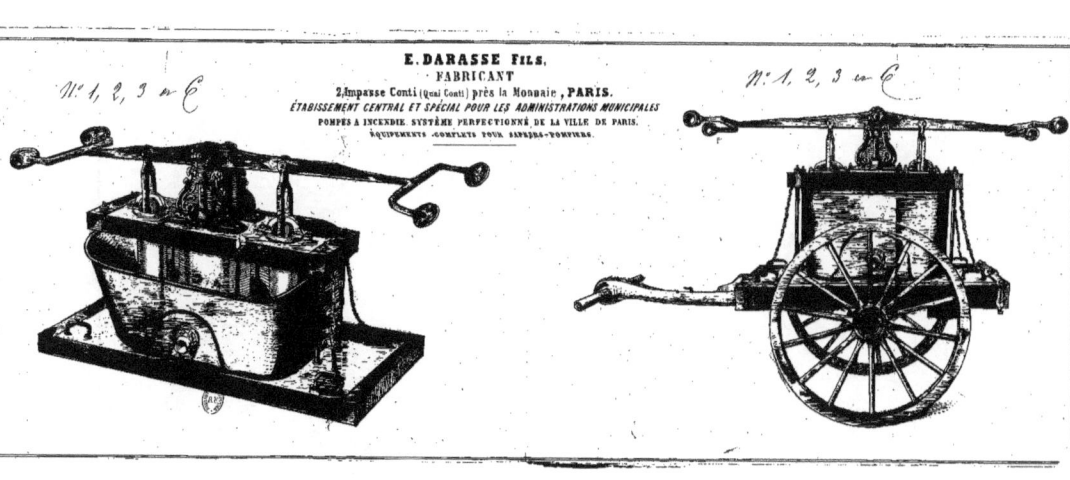

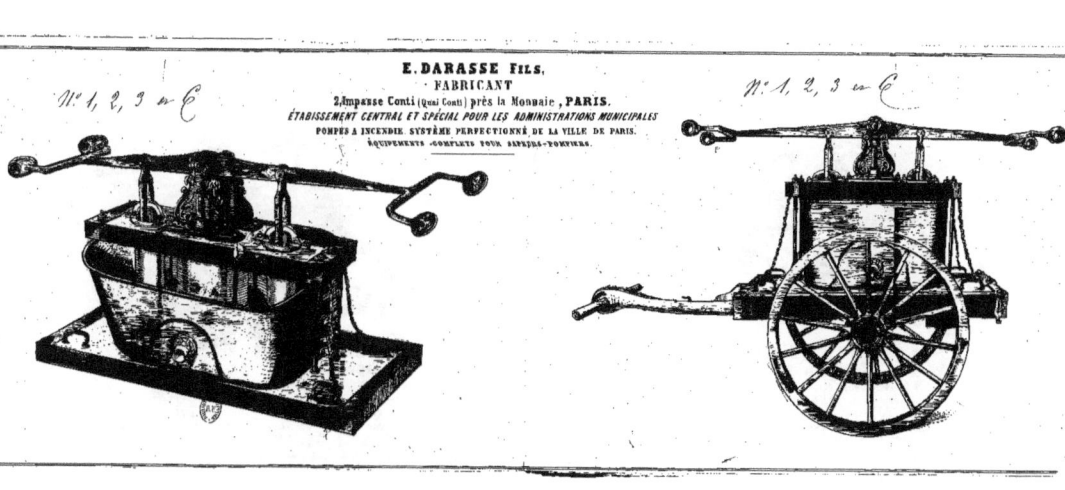

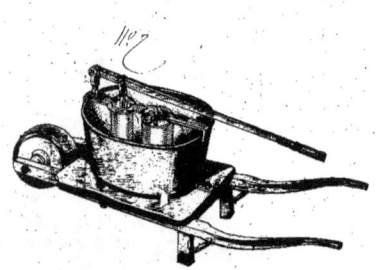

PLANCHE 1re.

1. Le ceste de Vénus, *cestum Veneris*, p. 70.
   a, b, cils.
2. L'ocyroé tachée, *ocyroe maculata*, p. 99, n° 3.
3. L'alcinoé vermiculée, *alcinoe vermiculata*, p. 88.
4. L'acil palpébral, *acies palpebrans*.
   Vu de face et de profil.

PLANCHE 2.

1. La mertensie du Nord, *mertensia scoresbyii*, p. 100.
2. La cydalise mitre, *cydalisia mitræformis*, p. 138.
3. L'idya piléole, *idya dentata*, p. 135, n° 9.
   A, vue de profil, et B, vue par l'extrémité supérieure.

PLANCHE 3.

1. La bolina élégante, *bolina elegans*, p. 83.
2. La leucothoé gracieuse, *leucothoea formosa*, p. 85.
   a, détails intérieurs, et B, vue de profil.

PLANCHE 4.

1. La chiaie napolitaine, *chiaia neapolitana*, p. 77.
   A, cils, vaisseaux et canal central.

PLANCHE 5.

1. La conis à bras courts, *circe anais*, p. 285, esp. 41.
   A, B, vue de profil, *c, d, e*, détails.
2. La circée allongée, *circe elongata*, p. 286, esp. 42.
   A, l'acalèphe entier, *b, c, d*, détails du proboscis.

PLANCHE 6.

1. La mésonème casquette, *mesonema pileus*, p. 317, n° 106.
2. La chrysaore œillée, *chrysaora oculata*, p. 402, n° 213.
3. La géryonie agaric, *xanthea agaricina*, p. 333, n° 140.
4. La géryonie morille, *melicerta morchella*, p. 325, n° 125.
5. La mitre de Rang, *mitra Rangii*, p. 280, n° 30.
6. La campanelle festonnée, *carybdea campanella*, p. 267, n° 24.

ENCYCLOPÉDIE-RORET.

COLLECTION
DES
MANUELS-RORET
FORMANT UNE
ENCYCLOPÉDIE
DES SCIENCES ET DES ARTS,
FORMAT IN-18

Par une réunion de Savans et de Praticiens,

MESSIEURS

AMOROS, ARSENNE, BIOT, BIRET, BIXIO, BOISDUVAL, BOITARD, BOSC, BOUYERREAU, BOYARD, CAUEN, CHAUSSIER, CHEVRIER, CHORON, CONSTANTIN, DE GAYFFIER, DE LAFAGE, P. DESORMEAUX, DUBOIS, DUJARDIN, FRANCŒUR, GIQUEL, HERVÉ, HUOT, JANVIER, JULIA-FONTENELLE, JULIEN, LACROIX, LANDRIN, LAUNAY, LEBRUY, LENORMAND, LESSON, LORIOL, E. LORME, F. MALEPEYRE, MATTER, MINÉ, MULLER, NICARD, NOEL, PAQUET, RANG, RENDU, RICHARD, RIFFAULT, TARBÉ, TERQUEM, THIBAUT DE BERNEAUD, THILLAYE, TOUSSAINT, TRAMBLY, TRUY, VAUQUELIN, VERDIER, VERGNAUD, YVART, etc.

Tous les Traités se vendent séparément, 400 volumes environ sont en vente; pour recevoir franc de port chacun d'eux, il faut joindre un mandat sur la poste à la lettre de demande. Tous les ouvrages qui ne portent pas au bas du titre : *Librairie Encyclopédique de Roret* n'appartiennent pas à la *Collection de Manuels-Roret* qui a eu des imitateurs et des contrefacteurs.

Cette Collection étant une entreprise toute philantropique, les personnes qui auraient quelque chose à nous faire parvenir dans l'intérêt des sciences et des arts, sont priées de l'envoyer franc de port à l'adresse de M. le *Directeur de l'Encyclopédie-Roret*, format in-18, chez M. RORET, libraire, rue Hautefeuille, 12, à Paris.

Imprimé par Charles Noblet, rue Soufflot, 18.

www.ingramcontent.com/pod-product-compliance
Lightning Source LLC
Chambersburg PA
CBHW050152230526
45470CB00001B/64